路上の映像論

うた・近代・辺境

Nishiyo Kenju
西世賢寿

現代書館

路上の映像論

――うた・近代・辺境＊目次

序章　終わりなき旅が始まる　007
『大菩薩峠』、宇治山田の米友のために

第1章　大菩薩映像論　021
語り物としてのドキュメンタリー

『大菩薩峠』――未完の近代小説／机竜之助と〃非知〃の文学
〃予は如何《いか》にして社会主義者となりし乎《か》〃――明治の青年中里介山／都市下層の大衆芸能・浪花節
中里介山と大逆事件／『大菩薩峠』の世界――峠の旅人たち
かざす刃は音無《おとなし》の――竜之助の果てもなき旅路／修羅の旅、漂泊の旅――宮沢賢治と谷崎潤一郎
幕末、新たな物語の誕生――上州、ノンフィクション作家朝倉喬司との旅
〃劇盗〃国定忠治――「横樽音頭」と「木崎音頭」／〃語り物〃の源流――瞽女唄と説経節
幕末、横浜――維新の闇へと消えた民衆の物語／大衆小説から大乗小説へ――伊勢古市「間の山節」行
「非人の女いときよらかなる服を装ひて」／元浪曲師、山崎智さんの人生／夢の曼荼羅『大菩薩峠』

第2章 〝境界の家〟で 福島の山河、沖縄の海 089
「小良ヶ浜ふたたび」――原発の浜の漁師たち／海を追われて――小良ヶ浜の漁師たちのその後
福島県大玉村富岡町仮設住宅／〝境界の家〟――原発技術者・名嘉《なか》幸照さん
生まれ島・伊是名島――沖縄からアメリカへ／「楔《くさび》なて我身《わみ》や世間《しけ》に尽くさ」
福島原発事故と東電の〝トラブル隠し〟／原発技術者・名嘉幸照さんの〝決意〟

第3章 月ぬ美《かい》しゃ 南島からの声 119
琉球と日本――彫刻家・金城《きんじょう》実／島の聖なる泉〝ウブガー〟／民謡の宝庫、八重山
子守唄「月ぬ美しゃ」のルーツを追って／伊波普猷『古琉球』――おもろそうしの世界
石垣島・ナエさんの「みんぴいが」節／「島分《わ》け」と「人頭税」――先島諸島の苦難
波照間からの強制移住――西表島「崎山ユンタ」／〝唐《から》ぬ世《ゆ》〟から〝大和《やまと》ぬ世《ゆ》〟へ
ナエさんの台湾――越境するうたと島人／波照間島「戦争マラリア」の悲劇
世ば直れ――「月ぬ美しゃ」ふたたび

第4章 奄美・流浪の唄者 里《さと》国《くに》隆《たか》を探して 165

ある映像シナリオの旅

黒声《くるぐい》――里国隆の島唄と放浪芸／南の島の戦争――国隆の流浪の旅

喜界島――シマにやってきた震洋特攻部隊／〝勝ちゅんどと思うたる大東亜戦争や負けて〟

白い大道――普天間・嘉手納・辺野古／奄美大島名瀬市――国隆の帰郷

「コザ暴動」と「琉球フェスティバル」――知名定男さんと国隆／かずみさんの「製糸小唄」――奄美の戦後

国隆、最期の旅――「沖縄ジァンジァン」への出演

第5章 大阪・河内音頭行 201

辺界から押し寄せる〝うた〟

釜ヶ崎・三角公園、二〇〇六年夏／河内音頭――大阪の闇に響くリズム／現役最長老・鉄砲博三郎《ひろさぶろう》

「河内十人斬り」行――辺境から都市へ／『太平記』と「河内十人斬り」の世界

八代目岩井梅吉――千早赤阪吉年《よどし》の盆踊り／金剛山に響く「河内十人斬り」――甦るスタンダードナンバー

東京・錦糸町「河内音頭大盆踊り」／鳴門家寿美若の「ヤンレー節」

いざ出陣！ 鳴門会の夏――「桂春団治・道頓堀情話」／寿美若と音頭の仲間たち

奇跡の音頭、「俊徳丸」――被差別と芸能／境界《きょうがい》の街――四天王寺から飛田新地へ

寿美若さんの「釜ヶ崎人情」／釜ヶ崎三角公園ふたたび――辺界に響く河内音頭

第6章

涯《は》ての詩聲《うたごえ》

金時鐘と吉増剛造、言葉果つる路上で

「在日」の路上で――詩人・金時鐘の大阪

うた　またひとつ／済州島から猪飼野へ――「在日」のはざまで／金時鐘と吉増剛造の対話
故郷・済州島への鎮魂の旅――四・三事件と金時鐘さん／海鳴りの中で――女巫《シンバン》の〝魂寄せ〟
〝流民〟の記憶――宿命の日本語への報復／故郷と越境――長篇詩『新潟』の世界
さらされるものと、さらすものと――朝鮮語教師の日々／海鳴りの果てに――帰り着けない路上で

涯ての詩聲――3・11後の世界へ、詩人吉増剛造の旅

河の女神の呼ぶ声――3・11大震災の東北で／幻の川の背中に乗って――「草書で書かれた、川」
羽村五ノ神の「まいまいず井戸」／疾走詩人――六〇年代の吉増剛造
静かな場所――新たな詩作行／島尾ミホさんとの邂逅――奄美加計呂麻島への旅
『オシリス、石ノ神』――夢の中径《なかみち》／〝濡れた山のヴィジョン〟――長篇詩「石狩シーツ」の世界
3・11文明の厄災――「請戸Blue Door」／「怪物君、詩の傍で」――小さき神々の声
ふたたび穴居する人のように――福島双葉町、清戸《きよど》迫横穴《さくおうけつ》

〝天外の火〟――詩人・金時鐘「渇く」
渚に向かって――吉増剛造「朝の口笛」

参考文献　352

オン・ザ・ロード・アゲイン、あるいはひとりゆく思想――あとがきにかえて　355

カバー写真■中野英世
カバー袖写真■毛利一枝
本文三六-三七ページ■森山大道
本文中の写真は一部、番組映像より使用しました。

序　章

終わりなき旅が始まる

『大菩薩峠』、宇治山田の米友のために

画面いっぱいに七八回転のSPレコードが回っている。蓄音機の向こうから聴こえてくるのは、昭和六（一九三二）年、映画の主題歌として発表された、西條八十《さいじょうやそ》の作詞になる「侍ニッポン」だ。満州事変から日中戦争へ、日本が戦争という破滅の道を突き進む時代の、その底冷えするような世相の巷に流れた流行歌である。

人を斬るのが　侍ならば
恋の未練が　何故断れぬ
のびた月代《さかやき》　さびしく撫でて
新納鶴千代《しんのうつるちよ》　にが笑い

（「侍ニッポン」）

東京・浅草ブロードウェイ通り。かつての浅草六区の映画街。テレビドキュメンタリーの撮影が行われている。春まだ浅き三月の午後、休日の行楽客がのんびりと往来をそぞろ歩いている。青空にひときわ目を惹くレトロな観覧車、近くの遊園地「浅草花やしき」からは、軋むような、ローラーコースターの機械音と歓声がひっきりなしに聞こえてくる。路地裏に並んだ煮込み屋の奥からは競馬のラジオ実況放送が流れ、牛モツ鍋を取り囲んだ競馬客たちが、無心の表情で競馬新聞を覗き込んでいる。――二〇〇四年五月、NHK-BSハイビジョンで放映された、全編五時間二〇分に及ぶ長編ドキュメンタリー「大菩薩峠―果てなき旅の物語」、そのラストシーンの撮影である。番組のモチーフとなったのは、中里介山《なかざとかいざん》の未完の大長編小説、『大菩薩峠』の世界だ。幕末を舞台に、無明の闇をさすらう剣士、机竜之助《つくえりゅうのすけ》の果てもなき旅路――。

さながら既視感のごとく、カメラが気配を消して、路地裏から往来の場外馬券売り場の人だかりのなかへとドーリーしていく。口角泡をとばす予想屋たち、旧《ふる》き映画館の仁侠映画の看板ポスター、『昭和残侠伝　死んで貰います』（東映、一九七〇年）、『仁義の墓場』（東映、一九七五年）三本立て、大衆食堂のウィンドウには古びたメニューと招き猫が飾られている。スマートボールとストリップ劇場の看板、道端に古い流行歌のカセットテープを並べて売る露店からは、聴き覚えのある懐メロが大音響で響いてくる。どこか懐かしい、どこか寂しげな、盛り場の場末の光景だ。

東京で繁華な浅草は　雷門　仲見世　浅草寺
鳩ポッポ豆やるお婆さん
活動　十二階　花やしき
寿司　おこし　牛《ぎゅう》　天ぷら
何だとこん畜生で　お巡りさん

スリに　乞食に　かっぱらい
ラメチャンタラ　ギッチョンチョンデ　パイノパイノパイ
パリコト　パナナデ　フライ　フライ　フライ

（「東京節」作詞・作曲・唄＝添田さつき〔知道〕、一九一六年）

かつて、昭和初期の全盛時、浅草六区には、大勝館（一九七一年廃業）、日本館（一九九〇年前後閉館）、帝国館（一九八三年廃業）、松竹座（一九六三年廃座）、東京倶楽部（一九九一年閉鎖廃業）など一五館近い映画館が立ち並んだ。古くはオペラ館やレヴュー、寄席や芝居小屋が軒を連ね、大道芸人や演歌師たちが闊歩し、劇場の幟がはためいて、押すな押すなの見物客が引きもやらず押し寄せた。当時の浅草公園六区は、大阪の千日前や新世界と並んで、日本有数の盛り場だったのである。そして戦後の高度成長のさなか、それらの映画館や劇場は、次々と姿を消していった。洋画のリバイバルと仁侠映画、そしてポルノ映画で、最後まで残っていた、浅草中映劇場、浅草名画座も二〇一二年、ついにその幕を閉じた。今は昔、隅田川の対岸にスカイツリーが建ったが、浪曲の木馬亭や大衆演劇の木馬館、寄席の松竹演芸ホール、ストリップのロック座などを除けば、往時の映画街の面影は微塵もない。しかしそれでも、浅草観音裏の界隈には、どこか外界と違った時間が流れている。忘れ去られた昭和の香りが、そこはかとなく漂ってくる。

昨日勤皇　明日は佐幕
その日その日の　出来ごころ
どうせ俺らは裏切り者よ
野暮な大小　落とし差し

「侍ニッポン」のメロディーを演奏しながら、ブロードウェイ通りの往来をチンドンの男女の一行が練り歩いてくる。通りすがりの行楽客が懐かし気に足を止める。その刹那、突如、怒声と共に、大立ち回りが始まった——。カメラの背後から飛び出してきたのは、同心姿の侍と向こう鉢巻き襷がけの捕方たち十人ばかり。追われているのはこれもまた、ザンバラ髪を後ろ髷に結い、粗末な着物に荒縄の帯を締めて、上半身を諸肌ぬぎにした風体異形なる小男。身の丈ほどの槍を構え、鬼のような形相で捕方たちを睨みつけている。

「ええい！　神妙に致せ！　刃向い致すと罪が重いぞ！」
「好きで刃向いしてるんじゃあねえ！　手前らが刃向いするように仕向けるから、刃向いしてるんだ、ええい！　道を開けろ！　道を開けて、ここを通しやがれ！」

登場したのは、小説『大菩薩峠』の作中、机竜之助と並んでひときわ異彩を放つアンチヒーロー、「宇治山田の米友《よねとも》」だ。『大菩薩峠』第六巻の「間《あい》の山の巻」。米友は伊勢神宮に近い宇治山田の賤民村の出身、普段は伊勢の内宮に架かる宇治橋の下で、参拝客の投げる銭を網で受ける「網《あみ》受け」の芸をして暮らしている。体は子どものように小さいが筋骨隆々として、顔は老人のよう。そして旅の武芸者から習い覚えたという淡路流の槍の無双の遣い手だ。その米友が、伊勢の内宮と外宮を結ぶ間の山の街道筋の古市遊郭の前で、盗人《ぬすびと》の疑いをかけられ、押しかけた捕方たちと大立ち回りを演ずるという場面なのである。何事が起きたのかと、浅草の見物客は固唾を呑み、遠巻きにして、このやりとりを見つめている。いよいよ追いつめられた米友が、捕方たちに啖呵を切る――。

「ええい！　こうしてはいられねえ！　こうなりゃ一番、真槍の突きっぷりを見せてやるから覚悟しろ！　今までは米友様のご遠慮でなるべく怪我のないように扱ってやったんだ、道をあけなきゃ血の土手を突っ切って、肉も骨も突っ削るからそう思え！　米友様の精分が入った田楽刺しが一本喰ってみてえ奴は、遠慮なしに前へ出ろ！」（『大菩薩峠』「間の山の巻」より）。

言い終わるや否や、米友の小柄な体が地を蹴った。身を宙に翻し、目にも止まらぬ早業で繰り出す淡路流の槍先――。その動きの素早きこと、まさに、〝隼の如く、雷《いかづち》の如く、鬼神の如し――〟。たちまちに捕方たちは突き崩され、パラパラと地面に這いつくばった。

「ざまあみやがれ！　宇治山田の米友様だ！　ちえっ！　馬鹿にしてやがら！……」

最後の捨てゼリフを吐いて米友は群衆のなかへ飛び出し、浅草の雑踏を一目散に走り去っていく。頭上高く槍を振り回し、小躍りし、全速力で――。カメラは一転、大俯瞰となってビルの谷間の往来を写し出す。豆粒になった米友がどこまでも東京の街を逃げていく――。

そしてエンドのクレジットタイトルが静かに流れる……。

〝馬鹿にしてやがら！〟、胸のすくような啖呵を切って、鬼神の如き宇治山田の米友は、未来に向かって逃走するのである。さて、冒頭、いきなり時空を超えた、摩訶不思議な活劇をお見せしたのはほかでもない。この長編ＴＶドキュメンタリー「大菩薩峠―果てなき旅の物語」は、ＮＨＫという大組織のなかで、世紀をまたいで、途中中断しながら、企画から取材・制作、完成までに一〇年以上の時間をかけた前代未聞、独行の、伝説的な番組でもあった。私は今から始める、この本のなかで、その「大菩薩峠」をはじめ、私がテレビディレクターとして手掛けてきた、いくつかの長編ドキュメンタリーを振り返ってみたい。それは新たな始まりへの旅――、それらの番組のなかで私は、辺境の旅、漂泊と身体感覚、近代と前近代などをモチーフとしながら、この列島の精神文化のなかに地下水脈のように流れる、口承文芸や語り物芸能の世界を繰り返し描いてきた。それらはいわば、〝語り物としてのドキュメンタリー〟と言ってもいいだろう。番組ディレクターとしての私が、〝路上〟に追い求めていったのは、辺境の土地に生きた人々の最も奥深い精神性、自然、精霊、芸能やうた、国家や制度や時代を超え、善悪や生死《しょうじ》を超える何ものか、どこか遠い遠いところからやってくる、〝懐かしい声〟なのであった。

本文中にくわしく述べていきたいが、日本一長い小説といわれる『大菩薩峠』の世界を少し紹介しておこう。全四一巻、二万枚にしてなお未完、中里介山はこの小説を、明治四三年の大逆事件の直後から、日中戦争を経て、太平洋戦争が始まる昭和一六年まで、足かけ三〇年近くにわたって、新聞連載の読み物として書き継いでいった。物語は冒頭、主人公の机竜之助が、甲斐と武蔵の境にある大菩薩峠の頂上で、何の理由もなく、いきなり老巡礼を斬り殺す場面から始まる。新聞連載を始めるにあたって介山は、当時の『都新聞』紙上に次のような宣伝文を寄せている。

大菩薩峠は甲州裏街道最大の難所也——、徳川の世の末、ここに雲起こりて、風雲関八州に及ばんとす……。

（『都新聞』一九一三年九月一二日）

『大菩薩峠』とは、終わりなき旅の物語である。そして机竜之助はいつも、時代の怨念であり続ける。この小説には、通常の意味での始まりもなければ終わりもない。ストーリーらしきストーリーもない。唯一、竜之助を兄の仇と追い続ける剣士、宇津木兵馬《うつぎひょうま》の存在があるが、それとても永遠のすれ違いである。主人公が長い時間をかけて成長していくといった近代小説でもなければ、ある定まった土地で、特定の血統が何世代にもわたって生きるといったサーガとしての物語でもない。仏教思想に造詣の深い作者の中里介山が、自らの宗教観や無常観を語るシーンが随所に出てくるが、啓蒙的な宗教小説というのでもない。そこにあるのはただ、幕末という歴史の一大転換期を奔流のように流れる、リアルな時間である。そして、それに押し流され、抗いつつ、異端かつ自由に生きようとする人間たちの、魅力溢れる、遍歴のドラマである。

小説には竜之助や米友をはじめ、実に多彩な人物たちが登場する。無頼で魅力的で個性的でアナーキーなアンチ・ヒーローたちの活躍。例を挙げれば、江戸末期に介山の地元の青梅に実在したという「怪盗・裏宿の七兵衛」、小説の重要なモチーフとなる「間の山節」を大道で三味線を弾いてうたう伊勢の娘《むすめ》芸人「お杉・お玉」、江戸の米騒動「貧窮組」を率いるアナーキーな町医者の「十八文の道庵」、人並み外れた聴力と不思議な予知能力を持ったさすらいの琵琶盲僧「清澄山の弁信」、近代的な新造船で日本脱出を目論む開明的な旗本大名の「駒井能登守」、そして竜之助とは宿縁の糸で結ばれた甲州の馬大尽《だいじん》の娘の「お銀様」、さらに竜之助と最期の道行きの旅を続ける無垢なる少女「お雪ちゃん」など——、彼らは一刻もとどまることなく漂泊の旅を続け、流転し、己《おのれ》の欲望のままに、幕末という時代の闇を駆け抜けていく。それは遍歴する人間たちの魂の物語、一大オデッセイとしての醍醐味である。だが物語には一方で、戦前という時代の情念や幻想、民衆たちの夢や欲望や挫折感が、空気感のようにまとわりついている。

作者の中里介山は、明治一八年、新選組の近藤勇や土方歳三が輩出した、神奈川県西多摩郡（現・東京都羽村市）に生まれた。中農だった家は没落し、家族を支えるため一〇代の頃から、東京市中に出て働いた。苦学して小学校教員となり、二十一歳の時、都新聞社に入社する。明治三七年、日露戦争が勃発すると、内村鑑三、堺利彦らの非戦論に傾倒し、幸徳秋水ら「平民社」のグループとも親交を持つ。やがて作家となっていった介山が、生涯抱き続けた明治近代への違和感——。そこには維新への〝革命未だ成らず〟の思いが、心中深くあったのかもしれない。

テレビドキュメンタリー「大菩薩峠―果てなき旅の物語」も、遍歴して止まない一大映像絵巻であった。前編・後編合わせて放送時間は五時間二〇分、おそらく単発のドキュメンタリー番組としては類を見ない、異例の長さだろう。旅と評伝、うたや語り物や芸能の世界、証言やドラマやドキュメンタリーが混然一体となって、『大菩薩峠』の底知れぬ物語世界を漂流していく。全編のナレーションは俳優の蟹江敬三、朗読は大竹しのぶ、そして勤皇・佐幕の血腥《ちなまぐさ》い世相をさすらう机竜之助の旅路を、講談の宝井馬琴師が語り、米友や弁信など魅力的な登場人物を、説経節の一人芝居を手掛ける役者の中西和久が劇中劇で演じていく。

番組には三つの時間が流れている。「幕末」という物語の時間、それが書かれ、読み継がれていった「戦前」の時間、そして、それをもとに取材をし、撮影されていった「現在」の時間だ。カメラは東京・多摩、大菩薩峠、甲府、信州・白骨温泉、伊勢古市・間の山、岐阜の胆吹《いぶき》（伊吹）山、琵琶湖長浜、京都洛中、紀州の龍神温泉など、物語の舞台となった様々な場所を旅し、その土地に住む人々の記憶や芸能や伝承の襞に分け入っていく。そして、上州赤城山の国定忠治伝説や、伊勢の被差別部落出身の元浪曲師の半生、さらに九州・延岡で、釈文《しゃくもん》と呼ばれる古い琵琶唄を演奏して檀家を回る、最後の琵琶盲僧の日常など、原作にない新たなドキュメントも随所に挿入されていく。

つまり番組もまた、あたかも峠の旅人のごとく、限りなく逸脱し、旋回し、時空を超えてさまよい続けるのだ。そしてその見果てぬ旅の途上に、土着と近代、維新と戦争、被差別と芸能など複数の

ドキュメンタリー「大菩薩峠―果てなき旅の物語」ラストシーン。
「いま」という時間に、突然出現し、立ち回り、捨て台詞と共に去っていく米友。
演芸場前の大道を、人波を、自転車の隙間を、どこかへと向かって走り去ってく。

テーマが浮かび上がってくる。

さらに番組中では、山折哲雄《やまおりてつお》、佐藤忠男、今村仁司、松本健一、朝倉喬司ら、個性的な論客たちが「我が大菩薩峠論」を延々と語るシーンも挿入されていく。宗教学者で、国際日本文化研究センター元所長の山折哲雄氏は、全編に流れる「乾いた無常感」を言い、日本人の骨身に沁み込んだ、語り物芸能の世界について語る。映画評論家の佐藤忠男氏もまた、映画『大菩薩峠』(東映、一九五七年)を監督した内田吐夢《とむ》の満州での敗戦体験に触れながら、〝無残なまでに哀切極まる〟太棹の三味線の音色に心を寄せる。社会思想家の松本健一氏は、時代のなかで変質していく〝明治の青年たち〟の心情について述べ、ルポライターの朝倉喬司氏は、幕末という時代に民衆たちが感じ取った〝気配〟を、「忠治くどき」などの語り物の世界に言寄《こと》せて語っていく。それらについては、次章以降にくわしく紹介していきたいが、なかでもとりわけ印象に残ったのは、社会思想家で哲学者の今村仁司氏の言葉だった。

今村氏は、カフカの小説について論じたヴァルター・ベンヤミンの文章を引き合いに出しながら、『大菩薩峠』の最大の魅力は、「どこか遠い遠いところからやってくる奇妙な懐かしさ」にあると言う。それは単に父母が懐かしいとか、故郷が懐かしいとかいった類のものではなく、人間がこれまで一度も経験したことのない事柄に関する懐かしさ——太古よりの懐かしさだと言う。今村氏は自著、『「大菩薩峠」を読む——峠の旅人』(ちくま新書、一九九六年)のなかで、峠と境界、旅とノマディズム、身体論、ユートピア論など、現代思想のキーワードを駆使しながら、この稀有なる大長編小説の物語世界を、ものの見事に分析して見せる。そしてその上で、『大菩薩峠』とは、〃中心なき、開かれた物語〃であると指摘する。近代国家では、ナショナリズムにせよ、ファシズムにせよ、あるいはコミュニズムにしても、「同一性」と「囲い込み」の思想を基盤とし、異端者は排除されていく。だが『大菩薩峠』の世界では、そのことが根本的に否定される。一個の人間のひとつの行動や出来事が、同一性の図式に全面的に吸収されることは原理的にありえない。その意味で、『大菩薩峠』の物語世界ではすでに、アドルノらドイツのフランクフルト学派が戦後提唱していた「非同一性」の考え方や、ポストモダニズムのドゥルーズやガタリらの哲学者が唱えたノマディズムの思想も、介山によって先取りされてしまっていると、今村氏は考える。「してみると『大菩薩峠』は、ひとつならずの意味で、極めて現代的であるといえるだろう。……このように同一化傾向から逃れていくもののなかに、個人や出来事の本来のあり方、それらに内在している未来の可能性があること、これは二〇世紀の思想的財産である。じつにこれをこそ『峠』は、文学的想像力をもって先駆けて語ろうとしていたのである」。

「大菩薩峠」の取材後、私は福岡放送局でのプロデューサー勤務を経て、ふたたびディレクターとして何本かのドキュメンタリー番組を制作した。沖縄・八重山諸島に伝わる子守唄「月ぬ美《かい》しゃ」のルーツとその世界（「月ぬ美しゃ——八重山うた紀行」二〇〇三年放映）、奄美大島生まれの盲目の流浪の唄者の生涯（「白い大道——流浪の唄者　里国隆を探して」二〇〇五年放映）、大阪・河内の盆踊り「河内音頭」の一夏の熱狂のドキュメント（「熱狂！　河内音頭——ヤンレー節・鳴門家寿美若の夏」二〇〇六年放映）、大阪の在日詩人・金時鐘と済州島四・三事件（「海鳴りのなかを―詩人・金時鐘の60年」二〇〇七年放映）、写真家・森山大道の「犬の記憶」（「犬の記憶―森山大道・写真への旅」二〇〇九年放映）、さらに二〇〇一年九月のニューヨークの同時多発テロ以降のアメリカの、移民たちの「家族の風景」を撮ったロード・ドキュメンタリー（「アメリカ・家族の風景」二〇一一年放映）、そして3・11の福島第一原発事故の後、福島の漁師たちのその後を追ったドキュメント（「小良《おら》ヶ浜ふたたび―福島・原発の浜の漁師たち」二〇一三年放映）など、それらNHKを退職するまでの一〇年間に作り続けた番組の数々は、私のディレクター人生のなかでも、特に愛着の深い作品ばかりである。文学、芸能、人生、国家、戦争、そして路上――。私は今、フリーの映像作家として、この本のなかで自分の作ってきた番組を見返し、思いつくままに検証しながら、テレビディレクターとして生きてきた自分の人生を、いやもっと平たく言うなら、番組渡世を振り返ってもみたいと考えるのである。そして今、私の心に重く翳るのは、二〇一一年の3・11東日本大震災、ことに崩落し続ける福島第一原発事故の行方とその責任であり、また、琉球処分以来、沖縄戦を経て戦後の現在に至るまで、いくさ世の、基地の島の、肝苦《ちむぐる》しい人生を強いられる、沖縄の人々の運命である。〝沖縄〟と〝福島〟という、時代の最も重要な課題を根底に見据えながら、番組で出会っていった多くの人々の記憶と映像の彼方に、私は今、もう一度新たな時代の、新たな言葉を探し求めていきたいと思うのである。

ＯＫ！　さあ始めよう。題して『路上の映像論――うた・近代・辺境』、新たな時代のために、来たるべき言葉のために、そして懐かしい未来のために――。

第1章

大菩薩映像論

語り物としてのドキュメンタリー

「大菩薩峠—果てなき旅の物語」2004年

チリリン、チリリン、チリリン――、霧のなかから、かすかに鈴の音が聞こえてくる。谷から峰へ、そして峠へ、一陣の山嵐が吹き渡っていく。

チリリン、チリリン、チリリン――、一歩先も見えぬ深い霧のなかを、今しも、峠の頂上に差しかかったのは、巡礼姿の老人と孫娘の二人連れだ。杖をかざした小さなお遍路姿が先に立ち、老巡礼が後に続く。辺りいちめん、どこからともなく声明《しょうみょう》の声が、静かに低く、やがて、地の唸りのように響き渡ってくる。――チリリン、チリリン、不意に老巡礼が足を止めた。菅笠をかたげ、何者かにおびえた表情で、虚空を睨みつけている。

風の音が叩きつける。声明の声が乱舞する。自帰依仏、當願衆生――、自帰依法、當願衆生、一切法常住――。

次の瞬間、一閃、凶刃がきらめいた――。

峠の頂上、少女がじっとこちらを見つめている。尺八の音、秘曲・「鈴慕」の音色――。

二十日月　かざす刃は　音無しの
虚空も　ふたつと　きりさぐる　その竜之助
その竜之助

（「大菩薩峠―果てなき旅の物語」第一部・冒頭のシーン、二〇〇四年五月三一日放映）

『大菩薩峠』――未完の近代小説

さて、前章に引き続き、この章では、中里介山作『大菩薩峠』――その限りない懐かしさを湛えた物語世界に、映像と語りを媒介としつつ、ふたたび分け入ってみることにしよう。そこでは私たちの近代の、いやその遥か以前の時代から、目に視《み》えぬ地下水脈のごとく綿々と流れるうたや芸能、語り物の世界、そして忘れ去られた小さきものたちの、もうひとつの歴史がおのずと浮かび上がっていくだろう。

ところで、私は今ここで、この異端の大長編小説のストーリーを事細かに紹介しようというのではない。また、その原作をモチーフに制作された五時間二〇分に及ぶテレビドキュメンタリーの構成を、もう一度辿ってみるのでもない、私はただ、どこか近未来の一点に立って、その小説世界の無類の面白さ、可能性をあらためて見つめてみたいと願うのである。机竜之助や、裏宿の七兵衛や、清澄山の弁信や、宇治山田の米友や、時空を超えてさすらう、異能の旅人たちのアナーキーな躍動感、そして何より忘れがたいのは、全編を基調低音のように流れる語り物の世界、漂泊芸能の味わいだ。それは、この国の文化の古層から絶えず吹き上げてくる自然観、無常の風ではなかったか――。取材の記憶を手掛かりに、私はこの章では、「峠の旅人」そして「語り物としてのドキュメンタリー」、この二つをキーワードに、その魅力を、思いつくまま、語っていきたい。

小説の時代設定は、作中登場する天誅組、天狗党の長征、新選組の芹沢鴨の暗殺などの歴史的事蹟から考えれば、およそ幕末の文久年間から大政奉還が行われた慶応三年までの十年足らず。百姓一揆や打毀し、逃散や無宿者の群れ、勤王・佐幕の血腥いテロの嵐が吹き荒れ、ええじゃないかと民衆たちが踊り狂う。時代はまさに断末魔の叫びを上げ、人々が世替わりへの期待と幻想と不安におののく、混沌とした世相を舞台に物語は延々と続く。だが、そこには私たちが通常思い描くような、歴史感覚や時間感覚はない。〈宮さん、宮さん、お馬の前に、ヒラヒラするは何じゃいな、トコトンヤレ、トンヤレナ、あれは朝敵征伐せよとの、錦の御旗じゃ知らないか、トコトンヤレ、トンヤレナ〉(作詞・品川弥二郎)、官軍の足音がすぐ背後まで迫っているが、『大菩薩峠』の物語では、最後まで、維新の夜明けはやってこない。作者の中里介山は、明治四三(一九一〇)年の大逆事件の翌々年、『都新聞』紙上に、第一巻「甲源一刀流の巻」を発表して以来、関東大震災、満州事変、日中戦争を経て、足かけ三〇年近くにわたって連載を続けていくが、ついに日本の夜明けは来たらず、維新近代の黎明は描かれぬまま、昭和一六年、第四一巻「椰子林の巻」をもって、この一大長編小説は、未完のまま終わるのである。人々の封印された記憶や、夢や、幻想が、物語の底流に曳航されていく。それはどこか奇妙に明るい虚無感を漂わせながら、近代という時代の暗渠を黒々と流れ続ける、まさしく異端の文学なのである。

机竜之助と〝非知〟の文学

だが、それにしても、『大菩薩峠』の主人公、机竜之助とは一体誰なのか。ニヒルで虚無的、時に傲慢であり、血と女の情味に飢え、盲目となって冥《くら》き無明の闇を、まるで捨小舟のように、どこまでもさすらっていく。ことに物語の発端、大菩薩峠の頂上で竜之助が、いきなり老巡礼を斬り殺すという場面は、それが大逆事件の直後に書かれたことを思うと、極めて暗示的である。もちろん作者の中里介山は、この不条理極まる峠の殺人については一切語ってはいない。だが、かつて、幸徳秋水や堺利彦らの非戦論に傾倒し、またトルストイの平和思想に深く心酔した介山としてみれば、明治の若き社会主義者らを根絶やしにしようとした国家の暴虐に、心中、やり場のない怒りと鬱屈を抱えたであろうことは想像に難くない。

その辺のいきさつについて、北一輝の研究家として知られ、中里介山の評伝の著作もある思想家の松本健一氏は、取材のインタビューに応え、次のように語っている。

「中里介山の小説は、一言で言えば、〝非知〟の文学であったように思う。介山は、北一輝、石川啄木らと全くの同世代で、彼らは一時期、平民社グループの周辺にいて、社会主義思想の洗礼を受けた明治末期の青年たちだった。そして、彼らの信奉した進歩的な近代思想が、大逆事件という、ひとつの結末を迎えなければならなかったとすれば、彼らは、その閉塞的な時代状況のなかで、新たな出口を見出さなくてはならなかった。西洋的な知の世界から、非知の領域へ、あるいは土着の世界へ、介山は辺境を旅して、その土地にまつわる伝承や芸能、語り物や俗謡を取り入れながら、仏教思想へも深く傾倒していく。

つまり、民衆は一体何を考えているのか、紙に書いた文字は消えてしまうが、民衆の心のなかの文字、記憶に残るものは何か、介山はそれをめざしていったのだと思う。民衆の意識のなかにある辺境へ、土地と土地の裂け目へ、それはまさしく、モチーフとして峠の思想と言えるものであったろう」

北一輝はその後、独自な国家社会主義的な世界観を模索し、『国体論及び純正社会主義』を著す。そして介山は『大菩薩峠』を構想していく。興味深いのは、そうした時代背景のなかで、二人が宗教的信仰的領域に踏み込んでいったことだ。北一輝は法華経に帰依して〝南無〟の世界へ、そして中里介山はその作品世界を通して、〝無明〟の闇へと分け入っていく。

〝予は如何《いか》にして社会主義者となりし乎《か》〟——明治の青年中里介山

ここで少し回り道になるが、『大菩薩峠』連載に至るまでの青年・介山の心情と境遇を辿ってみることにしよう。

維新後、西南戦争を経て、明治政府は、徹底的な中央集権化を推し進めていく。西欧にならって、各地に石炭、製鉄、紡績などの官制工場を建設、鉄道や港湾を整備し、急速な近代化と産業化を推し進めていった。官民をあげての西洋礼賛、文明開化の時代だが、はたして民衆たちの意識はどうだっただろうか？　一部のエリート知識人をのぞけば、当時の日本人の大部分は、依然として封建社会のモラルや倫理観、例えば職人、徒弟制度、奉公人など地縁・生活共同体の連帯意識、またかつての農村共同体が培ってきた家郷意識にとらわれていただろう。そもそも日本資本主義の嚆矢は、炭鉱における囚人労働であり、紡績工場における女工労働であった。明治以降、変質していく地方農村の過剰労働力からの絶え間ざる収奪、次いで、植民地支配による近隣のアジア諸国からの労働力によって、それは補完され、肥大化していったのである。

明治三〇年代なかば、まだ十代の若さだった中里介山、本名・中里弥之助は、郷里の西多摩郡羽村から上京して、赤羽の小学校の代用教員として働く。介山の研究家であり、中里家の親戚筋にもあたる桜沢一昭さんによると、介山の家は富裕な農家だったが、父、弥十郎は極端な農事嫌いで、野良仕事にも着流しで行くような人物だったという。羽村の水車小屋を買い取り、精米業を始めたが、商売に行き詰まり、先祖伝来の土地を手放してしまう。変貌を遂げる東京近郊の農村にあって、介山の一家は崩壊の憂き目を見るのである。

幼い頃から抜きん出た学才を発揮した介山だったが、代用教員の傍ら、ヴィクトル・ユーゴーやトルストイを愛読し、その著作を通して、人道主義的平和思想や社会主義思想に目覚めていく。そして折しも、日露戦争の開戦を巡って世論は沸騰、内村鑑三と共に『萬朝報』紙上で日露開戦反対を表明していた堺利彦、幸徳秋水らは、新たに『平民新聞』を創刊、社会主義的な立場から、より徹底した非戦論を展開する。やがて介山は、この『平民新聞』の常連投稿家となり、平民社グループに急接近していく。その当時、介山は、社会主義者・幸徳秋水の演説会の印象を次のように記している。

〔幸徳秋水は〕社会主義者中、最も慷慨的な、最も皮肉な、最も熱烈気性である。したがって警視庁に最も忌まれるので、いつも中止に終わらぬ事はない。氏の風采が一種凄愴の気を帯びた具合、たとえば月の夜に秩父山中で狼の遠吠えを聞くが如く、思はず戦慄せしめることがある。

（『古人今人』隆文館、一九〇六年）

明治三七年二月、日露戦争が勃発、その時十九歳だった介山は、幸徳秋水らが主宰していた『平民新聞』の募集に応え、「余は如何にして社会主義者となりし乎」という一文を投稿している。それによると介山は、多摩地方という自由民権の風土に育ち、高名な弁士の演説にいつも接していたこと、自分の才能が貧困のため阻害されていったことなどを挙げ、「貧困のため余のホームが微塵に打ち砕かれて、その結果、現社会を、激しく呪詛するに至った」と記している。

続いて八月、介山は、同じ『平民新聞』紙上に、「乱調激韵《げきいん》」と題した反戦詩を発表する。それは与謝野晶子が雑誌『明星』（一九〇四年九月号）に発表した有名な詩、「君死にたまふことなかれ」よりも、一カ月先んじて世に出ている。

本来守るべき家郷から引き剝がされ、老いたる母と幼子を残して、満州の荒野に出征していく若き父親の嘆き――、介山はその心情に託して、人々を無益な戦争に駆り出していく明治国家への憤りをストレートに表現している。それは、たんに戦争の悲惨のみを謳い上げるのではなく、この戦争が日本とロシアによる明白な帝国主義戦争であること、そして天皇制と国家ナショナリズムに、決然と反対の意思を表明した告発詩でもあった。

さらばよ、我が鍬取りし畑、さらばよ、わが鍬洗ひし小川……。
落日斜めなる荒原の夕。
満目に横たふ伏屍を見よ。夕陽を受けて色暗澹。
夏草の闇を縫うて流るる、其の腥《なまぐさ》き人の子の血を見よ。
敵、味方、彼も人なり、我も人なり。人、人を殺さしむるの権威ありや。
人、人を殺すべきの義務ありや。ああ、言ふことなかれ、
国の為なり、君の為なり。

（「乱調激韵」より抜粋）

一家の命運を背負って上京した介山はその頃、王子・日暮里・谷中など下町の住居を転々としている。そこは地方から開化後の東京に流れ込んできた様々な階層の人々、都市下層の細民たちが、蝟集し暮らす場所であった。やがて郷里から、母・ハナが幼い弟を背負い妹の手を引いて上京、一緒に暮らすことになった谷中三崎《さんさき》町の家の隣は安い木賃宿で、その日暮らしの行商人や大道芸人たちが、いつもたむろしていたという。

谷中には寺が多く、乞食坂というのがあって葬式などには、おもらいの乞食が群がっていた。
また、円朝の牡丹灯籠ゆかりの寺や、笠森おせんの茶屋……、三崎町の家の隣は安宿で、ラ

ンプ屋、工学屋、弥太郎虫売り、万金丹〔伊勢地方で製造された薬〕売り、ヨカヨカ飴売り、万歳、法界屋〔法界節などをうたいながら全国を旅した芸能者〕、角兵衛獅子〔児童らが演じる越後獅子舞〕、季節候、その他の行商人や旅芸人の巣であった……。さらにその中に、西南戦争に出征して頭がおかしくなったという一銭五厘という名のチョンガレ坊主がいた……。

（作木田龍善『中里介山伝』読売新聞社、一九七二年）

介山は当時、巷に流行った俗謡のいくつかを書き留めている。「天に灰が立ち　地に雨が降る　そしておいらは菰かぶる　一文やっておくんなさい。／二月三月　木の芽は開く　何故に按摩の目は開かぬ……」（「人生の哀歌」より）

都市下層の大衆芸能・浪花節

ところで余談になるが、明治中期から大正時代にかけて、大衆の人気を博していったのは、阿保《あほ》陀羅《だら》経やチョンガレなど、幕末からの大道芸の流れをひく浪曲——浪花節であった。浪曲界の大立者となった桃中軒雲右衛門《とうちゅうけんくもえもん》も、その前身は上州・高崎在の祭文語りの芸人で、子ども時代から父と共に関東一円を門付巡業して回った。明治二〇年代、吉川繁吉という名で浅草の寄席に出演、人気を博したが、その後、師匠筋の相方三味線の女性と恋仲になり、東京を逃れ駆け落ちし、北九州への逃避行。彼の地で雌伏すること数年、一説には、頭山満率いる玄洋社のグループに勧められたという得意の大ネタ、「赤穂義士伝」を引っさげ、ふたたび山陽道から東海道を口演の旅を続け、明治四〇年、東京・本郷座で凱旋公演を果たした時には、その芸風神妙に冴えわたり、満員の聴衆の大喝采を浴びたという（正岡容『日本浪曲史』南北社、一九六八年より）。

ところで雲右衛門の出世譚には巧妙なオチがつく。明治四〇年、旅先の神戸の大黒座で雲右衛門の舞台に接した侯爵・伊藤博文は、旅館に雲右衛門を呼びつけて、「よくもこの年寄り爺ィを泣かせてくれたなァ」――と、盃を差し出し、ふたたび一席所望したという。それが縁で、雲右衛門はその後、皇族の有栖川宮の御前で浪花節を語るという栄誉に浴したのであった。有栖川より賜りし一首は、「こころざし世に並ぶものなき雲右衛門、天をつらぬく心地こそすれ――」

雲右衛門の「義士伝」は、大石内蔵助と浅野内匠頭正室との別れを描いた「南部坂雪の訣別」や、討ち入りを前に、兄の羽織に別れの盃を交わす「赤垣源蔵徳利の別れ」など、武士道の忠と義の物語、そして市井の義理と人情と意地の世界であった。大道芸から鍛え上げたその独特の節回しは、伝統的日本人の身体感覚に沁み込み絡みつくようなリズムと、哀々切々とした節調で大衆の心を摑んだのである。まさに桃中軒雲右衛門こそ、日本近代の黎明期の光と影を、庶民の位相で体現した人物にほかならなかった。作家の正岡容は、『日本浪曲史』のなかで、浪曲という大衆芸能について、次のように語る。

江戸末年の市井の、哀切、骨を嚙む挽歌を新内節のくどきが代表するならば、ご維新以後の爆裂お玉や河内の十人斬りや、おこの殺しのお茶の水事件や相馬事件の起こりつ消えつした文明開化期の、あの悲しさ寄る辺なさは、ひとり浪花節の節廻しのみが美しく伝え得ていると言ってよかろう……。

雲右衛門以後も、浪曲の人気は衰えることはなかった。関西では吉田奈良丸、京山小円、名古屋では中京節、関東では木村重松など重厚な高調子の関東節が一世を風靡した。「本所深川の暗い星月夜の街裏にひびく蒸気の笛のやるせなさがひたすら関東節のいのちであり、河内は富田林辺りの打ちつづく雑木林をしめやかに濡らしていく片時雨の暗い淋しさが関西節のいのちであろう……」(『日本浪曲史』)

さらに介山が『大菩薩峠』を執筆していた大正時代末期、ラジオ放送が開始されると、現代風に言えばキラー・コンテンツだが、浪曲は電波に乗って全国津々浦々に浸透していく。そして、広沢虎造、浪花亭綾太郎、玉川勝太郎、寿々木《すずき》米若らスターが輩出し、戦後まで続く黄金期を迎えるのである。

中里介山と大逆事件

心ならずも、浪花節の歴史にいささか脱線しすぎてしまった。話を元に戻そう。明治三八年四月、介山は、それまで勤務していた赤羽の代用教員を辞め、麻布区三の橋(現・港区麻布)の小学校教員となり、貧民児童救済の活動に専念する。それは内村鑑三の影響を受けて、多分にキリスト教的人道主義に基づくもので、事業は長続きしなかったが、介山にしてみれば精いっぱいの社会主義的実践だったかもしれない。だがこの後、介山は、幸徳秋水らの直接行動主義とは一線を画すことになる。明治三八年九月、ポーツマス講和条約に反対する帝都の群衆が日比谷公園に結集し、暴徒化して官舎や警察署、派出所などを焼き討ちした「日比谷焼討事件」が起きる。政府は戒厳令を敷き、群衆は抜刀した警官隊ともみ合い、死者一七人、負傷者三五〇人、検挙者は二〇〇〇人以上に上った。参加した群衆の多くは、職人や職工など、勃興する都市無産大衆であった。その三年後、今度は神田で、大杉栄や荒畑寒村《かんそん》など無政府主義者が検挙された「赤旗事件《せっきじけん》」が起こる。日露戦争後の世相は騒然とし、一方で、明治政府の社会主義者らへの弾圧は、日ごとに苛烈を極めていく。

明治の青年として、早熟な天才と言えるほど、社会主義やキリスト教など西欧思想を受容・吸収していった介山。だが彼は、若き血を滾らせた社会主義に、なぜ訣別していったのか？ それはむろん、日ごとに厳しさを増す政府の思想弾圧のせいもあったろう。

一方で介山は、日比谷焼討事件や赤旗事件など民衆たちの騒擾事件に露わな不快感や失望感を表明してもいる。だがそれよりもむしろ介山は、明治以降、日本が追い求めていったそれらの進歩的思想・イデオロギーが結局は西洋からの借り物にすぎず、日本古来の文化的・精神的土壌に決してなじまないものと考えたのではないだろうか。少し先走った言い方になるが、その後の創作活動、ことに『大菩薩峠』の執筆を見てみると、介山はより深く、民衆のなかの伝承的・土着的世界に分け入っていき、一方で仏教思想、特に大乗仏教の思想への無限の憧れが見てとれる。介山の心をとらえていたものは、一言で言えば、喪われた家郷意識であり、明治新政府や近代化に、あるいは呪詛にも似た激しい不信感を抱いていたのではないだろうか。

明治三九年、二十一歳で都新聞社に入社した介山は、ひたすら小説執筆に没頭していく。この時期、介山が相次いで発表した小説群――「氷の花」(明治四二年)、「高野の義人」(明治四三年)、「島原城」(明治四四年)――、それらはそれぞれ、「天保の大飢饉」「高野山の横暴」「隠れキリシタン」をテーマとし、権力の圧政に立ち上がる民衆の姿を描いたものだが、そこに登場する主要な人物たちはいずれも、人間の業を肯定し善や悪をどこか超越した、宗教的でデモーニッシュな性格であった。

ところで、前述の松本健一氏は、北一輝や介山は、大逆事件から「神隠し」にあったと述べている。明治四三年五月、菅野スガ、宮下太吉、新村忠雄ら、無政府主義者の爆弾製造が発覚、天皇暗殺を企図・謀議したとして、幸徳秋水や紀州の大石誠之助ら二六人が逮捕され、翌四四年一月、秘密裁判により二四人に死刑判決、うち幸徳秋水をはじめ一一人の死刑が執行される。そして、日本中を震撼させたこの「大逆事件(幸徳事件)」について介山は直接、一言も語っていない。だが、平民社グループから袂を分かっていたとはいえ、かつての同志が権力によって縊《くび》り殺されたという事実は、介山の心に生涯消えぬ痕跡を残したことは間違いないだろう。処刑が行われたその年、介山は幸徳秋水が逮捕された湯河原温泉にひとり旅し、友人に手紙を書き送っている。「幸徳の風貌、今、見るが如し、惨《ざん》として涙をのむ……」

大正二（一九一三）年五月、『大菩薩峠』の新聞連載を前に、介山はひとりで、奥多摩から秩父への山越えの旅を行っている。時折、狼の遠吠えが聞こえるというその峠道で、介山は『大菩薩峠』の構想を得、そして、時代の行方に黒々と横たわる無明の闇を見つめ続けていたのではなかったか――。

『大菩薩峠』の世界――峠の旅人たち

大菩薩峠《だいぼさつとうげ》は江戸を西に距《さ》る三十里、甲州裏街道が甲斐国《かいのくに》東山梨郡――萩原《はぎわら》村に入って、その最も高く最も険《けわ》しきところ、上下八里にまたがる難所がそれです。

標高六千四百尺、昔、貴き聖《ひじり》が、この嶺《みね》の頂《いただき》に立って、東に落つる水も清かれ、西に落つる水も清かれと祈って、菩薩の像を埋《う》めて置いた、それから東に落つる水は多摩川となり、西に流るるは笛吹《ふえふき》川となり、いずれも流れの末永く人を湿《うる》おし田を実《みの》らすと申し伝えられてあります。

（『大菩薩峠』第一巻「甲源一刀流の巻」）

大正二年、『都新聞』紙上に発表された『大菩薩峠』は、たちまちに一般大衆の人気を博し、連載は好評のうちに続けられていく。介山は当初、ニヒルな魅力を湛えた剣士、机竜之助を主人公に、自ら生まれ育った多摩地方や秩父、甲府など近隣の土地に伝わる伝承を取り入れて、新機軸の長編時代小説を構想していたと思われる。

右に挙げたのは、第一巻の冒頭、「甲源一刀流の巻」の出だしの部分だが、『大菩薩峠』の魅力の

「大菩薩峠」写真 © 森山大道

最たるものは、まず第一にその読み物・講談調の語りの文体にあるといってもよいだろう。私なども初めて、『峠』に接した時、冒頭の書き出しから始まって、最初の二〜三巻はその心地よいリズムと語り口に思わず知らず引き込まれて、一気に読んでしまった覚えがある。例えば、大菩薩峠の頂上に竜之助が登場するくだり――

ほどなく武州路の方からここへ登って来たのは、彼等両人が認めた通り、ひとりの武士《さむらい》でありました。黒の着流しで、定紋《じょうもん》は放《はな》れ駒《ごま》、博多《はかた》の帯を締めて、朱微塵《しゅみじん》、海老鞘《えびざや》の刀――脇差《わきざし》をさし、羽織《はおり》はつけず、脚絆草鞋《きゃはんわらじ》もつけず、この険しい道を、素足に下駄穿きでサッサッと登りつめて、いま頂上の見晴らしのよいところへ来て、深い編笠《あみがさ》をかたげて、甲州路の方《かた》を見廻しました。

歳は三十の前後、細面《ほそおもて》で色は白く、身は痩《や》せているが骨格は冴《さ》えています。この若い武士が峠の上に立つと、ゴーッと、青嵐《あおあらし》が崩《くず》れる。谷から峰へ吹き上げるうら葉が、海の浪がしらを見るようにさわ立つ。

（「甲源一刀流の巻」）

声に出して読んでみると実に調子がよい。まさに新講談を聞いている気分になる。この冒頭部分をはじめ、番組（「大菩薩峠―果てなき旅の物語」）のなかでは、ストーリーの紹介を、講談協会の会長を務めた宝井馬琴師の名調子で、口演していただいた。

大菩薩峠は、山梨県甲州市上萩原と北都留郡小菅村に位置する標高一八九七メートルの峠である。現在は自動車道が整備され、奥多摩町から柳沢峠を通って山梨側に入るが、かつてはこの大菩薩峠が、甲斐と武蔵の国を結ぶ甲州裏街道(青梅街道)の要所であり、その最大の難所であった。土地の古老によれば、昔はこの旧道を巡礼やお遍路姿の人々、江戸を所払いになった博打打ちや旅芸人の一座、さらには人目をしのんでの男女の心中者なども登ってきたという。そして、峠の頂上には「妙見の社」という小さな神社があって、ここはいわゆる「沈黙交易」の場所でもあった。つまり介山も本文に記しているように、武蔵側の小菅村から魚や塩をここに運び、萩原村からは米を持ってきて、無人の交換がなされたという。そこは双方の村人たちにとって不可侵の領域であり、聖なる空間であった。『大菩薩峠』の物語は、この境界的領域――「峠」を発火点として立ち現れてくるのである。

そもそも介山が小説の発端を、この大菩薩峠から始めたことは根源的な意味を持っているように思える。境界的イメージ、峠的モチーフは全編を通じて、物語の舞台として繰り返し現れてくる。それは時に、みなと(港、湊)であり、浜であり、浦であり、あるいは山中の異界であり、また街道の宿場であり、関所であり、そして都市においては、遊郭などの悪所であり、旅芸人たちの屯《たむろ》する貧民窟であった。例えば、机竜之助が、無垢なる少女・お雪ちゃんと長逗留する白骨温泉、宿縁の女・お銀様に幽閉される胆吹(伊吹)山中、天誅組の浪士たちと落ちのびる十津川や龍神温泉、盲目となって身を寄せた紀州・二見浦の漁師小屋、さらに、宇治山田の米友や、大道芸人、お杉・お玉が登場する伊勢の間《あい》の山、そして旅の琵琶盲僧・清澄山の弁信が、「到彼岸」の願をかけて沖の竹生島に小舟で渡ろうとする、琵琶湖の長浜など――。『大菩薩峠』の登場人物は例外なく、この境界に足を踏み入れ、漂泊の風に身をゆだねる「峠の旅人たち」なのである。そしてそれは、しばしば現実の土地や場所を超え、この世とあの世を、彼岸と此岸を自由に行き来する通い路なのであった。
物語の終盤近く、宇治山田の米友を船頭に従えて、琵琶湖を渡る弁信が言う。

「ねえ、米友さん、この舟は、下関や玄海灘へ漕ぎつけていただくのではございません、ほんの、この目と鼻の先の、竹生島まで渡していただけばそれでよいのです、〔略〕このわたくしを小舟で、竹生島まで送って下さるという頼もしいお言葉でございましたから、わたくしは、これぞまことに渡りに舟の思いを致さずにはおられませんでしたのでございます。仏の教えでは『到《とう》彼岸《ひがん》』ということを申しまして、人を救うてこちらからあちらの岸に渡すのを舟に譬《たと》えてございます、善巧方便《ぜんきょうほうべん》を以て弘誓《ぐぜい》の舟にたとえているのでございます、〔略〕すべて舟というものはめでたいものでございますが、特に到彼岸の意味に用いられます場合に、果報この上もなくめでたいのでございます。〔略〕」

（第三八巻「恐山の巻」）

かざす刃は音無《おとなし》の――竜之助の果てもなき旅路

机竜之助は、大菩薩峠の麓、武州沢井村にある甲源一刀流、机道場の出身。「音無しの構え」と呼ばれる必殺無敵の剣を操る異形の剣士である。向かうところ敵なしの竜之助の剣、だが父で道場主の机弾正は、それを邪剣として退ける。

多摩地方をはじめ関東一円では、江戸後期から幕末にかけて、馬庭念流《まにわねんりゅう》、天然理心流、神道無念流など、剣術の新たな流派が次々と跋扈し、主に郷士や農民の子弟たちに熱狂的に受け入れられていく。新選組の近藤勇や土方歳三も、そんななかのひとりであった。そして、机竜之助には、実在のモデルがいた。そのひとりは、甲源一刀流から分派して、「開平三知流」という流派を創始した、三田左内という人物である。この三田左内が、かつて武州御嶽神社に奉納したという額が、青梅市内の鹿島玉川神社に残されていた。宮司の玉川さんによると、左内という人物は性格狷介にして、傲岸不遜なところがあり、分派争いの一件は、地元にながく言い伝えられてきたという。左内が奉納した額には、大書された自身の名前の下に、多くの門人弟子の名が記されていた。なかには机や宇津木など、『大菩薩峠』に登場する人物の名も刻まれている。

ところで先の甲源一刀流だが、秩父の郷士で、甲斐源氏の流れを汲む逸見太四郎が、江戸後期に創始した流派で、現在も秩父郡小鹿野町にその宗家がある。そこは立派な門構えの農家で、私たちが訪れた時、出迎えてくれたのは、創世九代にあたる当主の逸見知夫治さんだ。すでに七十歳を超えておられたが、終始にこやかで、小柄な穏やかな感じの老人だった。農作業中であったらしく、麦藁帽にゴム長靴といういでたちで、腰には脇差ならぬ、剪定用の鋏を下げていた。聞けば、園芸作物や花卉《かき》の栽培をしているのだという。

庭の一角に、古色蒼然とした道場があった。逸見さんの話によると、祖父の代までは、各地に三千人を下らぬ門人がいて、近くの者は通いで、遠くの者は近隣の弟子たちの家に逗留して稽古にやってきたという。弟子たちは、家の庭そうじや井戸の水汲みなど何でもやった。その多くが農家の子弟で、また代々の宗家も、諸侯に仕えることがなかったので、その流儀は、この秩父の山奥で生まれ、代々受け継がれてきたものだという。逸見さんが、息子の義清さんとの立会い稽古で、甲源一刀流の秘儀を披露してくれた。逸見さんは、農作業時とは打って変わった稽古着に身を包み、背筋が伸び、凛としたたたずまい。そして裂帛《れっぱく》の気合――。机竜之助の「音無しの構え」とは、甲源一刀流・正眼の構えの、すり上げ、切り落としの技であろうと逸見さんは言う。

自分からは仕掛けず、相手の動きを見て一刀のもとに打つ。だがその〝極意〟は、私などもまだ極められたものではないと、逸見さんはにこやかに話しておられた。

作中、机竜之助は御嶽神社の奉納試合で、同門の宇津木文之丞を打ち殺し、その妻・お浜を奪って江戸へ逃げる。江戸でお浜との間に一子、郁太郎をもうけるが、そのお浜をも殺して、今度は新徴組（後の新選組）の浪士の誘いに乗って京都へ。

京都で新徴組隊長・芹沢鴨から近藤勇の暗殺を依頼された竜之助は、島原遊郭の揚屋・角屋で近藤を待ち受けるが、酒に酔い、お浜の亡霊に苦しめられる。暗殺は果たせず、抜け殻のようになった竜之助は、大和の国へ流れ、今度は天誅組の一行に加わることになる。竜之助には、勤王も佐幕もない、忠も義もない。ただ血腥い幕末の風のなかを、無目的にさすらうばかりである。――文久三（一八六三）年、尊王攘夷派の浪士たちは、朝廷を動かし幕府を倒そうと、公卿・中山忠光を首領として、大和五条の代官所を襲撃、十津川郷士らを引き入れ、総勢九六〇人で決起するが(天誅組の変)、紀州・藤堂・彦根・郡山など幕藩諸藩の追討を受け、もろくも壊滅する。物語では、竜之助は、天誅組の残党と共に、十津川山中に落ちのびる。浪士たちはもはやこれまでと、切腹をして果てようとするが、竜之助ひとりが、冷ややかな態度である。番組では、『大菩薩峠』本文の描写をそのまま、宝井馬琴師の名調子でひと息に読み上げていただいた。

「拙者一人だけは――」

ヒヤリと剃刀で撫でたような言葉。それはさきほどから隅の方に黙々としていた机竜之助の声でしたから、一同の眼先は箭《や》を合わせたように竜之助の面に注ぐと、

「切腹は御免をこうむる――」

「何と言わっしゃる」

「拙者は、まだ死にたくないから、一人でなりとも生き残って落ちてみるつもりじゃ」

「死にたくない?」

浪士たちの眼から雷が発するようでしたけれど、竜之助の眼は少しく冴えているばかりで、その面は例の通り蒼白い。

〔略〕

「忠義を忘れたか!」

忘れるにも、忘れないにも、竜之助には忠義の心などないのです。前に申す通り、幕府を助けたいとか朝廷に尽くすとかということは、少しも竜之助の胸には響かなかったのです。今どこへ行っても諸国の浪士が勤王佐幕、勤王佐幕で騒いでいるのが馬鹿馬鹿しくてたまらないのでありました

（第五巻「龍神の巻」）

この後、藤堂藩の討手が放った火薬で竜之助は失明し、浪士たちは全滅。盲目の身となった竜之助はひとり、「清姫の帯」の伝説に誘われるように龍神山中を彷徨って、お豊という女と出会い、紀州・二見浦の浜に辿り着く。竜之助のために伊勢・古市の遊郭に身を投じたお豊は、娘《むすめ》大道芸人、お杉・お玉が奏でる「間の山節」を聴くうちに、自ら命を絶ってしまう。——「歌うものは勝手に歌え、死ぬるものは勝手に死ね」、お豊の手紙を託された娘芸人・お玉に向かって、竜之助は平然と言い放つ。そして竜之助は虚無僧姿となって東海道を江戸へと向かう。身を凍らすような寂寥感を漂わせ、無常の風に吹かれながら、竜之助の果てもなき道中が続く。

以降、連載を重ねるにつれ、物語は大きく展開し始める。主人公であるはずの竜之助の活躍は影をひそめ、代わりに異能にして個性的な登場人物たちが、まるで作者の手を離れたかのように生き生きと動き回り、互いに宿縁の糸に導かれて旅を続け、曼荼羅のような物語世界を織りなしていく。いや、竜之助もまた影をひそめているのではない。彼はあたかも闇の底で鈍く光る鏡のように、それらの登場人物たちの夢や欲望や情念を映し出すのだ。竜之助は、時代の暗渠に蹲る虚無感そのも

の、あえて言うなら、幕末という時代の、あるいはそれが執筆され、読まれていった戦前という時代の、「時代精神」そのものだったのかもしれない。

修羅の旅、漂泊の旅——宮沢賢治と谷崎潤一郎

「大菩薩峠」の新聞連載は、一般大衆のみならず宮沢賢治や芥川龍之介など当代一流の作家や知識人にも広く読まれていった。ことに宮沢賢治は深く愛読して、「大菩薩峠を読みて」という即興詩を作り、作曲もされている。その一節は、この章の最初に書いたように、番組冒頭、峠頂上での老巡礼殺しのシーンで紹介した。二番の歌詞は、「風もなき　修羅のさかひを行き惑ひ　すすきすがるる　いのじ原　その雲のいろ」、そして三番は、「日は沈み　鳥はねぐらにかへれども　ひとはかへらぬ修羅の旅　その竜之助——」と続く。

この即興詩のトーンは、賢治が大正一〇年代に書いた詩集『春と修羅』のトーンに通底している。法華経を信奉した賢治の「修羅」とは、『大菩薩峠』の無明の世界と、どこか重なり合う部分があったのだろうか。

いかりのにがさまた青さ　四月の気層のひかりの底を
唾し　はぎしりゆききする
おれはひとりの修羅なのだ

（宮沢賢治「春と修羅」）

人は誰しも唯一人、旅を続ける。「おれはひとりの修羅なのだ」と賢治がうたう時、その面影は机竜之助の、そして作者・介山のそれと似通ってくる。賢治も中里介山もまた、近代という時代のひかりの底で、「はぎしりゆききする」ひとりの孤独な旅人――表現者にほかならなかった。だが「春と修羅」の賢治の宇宙は、あたかもその内面の葛藤が、森羅万象のなかに投げ出されたごとく、より広く大きく、そして深いかなしみに満ちている。それに比べると、無明の闇をさすらう机竜之助の行く末は、もっとどろどろとして、救いがなく、底なし沼のような奈落に向かっているように見える。

宿業を背負った竜之助の旅は終わらない。救いもない。魅惑的で光彩を放つ多くの登場人物たちも、何か目に見えない大きな手に操られて果てしない物語の荒野を彷徨っている。だがこの未完の小説を読み進めていくうちに、逆説的だがその救いのなさこそが救いとなって、読む者を時代の闇から一筋の光明へと導くのである。

さらに昭和の初め、文豪・谷崎潤一郎はもっと率直で平明な言葉で、『大菩薩峠』を読んだ感想を述べている。少し長いが引用してみよう――。

大菩薩峠を読んだのは、もう彼れ此れ七、八年も前の事だが、未だに印象が残っていて、何かの折にしみじみ思い出すふしぶしがある。……机竜之助という性格の創造、あの残酷で陰うつな人柄に妙に実感が滲み出ているのは、何かあれは、作者その人の性格と一脈相通じるところがあるからではないか。……恐らく作者は空想の中で幾度か竜之助の如き境地を夢み、あのような生涯を生きたのであろう。

尚、作者は、場面を江戸や、上方や、紀伊や、伊勢や、甲斐や、信濃や、武蔵や、方々へ移しているが、それらも何か必然に作者の心を引き寄せる因縁があったかの如く、ほんとうにそれらの土地に愛着を抱き、忘れがたい懐かしみを以て書いているのが感じられる。……伊勢の間の山にしても、龍神・白骨の温泉にしても、何かしらその土地の匂ひ、土の色、空気の色といったものが出ている。……あれを読むと私なども竜之助や七兵衛や米友の跡を追って果てしもない漂泊の旅に上ってみたいような気になるのである。

（谷崎潤一郎『饒舌録』改造社、一九二九年）

幕末、新たな物語の誕生――上州、ノンフィクション作家朝倉喬司との旅

ところで、『大菩薩峠』の舞台となっていった幕末の武州・多摩地方は、どんな場所だっただろうか。ことに安政六（一八五九）年の横浜開港以来、幕府の直轄領だった八王子宿は、近隣の甲州や、さらに上州（群馬）一帯で生産される生糸や絹織物の中継拠点として、大いに栄えたのである。番組（「大菩薩峠」第一部「幕末・物語の誕生」）では、中里介山の生まれた東京・羽村から青梅、埼玉県の秩父、飯能、さらに群馬県伊勢崎市や赤城山麓の村々へと取材の旅を続けた。幕末それらの一帯は、生糸の商品生産が盛んになり、貨幣経済が浸透して、質素・倹約・勤労を旨とする従来の農村共同体が大きく

変貌しつつあった。農村では村芝居が流行し、街道筋には賭場が開かれる。人々の間を享楽の風が支配し、村々からは居住地を離れた欠落・無宿の者が相次いだ。幕府直轄の天領地、小藩大名、旗本知行地が入り乱れ、関八州取締役の支配下にあった村々では博徒の輩が跋扈する。そして幕府権力の衰退のなかで、武州一揆（慶応二〔一八六六〕年）や東西上州での一揆など、農民たちの世直し一揆や打毀し騒動が頻繁に起きている。『大菩薩峠』の背景となったその時代、世替わりへの期待と不安におののきながら、民衆たちは何を視《み》つめ、何を考えていたのだろうか。

私たちは、土地の人々の間で今も受け継がれる、盆踊り唄や口説《くどき》節、八木節など語り物芸能の世界を訪ねた。庄屋文書などで繙《ひもと》かれる史実よりもむしろ、そうした芸能のなかに当時の民衆たちの臨場感が溢れ、人々の記憶は繰り返し再生産されていくと考えたのである。そして一例をあげるなら、それらの語り物の世界に、最もひんぱんに華々しく登場してくるのが、上州無宿・国定忠治の物語である。

其や悪事ハかずかさなれど、あのやいぜんのききんの年に、米が三合わり五合で、
其日暮らしのなんぎなものへ、うばひ取たる其大金を、なんぎ苦しむ其人々へ、
忠治のこらず皆わけくれる、神か仏か命の親と、朝な夕なにかげぜんすへる

（「上州国定村忠治くどき」）

赤城颪の吹きすさぶ群馬県伊勢崎市。
打毀しの主体勢力は都市下層民だった。
米価が高騰し、下層民たちは米屋、酒屋、問屋などの富裕商人たちを襲った。
江戸末期、都市での打毀しによる世直しの風潮が広まり、幕府崩壊へとつながっていった。

明治以降も、芝居や映画、芸能の世界で虚実ないまぜに語り継がれていった劇盗・国定忠治の物語。文化七(一八一〇)年、上州佐位郡国定村(現・群馬県伊勢崎市国定町)の生まれ。十七歳の時、近隣とのいさかいから殺傷事件を起こし下野へ逃れ、博徒・大前田栄五郎の世話になる。やがて大前田の庇護のもと、上州へ戻って一家を成した忠治は、天保五(一八三四)年、二十三歳の時、縄張り争いから島村(現・伊勢崎市境町)の伊三郎を殺害、八州取締の手配となる。島村は利根川の中州にあって近世以降、生糸の生産で栄えた場所。伊三郎は、それら生糸を運搬する利根水運の舟問屋を代々営む、土地の顔役であった。以来、嘉永三(一八五〇)年、大戸の関(現・群馬県吾妻郡東吾妻町)で処刑されるまでの一七年間、忠治は赤城山を根城に、幕府役人や八州取締役を手玉に取って、彼らに「盗区」と言わしめるほどの、一種の解放区を作り上げていったのである(高橋敏『国定忠治』岩波新書、二〇〇〇年参考)。「強きを挫き、弱きを助くるの侠骨」――、天保の大飢饉を挟んだ幕末の時代、無宿や博徒、有宿の者たちが混沌とする上州を舞台に、彼は民衆たちの夢を一身にまとって、近世から近代へと、風のごとく駆け抜けたのである。

〝劇盗〟国定忠治――「横樽音頭」と「木崎音頭」

上州名物のからっ風が、日光例幣使街道を吹き抜けていく。現在は群馬県新田町、木崎宿のあたり。突如巻き起こるつむじ風が街道の砂塵を巻き上げ、風景を褐色に染める。やっとほころびかけた桜の花が無残にも風に散り、宙に舞って彼方へ運ばれていく。

上州への我々の取材の旅に同行してくれたのは、ルポライター・ノンフィクション作家の朝倉喬司氏だ。ヤクザ、犯罪、河内音頭、バナナの叩き売り、浪花節、サンカ、あるいは同時にメガロポリスの底に潜む数多の事件・犯罪を追い、近代という時間の裂け目に噴出する人間の情動を追い求めた、稀代のノンフィクションライターであった。ちょうどその当時、朝倉さんは、国定忠治と高橋お伝という、上州の地縁に結ばれた二人の幕末近代のヒーローを追って取材を続けてきたところだった（後に『走れ　国定忠治』〔現代書館〕『毒婦伝』〔平凡社〕として刊行）。私たちは朝倉さんを水先案内人として、まさに土地の呼び声に誘い込まれるように、赤城山麓の町や村を歩き回ったのである。

その日は春一番でも吹き荒れたのだろうか。赤城颪《おろし》が容赦なく唸りを上げて、関東平野に叩きつけていた。大木が揺れる。桑畑のビニールハウスが悲鳴を上げる。民家も街道も、陽光すらも赤褐色に染まって視界を遮る。トレードマークの帽子を押さえ、着古したコートの襟を立てて街道筋を歩く朝倉さんの姿は、さながら西部劇のさすらいのガンマン、いやその風情はやはり、股旅姿の兇状旅であろうか。

朝倉さんと最初に訪ねたのは、忠治が磔刑された大戸の関所跡だ。三国裏街道と信州街道が出会うあたり、緩やかな峠道を下りていくと、こんもりとした杉木立に囲まれ、そこだけ時間が静止したような旧関所跡が現れる。――嘉永三年八月、国定忠治こと本名・長岡忠次郎は、関東取締出役の手でついに捕らえられ、江戸・小伝馬町に送られて吟味を受けた後、ふたたび中山道を北に護送され、一二月二一日、かつて関所破りをしたこの大戸の関で処刑される。四十一歳の生涯だった。

取材で初めてこの処刑場跡を訪れた時、朝倉さんは何か得も言われぬ不思議な懐かしさに襲われたという。処刑場には今も、人の身の丈ほどもある大きな石地蔵――忠治地蔵が祀られてある。顔の目や鼻や口が剝げ落ち、両腕も削り取られている。処刑以来、一六〇年以上もの風雪にさらされたせいかと思われたが、実は忠治の威光にあやかりたいと後世の多くの博徒、渡世人らが秘かに削り取っていったものだという。

「ボロボロになっても、なおかつ人間の姿をしている」、朝倉さんはそう呟きながら線香を上げる。

さて、国定村の代官も務めた幕府役人・羽村外記は忠治の護送の様子を、『赤城録』に次のように記している。「十二月十六日、監送シテ大戸ノ関ニ磔セシムルノ命下ル、即日途ニ上ル、防援二百余人、警護極メテ厳シク、舎毎ニ朝燈ハ街ニ満チ、礫々稿棒竟夜絶エズ」、唐丸籠に乗せられた忠治の道中警護にあたったのは、護送役の幕府役人、関東取締出役、その手先・道案内など七〇人あまり、さらに処刑を行う江戸穢多頭浅草弾左衛門の支配の者など総勢二〇〇人、異様なまでのものものしさであった。

「村々の篝火が夜通し灯され、防備の者が打ち鳴らす六尺棒と拍子木の音が終夜絶えることがなかった」と羽村外記は記す。さらにこの時の忠治のいでたちは、浅黄無垢と白無垢羽二重の三枚重ね、唐更紗《とうざらさ》と紅色の座布団に座し、白ちりめんの襦袢に白無垢の手甲脚絆、そして大きな数珠を首にかけていたという。まさに上州名物の正絹《しょうけん》に身を着飾った忠治一世一代の死装束であった。大戸の関には、忠治の処刑を一目見ようと、刑場の準備・警護に駆り出された大戸村など近隣の六カ村の村人たちをはじめ、一五〇〇人以上の見物人が詰めかけた。そして言い伝えでは、六尺高い仕置台に身をさらした忠治は、槍で脇腹を突かれるたびに、カッと眼を見開き、三度四度、七度八度、一三度目にして、ようやく絶命して果てたという。

幕末とは民衆たちが、新たな物語の誕生を夢見た時代だった――。忠治地蔵の前で、朝倉さんは語る。「だからね、その時民衆は何を見ていたか、おそらく最初は、皆神妙に、男としての忠治がどんな風に死んでいくか見守っていた。でも途中から、これでひとつの時代が終わった、そして新しい時代が始まる、そんな確かな予感というか、気配に慄《おのの》いていたんじゃないでしょうか。やはり、その気配というのは、情報よりも、もっと決定的に時代を変えていく力を持っている」

強風に杉木立が揺れる。花吹雪がごうと舞う。どこかで野良犬の遠吠えが聞こえる。

「そして彼が死んで半年もたたないうちに、国定忠治の物語は、人の口から口へ口説節となって、上州から関東一円に風のように広まっていった。ここで博徒としての生涯は終えたが、語り継がれたその生き様は人々の心に生き続けて、やがて幕末維新の大きなダイナミズムになっていったのではないかという気がする」

忠治が処刑された嘉永三年といえば、ペリーが浦賀に来航する二年半ほど前。もはや後戻りのきかない、変革の嵐が吹き荒れる内憂外患の時代。やがて横浜が開港し、生糸などの外国貿易が盛んになると、米価や諸物価が高騰し、さらに生糸の輸出を幕府や一部の富裕商人が独占するに及んで、上州・武州など養蚕地帯の貧農たちの「世直し一揆」が起きる。慶応二年に起きた武州一揆では、人々は施米や、質地・質金の返還を求めて、米穀商、質屋、生糸商、豪農などを打毀し、騒動は武蔵、上野、下野、相模などに波及して、その数一〇万人以上に膨れ上がったという。彼らは「世直し大明神」「南無阿弥陀仏」の大幟を掲げて、中山道を押し下り、江戸表へ出願し、横浜へ乱入しようと、飯能河原や多摩川河原に結集し、幕府の鉄砲隊と対峙したのであった。それはまさに従来の「百姓一揆」の一線を越えた「世直し」、アナーキーな窮民革命への志向だったと言える。そしてそれらの一揆では、博徒や無宿など、社会のあぶれ者たちが先導・起爆剤になったケースが多かったといわれる。

赤城山麓の南、群馬県佐波《さわ》郡玉村町南玉には、国定忠治の物語を口説節にのせてうたった盆踊り唄が今も現存する。「横樽音頭」と呼ばれ、酒樽を横向きに地面に置いて、胴と鏡板を打ち分けて拍子をとり、二人の唄い手が交互に掛け合いで七・七調の歌詞にのせ忠治の生い立ちや活躍ぶりを語っていく。もともと「くどき」とは、説経節や浄瑠璃など、古い語り物芸能のなかで「コトバ」と「フシ」のほかに、ここぞという聴かせどころで感情移入し思い入れたっぷりに語った、その語り口を指したものだ。さらに祭文語りや瞽女《ごぜ》唄など漂泊芸能の「口説節」は、民衆たちが最も知りたいと思い、また身につまされるような出来事や事件・犯罪などを、同じ旋律パターンの繰り返しで、七・七調の言葉を連ねて物語として語っていったものだった。赤城山麓の村々で唄われた「国定忠治」などの盆踊り唄は、越後からやってきた瞽女たちが、道々携えて語ったそうした口説きの形式が、共同体の盆踊りの場に流れ込んで物語を活性化していった、というのが朝倉さんの推測だった。

番組では「横樽音頭・国定忠治」をひとくだり、保存会の面々に実演していただいた。歌詞はおそらく大正から昭和の初め、爆発的にヒットした「八木節」に影響を受けたものだろうが、音頭取りたちは、樽や鉦の拍子と掛け声を挟んで、実に楽し気に淀みなく語り継いでいく。まるで自分たちが赤城山を舞台に、忠治一党になり替わったような気分である。

ハァー　佐位の郡《こおり》は国定村で　音に聞こえし侠客話
親の名前は忠兵衛というて　一番息子が忠治でござる
生まれついての侠客肌で　力自慢で武芸が好きで
人のためなら喧嘩もなさる　そこで忠兵衛忠告すれど
意見そら耳きき入れませぬ
されば是非なく見限りまして　地頭役所へお願いなさる

そこで忠兵衛忠告すれど　意見そら耳きき入れませぬ
あわれ勘当で無宿となりて
今は憚《はばか》るところはないと　諸国方々さまよい歩く

子分子方もその数多く　関東名代の親分株よ

一の子分はその名も高い　両刀遣いの日光円蔵（以下略）

うたいっぷりは朗々としており、同じ節の繰り返しだが飽きることはない。「意見そら耳きき入れませぬ」と何度も忠治の肩をもって繰り返すのがほほえましい。演者たちが次第に自分たちのヒーロー、国定忠治の生き様と一体になっていく様子が彷彿としてくる。そもそも盆踊りの場は祝祭的であり、関西の江州《ごうしゅう》音頭や河内音頭も同じだが、人々を非日常の物語空間へと誘い込む。そこでは演者は、登場人物を演じるのではなく、逆に物語のなかの登場人物が、演者の体を借りて語り出していく。それはまさに、山伏の神降ろしや、イタコの口寄せのように、芸能の原点に近い。

先に触れた日光例幣使街道の宿場町である木崎宿（現・群馬県太田市）。ここにも貴重な口説節の盆踊り唄、「木崎音頭」が伝承されている。日光例幣使とは、江戸時代、朝廷が年に一度、家康の命日に行われる日光東照宮例祭に使節を送ったもの。木崎宿は、一大養蚕地帯を背後に控え、近世後期に大いに賑わう。幕末の慶応年間には、旅籠《はたご》の数がおよそ五〇軒、一〇〇人を超す飯盛女中がいたという。その多くは越後の村から働きにきていた若い娘たちであった。

「木崎音頭」は宿場のはずれに祀られた、地元の人が「色地蔵様」と呼ぶ地蔵様に由来する。案内してくれたのは郷土史家の高橋一三さんだ。高橋さんによれば、「色地蔵」は、もとは街道の辻にあって、ここで命を落とした女郎たちを供養するために建てられたものだという。

高橋老は身振り手振りを交えながら、音頭の一節をうたってくれた。それは何とも味わい深い調べであった。越後から三国峠を越え売られてきた、トヨという名の一人の女郎が、瞽女のうたう口説節の節を真似て、うたい始めたものだという。

木崎街道の　三方の辻に　お立ちなされし　色地蔵さまは
男通れば　にっこり　しゃっこり笑う
女通れば　石もて投げる
それがァ　木崎の　色地蔵様だがやァ

「木崎音頭」は地元に代々伝承され、今も毎夏盛大に行われる盆踊り大会で、大切にうたわれ、踊り継がれている。その歌詞の一部を紹介しよう。

これが木崎の　色地蔵様よ
越後蒲原　どす蒲原で
雨が三年　日照りが四年
出入り七年　困窮となりて
新発田《しばた》様には　ご上納が出来ぬ

田地売ろうか　子供を売ろか
田地ゃ小作で　手が付けられぬ
姉はジャンカ（あばた）で　金にはならぬ
妹売ろうとの　ご相談決まる

私ゃ上州へ　行ってくるからに
さらば　さらばよ　お父さんさらば
さらば　さらばよ　お母さんさらば

さらば　さらばよ　皆さんさらば
越後女衒《ぜげん》に　お手々を引かれ（以下略）

越後の貧しい村から、家の困窮を救うため、ひとりの年端もいかない娘が上州へと身売りされていく。三国峠を越えて、「越後女衒」にお手々を引かれ。その道行きの物語り。口説節は哀調を帯びて、しみじみと胸に沁みてくる。何よりも家族を思う少女の心情がいじらしく、心を打つのだ。幕末、関八州に蒼茫として夢を追った男たちの陰に、こうした女性たちの歴史があったことを忘れるわけにはいかない。そして、それから一世紀半以上の時間が過ぎた今も、上州の暑い真夏の夜に現出する盆踊りの場で、土地の人々は、それら娘たちを追悼し、慈しむかのように、うたいかつ踊り続けるのである。

〝語り物〟の源流――瞽女唄と説経節

この「木崎音頭」では、前述したように、越後から売られてきた女郎が、瞽女の口説節に感応してできあがったという伝承が、ことに興味深い。瞽女たちが通ってきた三国街道は、中山道の高崎宿から渋川、利根郡猿ヶ京などを経て、群馬・新潟県境の三国峠（標高一二四四メートル）を越え、長岡を経て寺泊に至る街道。この街道は、江戸から佐渡の金山へ向かう最短距離で、別名、佐渡街道とも呼ばれ、江戸市中で捕らえられた無宿者や囚人たちが「佐渡送り」となって、護送されていった道でもあった。彼らは坑夫や水替人足として、多くの場合生きては還れぬ苛烈な労働に従事したのである。戦前までは、この街道を、瞽女たちのほかにも遊行遍歴の旅芸人や行商人など、実に様々な旅人たちが往来していたという。例を挙げれば、蒲原獅子（越後獅子）、山伏姿の祭文語り、三河からやって来た万歳、丸一神楽の一行、ヨカヨカ飴売り、毒消丸の行商の娘、虚無僧など――（五十嵐富夫『三国峠を越えた旅人たち（ぐんま歴史新書）』吾妻書館、一九八三年参照）。

江戸時代、上州の村々には門付けの瞽女たちが多く回ってきた。彼女たちは家々を訪れて門付唄をうたい、夜は村人たちが用意した農家（瞽女宿）に泊めてもらって、口説や段物と呼ばれる長尺の語り物を演じた。瞽女の口説節では、「新保広大寺」や「鈴木主水《もんど》」「お七口説」などの外題が古くからうたわれ、その内容はいずれも、男女の色恋沙汰をめぐるスキャンダルや、心中話が多かった。

ところで、当時の村々には、毎年決まった時期に訪れる瞽女や座頭たちのために、その経費を前もって計上した入用帳が残されていて、瞽女たちが歓待された様子がわかる。おそらくそれは、ただ娯楽を受け取るという以上に、彼女たちが人々にとっての信仰の対象でもあったことを示している。特に養蚕地帯の農民たちの間では、瞽女の唄を蚕に聞かせるとたくさんの繭が取れるという民間信仰もあった。雪解けの頃にやってくる長岡瞽女には、「春の祝い口説」というめでた尽くしの口説唄があり、上州の村々で盛んにもてはやされたという。

夜になると、瞽女たちは宿に集まってくる村人たちの前で、段物の——越後瞽女は「祭文松坂」と呼ぶ——語り物を演じる。主な外題は、「葛の葉子別れ」「小栗判官」「山椒太夫」「俊徳丸」といった、中世以来、説経節で語られてきた物語だ。

日本の語り物芸能のルーツともいわれる説経節は、もともと、諸国を遍歴する廻国聖《かいこくひじり》、比丘尼《びくに》、御師《おし》や唱門師《しょうもん》などの下層の宗教芸能者たちが、寺社の縁起や因果応報の仏教説話などを、庶民たちにわかりやすく唱導し語り広めたものだった。彼らは大道や辻、寺社の門前に立ち、ささらなどの道具を使って演じ、土俗の信仰や伝承、本地語りなどを巧みに取り入れ、最底辺の民衆たちの想像力に訴え掛けていく。こうして説経は次第に物語化し芸能化していくが、そこには、飢えや貧困、不治の病、戦乱やこの世の哀別離苦など、現世の苦悩と絶望にまみれ、神仏の加護にすがるほかはない民衆たちの哀切極まる思いや渇望が反映されていただろう。語る方も聴く方も、共に社会の底辺にあって差別される身であれば、説経節とはまさに、彼らの魂の救済と再生の物語だったのである。そうした説経節の語り物のエッセンスを、真正に最後まで受け継いでいったのが瞽女唄ではなかったろうか。彼女たちが好んで演じた「葛の葉子別れ」（「信田妻《しのだづま》」）は、後世、歌舞伎や浄瑠璃に演出されて広く庶民に親しまれた物語。泉州・信太の森（現・大阪府和泉市）に棲む白狐の葛の葉が陰陽師の安倍保名と結ばれるが、素性を知られた葛の葉は、泣く泣く幼子の童子丸（後の安倍晴明）を残し、一首の歌を詠んで森へ帰っていく。「恋しくば　尋ね来て見よ　和泉なる　信太の森の　うらみ葛の葉」。そこには、人交わりのできない村に暮らした被差別の民の切ないドラマがあったろう。

さらに、「山椒太夫」や「小栗判官」「俊徳丸」などは、幾層にも重なる民衆の想像力が生み出した、雄渾にして壮大、かつ慈悲に溢れたロマンである。多くの場合、貴種である主人公が奸計《かんけい》にあい、人買い、乞食、奴隷、らい者など、いったんはこの世の地獄に突き落とされるが、神仏の加護と奇蹟によって甦り、復讐を果たす。なかでもここで特筆すべきは、「小栗判官」の照手姫、「山椒太夫」の安寿姫、「俊徳丸」の乙姫など、物語に登場する巫女的な女性たちの存在だ。彼女たちは信心深く、献身的で、霊験あらたかな愛の力で、瀕死の危機に陥った主人公たちを救う。その活躍ぶりは観音仏と見まがうほどに神々しいが、このような力強く、自立した女性像は、日本文学史上、説経節の語り物が初めて作り出したものだと言えるだろう。

ここで、またも長くなるのだが、「小栗判官」の照手姫・車引きの段の一節を紹介しよう。作中、毒殺された小栗判官は、藤沢の遊行上人の法力で生き返り、餓鬼阿弥となった身を土車にのせられ、熊野本宮へと送られる。一引き引いては千僧供養、二引き引いては万僧供養、えいさらえいと、人々の手に引かれて東海道を宿送りされ、岐阜の青墓宿（現・大垣市）へと着く。宿場の水茶屋で働く照手姫が、生き別れになった夫とは知らずに、ふたたび土車を引いていく場面である。物語の見せ場の一つ、まさに説経節の「フシクドキ」にあたる部分である。

照手　このよし　聞こし召し、あまりのことのうれしさに、徒歩《かち》や跣《はだし》で走り出で、車の手縄にすがりつき、一引き引いては千僧供養、夫《つま》の小栗の御ためなり、二引き引いては万僧供養〔略〕――、町や、宿や、関々で、徒名《あだな》取られて、かなわじと、古き烏帽子を申し請け、さんての髪に、結びつけ、たけとひとせの黒髪を、さっと乱いて、面《おもて》には、油煙の炭を、お塗りあり、さて召したる小袖をば、裾を肩へと、召しないて、笹の葉に、幣《しで》をつけ、心はものに、狂わねど、姿を狂気に、もてないて、引けよ、引けよ、子どもも、ものに、狂うてみしょうぞと、姫が涙は、垂井の宿――

（説経正本集『小栗判官』より）

手や足は萎えはて、目も見えず餓鬼阿弥の身となった夫の小栗判官を、狂気の姿に身をやつした照手姫が引いていく。中世の民衆たちは女性の根源的な力に、神仏の霊力が宿ると信じたのである。やがて小栗判官は人々の手で熊野湯の峰へと送られ、熊野権現の霊験によって甦り、元の偉丈夫へと蘇生するのである。当時、蟻の熊野詣と言われるほど多くの参詣者が訪れ、その道々には、不治の病とされたらい病（ハンセン病）の人たちが、人々の功徳にすがり、神仏に救いを求める姿があっただろう。物語の底辺には、そうした人々への深く、そして限りない共感が込められている。

ところで、日本の語り物の源流を探っていくと、その生成と発展において、平家物語の琵琶法師はいうに及ばず、目の不自由な人々、盲人たちの力が如何に大きかったか、あらためて気づかされる。彼らは、その常人離れした記憶力による口語りで、時代時代に変遷を重ねながらも、いわば語り物の精髄を後世に伝えていったのである。

瞽女の組織である妙音講には、いわゆる「瞽女縁起」が伝わっている。その由緒は、平安時代の嵯峨天皇の皇女、相模宮姫だという。長岡系の最後の瞽女の一人で、無形文化財にもなった伊平《いひら》タケ（一八八六—一九七七）さんは、次のように語っている。

嵯峨天皇に盲目の姫が生まれた。当時は目の見えない子は山に捨てた。天皇はどうしたものかと考えあぐんでいる時に、弁財天が夢枕に立って、余は下賀茂の神である。生命ある者を山に捨てることはけしからぬ。この世に命をもらって出てきた人を捨てる代りに、頭のある人が音楽を教え、それを売れば人を喜ばすことになるし、自分も勇む。これから目の見えない人は門付をしなさい。はっとして目を覚ましたら枕許に三味線があった。（『三国峠を越えた旅人たち』）

同業の瞽女仲間からも、あの人は声がいいと、一目置かれていた伊平タケさん。だが、その伊平さんは自分の唄が文字にされることを大変嫌ったという。唄が様々に変わるのは当たり前のこと、一回一回が本当の唄だと、常々伊平さんは話していた。瞽女さんたちの生活は、幼い時に親方の許に預けられ、厳しい修行と規律に明け暮れて、長い年季奉公（通常一三〜一四年）を勤め上げる。年季が明ければ、今度は自ら親方となって後進の指導にあたった。そして生きんがために、生涯、門付巡業の旅を続けたのである。

幕末から明治、大正、昭和と、日本近代の周縁を歩んできた瞽女たち。瞽女唄の伝統は、もはや途絶えて久しい。今、彼女たちが残した口説唄、祭文松坂の貴重な音源をあらためて聴いてみると、三味線の演奏は意外なほどテンポが速く、音律も力強くリズミカルだ。歌詞は同じ節調の繰り返しが次第に熱を帯び、高まっていって、物語の世界に知らず知らずのうちに引き込まれていく。路上の芸能者として鍛え上げた声、その声はヒタヒタと、あるいは刻一刻と、歴史の彼方から届いてくる。

遠い残像が甦る。雪の峠道を手引きの者に手を引かれ、杖をつき風呂敷包みと三味線を背負って、村から村へと旅を続ける瞽女たちの姿。その足取りに重なるように、祭文松坂の哀切な調べが聴こえてくる。

夫に別れ　子に別れ　もとの信太へ帰らんと　心の内には思えども　いや待てしばしわが心
今生の名残にいま一度　童子に乳房を含ませて　これより信太に帰らんと……、目をさましゃ
いの　童子丸　なんぼ頑是がなきとても　母の言うのを　よくも聞け　そちを生みなすこの母

は　人間かえと思うかえ　まことは信太に　すみかなす　春乱菊の花を迷わする千年ちかき狐ぞや（以下略）　（「葛の葉子別れ」）

忠治くどきに手を引かれるように、盆踊り唄から瞽女唄、説経節と、幕末上州を舞台に、民衆たちの記憶を訪ねて、語り物芸能の世界を経巡ってきた。幕末の熱い記憶は、今も人々の胸に刻印され、残り続ける。歴史の闇に葬られた民衆たちの夢や怨念は、唄や語り物の世界に甦るのである。

幕末、横浜――維新の闇へと消えた民衆の物語

さてテレビドキュメンタリー「大菩薩峠・第一部―幕末・物語の誕生」、そのラストの場面は、時を飛び越えて開港地・横浜伊勢佐木町は野毛の路上。かつての青線街、黄金町の黄昏時、青い灯、赤い灯が影を落とす路地を、ライター・朝倉喬司氏がまるで巫女のような足取りで歩いていく。どこからか童女のうたう、お手玉唄が聞こえてくる。

一かけ　二かけ　三かけて　四かけて　五かけて　橋を架け
橋の欄干　手を腰に　遥か向こうを　眺むれば
十七八の姐さんが　片手に花持ち　線香持ち　姐さん　姐さん　どこいくの

維新前夜、開港したばかりの横浜には、多くの様々な階層の人々が流れてきた。築港工事のため全国から集まった請負師、土工、職工、渡り職人たち、上州や秩父などから「絹の道」を往復した生糸商人や相場師やブローカー、外国人居留地の異人たちを相手にする娘ラシャメン、祭文語りやチョンガレ、阿保陀羅経など大道芸人たち、講釈師や「横浜絵」の浮世絵師、一宿一飯の無宿渡世、なかには、ご禁制の鉄砲や火薬を扱う商人や、外国公館の外国人を夷狄《いてき》と付け狙う、攘夷派の不穏な輩もあった。皆それぞれに、未だ見開かれぬ文明開化の、混沌とした空間に、おのれの夢と欲望を託して生きたのである。武州の打毀しの一揆勢は、「国病の根を断ち、万民安穏の心願」を果たそうと横浜をめざし、さらに明治の初め、浅草の古着商・吉蔵という男を剃刀で殺害したとの科《とが》で処刑され、世上に「毒婦」と喧伝されたあの高橋お伝もまた、その以前ハンセン病を患った夫の浪之助の手を引いて——あの照手姫のように——上州から横浜・野毛にやってきたのである。

港には横浜ランドマークタワーが、夜空に浮かび上がる。暗い運河が澪を引く野毛の橋の上で、朝倉さんは語る。

「過剰なまでの物語の喚起力が、人々を突き動かしていった。例えば、高橋お伝は明治一二年、市ヶ谷監獄で斬首となるが、すぐさま、戯作者・河竹默阿弥は、戯曲『綴合於伝仮名書《とじあわせおでんのかなぶみ》』を発表する。戯曲のなかでは、お伝は祭文語りが上手で——聞けば以前は横浜に浪之助といる時分、その日に困って大道で上州祭文をやったとやら——と、裁判所の官吏たちが噂する場面も出てくる。お伝は、吉蔵殺しは殺人ではなく、腹違いの姉の仇討ちだと抗弁し続けた。お伝が、治る見込みのない病を抱えた浪之助を連れて、ヘボン博士に診てもらおうと横浜にやってきた時、それは希望と絶望が紙一重の旅だったのではないか。また横浜をめざした武州一揆勢にしても、彼らは生活苦の元凶がそこにあると信じたのだが、一方で、うらはらのようだが、この新開地に未来を思い描いて、狭い閉ざされた村の空間から逃れようと、自分の意志で押し出してきたのではなかったか。そうして、その当時の芸能――語り物の力は、人々が時代の壁を突破して生きようとする力、滾るようなエネルギーを孕んでいたのではなかっただろうか」興が乗って、朝倉さんは自ら江州音頭を一節演じつつ滔々と、熱っぽく語り続けた。

維新になっても、世の中は混沌とした時代が続いた。全国に頻発した一揆、打毀し騒動は、明治一〇年頃まで、よりいっそう激しさを増していく。民衆たちは、明治新政府が次々と打ち出す政策（廃藩置県、学制、太陽暦、徴兵制など）に、「ほとんど得体の知れない未知の不安と恐怖」（安丸良夫『日本の近代化と民衆思想』平凡社、一九九九年）を抱いたのである。明治新政府は、各地の不平士族の反乱や、全国に波及する自由民権運動を弾圧あるいは懐柔しながら、明治天皇を元首とする天皇制国家ナショナリズムを作り上げていく。それは大久保利通、伊藤博文、山県有朋ら支配エリートや新官僚たちが、列強に対抗して資本制を完遂させようと導入した、日本近代の「国家システム」にほかならないのであり、それは最終的に、民衆たちがそのなかで生きてきた民間信仰や土俗的な宗教観を超越する、「国家神道」イデオロギーでなければならなかった。維新の闇から近代の闇へ、夢見られた無数の「物語」はどこへ向かっていったのだろうか。

十七八の姐さんが　片手に　花持ち　線香持ち
姐さん　姐さん　何処いくの
私は　九州　鹿児島の　西郷隆盛　娘です
明治十年　戦役で　切腹なされた　父様の
お墓参りに　参ります　お墓の前で　手を合わせ
南無阿弥陀仏と　手を合わせ
お墓のなかから　幽霊が
ふうわり　ふうわり　じゃんけん　ぽん──。

大衆小説から大乗小説へ──伊勢古市「間の山節」行

『大菩薩峠』の底流に、日本の語り物芸能の世界を追って、延々と果てもなき旅路を辿ってきた。あたかも峠の山道を踏み外し、限りない樹海へとさまよいこんでしまったようだ。だが、先を急ごう。

ドキュメンタリー「大菩薩峠」第二部（「修羅の旅路をいき惑ひ」）の冒頭、伊勢・古市の場面である。街道に、夏の強い日射しが照り返していた。伊勢神宮の内宮と外宮を結ぶ「間の山」の道、かつて伊勢神宮の参拝客で、大変な賑わいを見せた古市遊郭があった。

今はひっそりとした坂道をひとりの老婆が白い日傘を差し、買い物袋を提げてゆっくりと上ってくる。店先に伊勢うどんの暖簾《のれん》をかかげた食堂、理髪店では無聊《ぶりょう》をかこった店主が居眠りをしている。坂道を上り切り、紀勢本線の高架橋を渡り、神社の前を通り過ぎると、ところどころに、立派な門構えの古い旅館らしき建物が目につく。

もう九十歳を超えただろうか、老婆は、「油屋跡」と刻まれた碑の前でふと立ち止まり、話し掛けてくる。「ここらあたりは、ずいぶんと賑やかじゃった。ほれ、女郎屋というのがもう、たくさんあった。男衆がな、道ぞろぞろ、それで、女郎がたくさん殺されたこともあったというなあ、昔……。ここじゃよ」。老婆が指さしたのは、江戸時代、遊女との色恋沙汰のあげく、逆上した侍が殺傷事件を起こした大店の場所であった。

伊勢の古市遊郭は、江戸時代から明治にかけて全盛を誇る。この油屋をはじめ、備前屋、杉本屋、柏屋といった大楼が軒を並べ、夜ともなれば着飾った芸妓たちが顔見世で、名物の伊勢音頭を踊り、遠来の客をもてなした。明治になってからも旅館の数は三〇軒以上、六〇〇人を超す娼妓がいたという。そして、この古市遊郭のはずれに、代々、お杉・お玉という名の娘芸人が、大道で三味線を弾いて唄をうたい、投げ銭を受けて暮らしていたという。江戸の寛政年間に刊行された『伊勢参宮名所図会』に、次のような記述が載っている。

内宮と外宮との間の山なれば相の山と称せり。また此処を長峰とも称せり。前後の坂中お杉、お玉とて藁屋を構へて幕打張、非人の女いときよらかなる服を装ひて、三線、胡弓、簓《ささら》などにて唱歌もしれぬ小歌を唄ひ、参詣の諸人に銭をもろふ、古へ此銭もらひの中に、お杉、お玉とて二人の美女ありてより、終に此者共の名となれり。

「非人の女いときよらかなる服を装ひて」

ところで、間の山には大正年間まで、お杉・お玉の見世物小屋が残っていた。表には大きな絵看板を張り出し、なかでは舞台に娘たちが並び、三味線を弾いて囃子唄をうたい、見物客が顔をめがけて投げつける投げ銭を上手に撥《ばち》で受け止める芸を見せたという。大道に茣蓙を敷いた哀れな姿こそないが、彼女たちが生活のために、参拝客の慰み者になっていた境遇が浮かび上がってくる。「間の山ならお杉にお玉、白さん、紺さん、なかのりさん、投げさんせ放らんせ、投げさんせ放らんせ――」

大正六年、『大菩薩峠』の連載を続けていた中里介山は、この間の山を訪れている。介山の旅の日誌であり、取材メモでもある、『悠於片々』には、介山は「油屋」に泊まり、歌舞伎にもなった刃傷事件、遊女お紺と貢のことを調べ、伊勢音頭を聴き、路傍に出ては、大道を歩く様々な芸人たちや物乞いの姿を記録する。そして、最も興味を持って訪ねたのは、娘芸人、お杉・お玉の由来であり、彼女たちが、古くから大道でうたい伝えてきたという、「間の山節」についてであった。そしてこの年、介山は、二年半ぶりに連載を再開、『大菩薩峠』第六巻「間の山の巻」を発表する。そこでは、実際にお杉・お玉を登場させ、「間の山節」をうたわせている。

この「間の山節」とは、実際にどのような唄だったろうか。私たちは、地元で伊勢音頭の研究家として知られ、土地の民謡や古謡を採集している中森正一さんのお宅を訪ねた。中森さんによれば、「間の山節」のルーツは、奈良時代の僧、行基菩薩の手になる念仏唄で、それが熊野比丘尼らによってうたい広められ、江戸期になって地元の賤民部落の女芸人に伝わったものであろうという。中森さんが古老から聞き取った古い採譜のなかにはいくつか、「あいの山」という歌詞が出てくる。中森さんは譜面をなぞりながら、その節を聴かせてくれた。それは実にゆっくりと、心に沁み込むような、和讃や御詠歌のような調べであった。

作中、お玉（本名・お君）は、拝田村という賤民部落の出身で、父親の誰かも知らず、母はお玉という芸名と、間の山節の正調と、一棹の三味線を遺してこの世を去った。さらに介山は、この古市を舞台に、前にも紹介したように、お玉の幼なじみで、宇治橋の下で投げ銭の「網受け」をして暮らす槍遣いの米友と、お玉を護る豪犬ムクを登場させる。彼らは、以後、『大菩薩峠』の主要な登場人物として、流転の旅を続けることになる。

お玉が酔客に呼ばれ、遊郭備前屋にやってくる。お玉は座敷には上がらず、庭の石灯籠の脇に茣蓙を敷き、三味線を手に、おもむろに「間の山節」を語り始める——。それは陰々滅々と切なく、聴く者をあの世へと引きずり込むような音色であった。

夕べあしたの鐘の声　寂滅為楽と響けども　聞いて驚く人もなし

（ここへ合の手が入る）

花は散りても春は咲く　鳥は古巣へ帰れども　行きて帰らぬ　死出の旅

しーでーのたび、人を引張って死出の旅へ連れて行きそうな音色《ねいろ》。お玉の面《かお》はやや斜めにして、花は散りても春はさく……の時、声が甲《かん》にかかって、ひとたび冴《さ》えていた眼が眠るように、死出の旅――で低く低く沈んで、唄を無限の底まで引いて行く。

この時、いずれかの大楼ではまたしても賑《にぎわ》しき音頭の声、

「ヨイヨイヨイヤサ」

遠くでは賑かな音頭、この座敷では死ぬような間の山節。

（「間の山の巻」）

介山の筆致も心なしか熱がこもっている。ここでの、「お杉・お玉」、そして「間の山節」との出会いは、介山にとって画期的な出来事だったのではないだろうか。この「間の山の巻」以降、物語はより大きな拡がりをみせていく。それは介山にとって、日本文化と芸能の底流を生きた被差別民の新たな発見であり、新たな物語への回帰であった。介山の言葉を借りるなら、大衆小説ではなく「大乗小説」へ、そしてなかでも、この賤民芸能のモチーフと、それを包む暗く沈み込むような節調は、『大菩薩峠』全編の底流を流れる基調低音となっていく。

元浪曲師、山崎智さんの人生

この間の山で、私たちはひとりの忘れがたい人物に出会った。伊勢市の被差別部落に生まれ、戦後の一時期、浪曲師として活躍した山崎智さんだ。若い頃は生活が苦しく、まともな職業に就くこともできなかったという。東京の浪曲師に弟子入りし、芸名は中村冨士友と名のった。その後、解放運動に転身し、解放同盟三重県支部の副委員長を務め、取材当時は伊勢市内の公民館長をしておられた。その山崎さんが、数年前に自ら書いたという記録、「凍えたムラの覚え書」を見せてくれた。生まれ育った村の生活、京都の遊郭に売られていったという姉の思い出や家族のこと、そして芸人人生の浮き沈み――、「敗戦残侠伝」「京都西陣通り雨」など、それは山崎さんが小説仕立てで語った一代記であった。

「ウチのムラも、もともとは芸人村だと母親に聞いたことがある。自分の時代も、ムラから芸人はたくさん出たよ。有名になった奴もおったが、多くはその日暮らしで、お杉・お玉のように、伊勢の色町で門付の大道芸人や、浪花節で流した奴もおった。生活は苦しかった。下駄の直し、日雇い、飴売りの行商、何でもやった。一度、近くの川で身投げがあって、そんな時、親父が呼ばれた。僕もついていったが、親父は一言もしゃべらず、黙々と死体を片づけていた。姉は生活のため、京都の五番町の遊郭に売られていった。姉さんの年季を少しでも減らそうと、自分も京都の呉服屋に奉公に出たが、そこで差別を受けて飛び出した。姉は結局、病気で死んでね」。伊勢湾に流れ込む川の土手の上を歩きながら、山崎さんは自分の辛苦の人生を、淡々と、だが時に言葉を詰まらせながら、話してくれた。

「戦前、自分の家には色んな芸人たちが出入りしていた。兄弟も浪花節語りになって、兄弟で一座を組んで巡業したこともある。長兄は鉄五郎といったが、博徒で、一家を持った。水平社の運動家もよく来ていた。一歩、道を踏みはずせば自分もヤクザになっていたかもしれない。まあ、今思えば、右の耳から浪花節、左の耳から解放運動、左翼思想って感じだったね」

浪曲師を辞めた後も山崎さんは、地元の旅館や老人会でよく浪花節を唸った。私たちは伊勢市内の老人ホームを慰問するという山崎さんに同行した。身寄りのない老人たちの前で山崎さんは、自ら十八番だという、作家・長谷川伸の名作「瞼の母」の外題を熱演した。

やくざ渡世は儚いものよ　ドスを抱き寝で見る夢は　捨てた故郷の山や河
行けどあてない旅鴉――

……厭だ、厭だ、俺あ厭だ、だれが会ってやるものか、俺あこうして、上の瞼と下の瞼をじいっと合わせりゃ、逢わねえ昔のおッかさんの俤《おもかげ》が出てくるんだ、それでいいんだ、逢いたくなったら俺あ、眼をつぶろうよ――、……おッかさあァーん

（中村冨士友「瞼の母」番場の忠太郎）

夢の曼荼羅『大菩薩峠』

『大菩薩峠』の新聞連載は、途中、幾度か中断を挟みながら、大正デモクラシーから満州事変へ

と続く混沌とした世相のなかで、書き継がれていく。昭和初年の大恐慌、東北の大凶作、政党政治の腐敗、昭和維新を叫ぶテロリズム、そして皇道派将校による二・二六事件。出口の見えない閉塞的な状況のなかで、人々は困窮を極め、見境のないファシズムはやがて侵略戦争へと突き進んでいく。

介山は、同時代を生きる民衆のひとりとして、時局に一喜一憂し、政治的幻想に振り回されながら、『大菩薩峠』の執筆を続けていく。物語後半の世界は、そうした時代状況を映し出すかのように、その底に仏教的な厭世観を漂わせながら、より幻想的、空想的な色合いを強めていく。エロスとユートピア、聖と賤、あの世とこの世、それらが渾然一体となって、一言で言うなら夢の曼荼羅の如き小説世界なのである。そして様々な登場人物の口を借りて、作者介山自らの宗教観や政治観、ユートピア論などが繰り返し語られていく。そこで介山が見つめていったのは、まさに国家によって宙づりにされ、押し潰され、裏切られていった民衆たちの夢の行く末なのであった。

そして誤解をおそれずに言えば、そうした民衆の引き裂かれた夢はやがて、介山自身も含めて、近代の「国家システム」を横ざまに跳び超えて、上御一人と赤子としての国民、いわば民衆自身の内なる天皇制へと収斂されていったのである。

大正一四年に書かれた、『大菩薩峠』第一二巻「無明の巻」。——夜の山中の道を、さすらいの琵琶盲僧・清澄山の弁信が歩いてくる。月が皓々とあたりの雪景色を照らし出す。闇のなかの月、信州・白骨温泉へと向かう峠道である。弁信は、竜之助と白骨温泉で長逗留を続ける純真な少女、お雪ちゃんのことが気がかりでならない。ふと立ち止まると、独り、喋りはじめる。いつもの長口舌である。滔々と喋り続ける。番組では、この場面を、長年、説経節の一人芝居を手掛けてきた中西和久が、博多の能楽堂で演じた。物語のなかの弁信がそのままに甦ったような、迫真の一人語りだった。いつもながら、弁信の饒舌は長い。大変に長い。だが介山の思想も表れているので、中西の名演に思いを馳せながら、以下に一部を引用してみる。

(能楽堂の橋がかりから弁信が登場、空を見上げ、嘆息し、思い入れあって)

「今晩はまた大変、月がよろしいそうでございますね……。いつの世に長き眠りの夢さめて、驚くことのあらんすらん、と西行法師が歌に詠みましたということも、承っておりますので、ございます。悲しいことに皆様はいつかこの無明長夜の夢からお醒めになる時がありましても、私共にはこの生涯においては、そのことがあるまいと思われますのでございます。……何を申すも、無明長夜の闇にさまようて、他生曠劫《たしょうこうごう》の波に流転する捨小舟にひとしき身でございます。たどり来たったところも無明の闇、行きゆかんとするところも無明の闇……、ああ、どなたが私をこの長夜の眠りから驚かして下さいます……」

(見えぬ眼から、ハラハラと涙をこぼす弁信—、舞台中央奥から、竜之助の吹く尺八の音、「鈴慕の曲」が聞こえてくる、)

「おや、どなたかが尺八を、……あれは、鈴慕の曲でございます。本来、鈴慕の曲と申しまするものは、無限のあこがれの曲なのでございます。いと小さな人間が、無限の大空に、あこがれていく物の音が即ち鈴慕であると、わたくしは信じておりました。虚空に消えていく鈴の音は、消えていくのではありません、虚空のなかに満ち渡って行くのでございます。されば底知れぬ悲しみのうちに、はかり知られぬ慰めを鼓吹するものでなければ、鈴慕はもはや鈴慕ではないのでございます……、ああ、あの男の吹くのはあれは鈴慕ではない、あれは人間の魂を引き下ろす音色でございました……」

物語終盤、机竜之助は、宿縁の女性・お銀様によって岐阜の胆吹山中にある、胆吹の弥三郎の千人窟という洞窟に幽閉されている。お銀様は、甲州有野村の馬大尽、伊三郎の娘。あり余る財宝に囲まれ、何不自由なく暮らしている。だが、その類いまれな美貌は、顔半分を覆った火傷の跡によって損なわれている。御高祖《おこそ》頭巾に隠されたその顔は、〝絶えず一種の憤怒を含んでいるものすごい形相〟。そのお銀様は、父親の莫大な財産をもとに、この胆吹山中に自分だけの「理想王国」を作り上げようとする。この胆吹の館に、竜之助はお雪ちゃんをともなってやってくる。二人の後を追って、弁信が大風に吹き上げられながら、胆吹山を登ってくる。お雪ちゃんの見ている前で、お銀様と竜之助は、嫉妬とも残酷ともつかぬ問答を始めた。

「どうです、悪女大姉（お浜）のことは。悪女大姉に未練はございませんか」

「は、は、は、もう何とも思っちゃいないね」
「お絹さんはどうです」
「は、は、は、」
「山の娘のお徳さんとやらの、こってりとした情味は忘れられますまいね」
「は、は、は、」
「高尾山――蛇滝《じゃたき》で馴染《なじ》んだお若さんというのはどうです」
「は、は、は、」
「伊勢の国の鈴鹿峠の下の関の宿《しゅく》から、お安くない御縁を結んだ、あのお豊さんとやらの心意気だけは、あなただって恩に着ないわけにはゆきますまい」
「は、は、は、」
「あなたは、人妻を犯しました、人の後家さんを取りました、娼婦を弄《もてあそ》ぶこともしましたし、処女と戯れることもしましたねえ、わたしの知っているだけでも……そのうち、誰がいちばんお気に召しましたかねえ」
「は、は、は、」〔略〕
「あれから後、何人の人を殺しましたか」
「は、は、は」〔略〕
「白骨の温泉こそお楽しみでしたねえ、誰も知らない天地の間で、こんな憎らしい小娘と一緒に……」
「は、は、は、」
「あなたはこの小娘を愛していたのですか、愛してはいなかったのですか」
「は、は、は、」
（第三五巻「胆吹の巻」）

会話は一方的である。何とも色悪な竜之助の行状だが、愛しているのか、責めているのか、お銀様の執拗な追及に、竜之助はただ、ハハハと間の抜けた返答を繰り返すだけである。やがて会話は、二人のユートピア論争へと発展する。

お銀様は言う。自分の理想国には、圧政も服従もない。わがままもありえない。何故なら、それは無制限に許されるからだ。恋愛も絶対的に自由だ。そして土地は本来、人間が生活するに十分な生産力を持ち、正当に配分すれば人は生きて、栄える。さらにと、お銀様は言う。力とは徳なのだ、国家とは力だ。絶対的な自由のあるところ、絶対的な力がなければならない……。お銀様の主張するのは、唯一絶対的な権力のもとに万民が自由・平等であるという社会、いわばファシズム的国家社会主義の理想を掲げる独裁王国なのであった。

ところで、お銀様が自分の「理想国」建設の地として選んだ胆吹山とは、近江と美濃の境界に聳える霊峰で、古代より伝説の多い場所である。古くは日本武尊《ヤマトタケルノミコト》を苦しめた大蛇《オロチ》の神話、酒呑童子の鬼の伝説、大友皇子と天武天皇のたたかい、関ヶ原での西軍の敗将、石田三成や大谷刑部《ぎょうぶ》の怨恨——、そこは歴史を通じて権力闘争に敗れたものや、国家への反逆者、そして闇から闇へと葬られた、いわば歴史の敗者たちの怨念の沁みついた場所なのであった。「暴女王」お銀様と机竜之助——、この両者のただならぬ組み合わせについて、政治学者の鹿野政直氏は、その優れた大菩薩峠論のなかで次のように述べている。

この両者の結合は、大逆事件の直後には否定者であったニヒリズムが、ファシズムへと吸収されていく過程をも示しているように思われる。ニヒリズムと憤怒の結合が状況打破を目指しながらファシズムを導くという、ある意味での定式の、それは人格化であった。

（鹿野政直『大正デモクラシーの底流——〝土俗〟的精神への回帰』NHK出版、一九七三年）

介山自身が、そこまで考えていたかどうかはわからないが、この鋭い指摘はあたかも小説の世界が、現実と写し絵となって、民衆の心情—怨恨（ルサンチマン）を言いあてているかのようだ。さて、ここでは、お銀様と竜之助の会話は、またしても一方的である。お銀様の「思想」に竜之助は答える言葉を持たない。そもそも、竜之助には国家もユートピアもない。ましてや社会を変革していこうなどという意思はない。しかもお銀様という力によって、竜之助は幽閉されてしまっているのだ。その竜之助が最後に言う。

「人間という奴は生むよりも絶やした方がいいのだ。〔略〕要するに人間というやつは、自分たちの、無用にして愚劣なる生活を貪《むさぼ》りたいために、土地を濫費《らんぴ》し、草木を消耗していくだけのことしかできないのだ、結局は天然を破壊し、人情を亡ぼすだけのことなのだ。開墾事業だなんぞと言えば、聞えはいいようだが、人間共の得手勝手の名代《なだい》で、天然の方から言えば破壊に過ぎない。〔略〕あまり増長すると、天然もだまってはいない、安政の大地震などは、生やさしいものだ、いまにきっと人間が絶滅させられる時が来る。〔略〕山に棲《す》む獣も、海に棲む魚介も、草木も、芽生えから卵に至るまで、生きとし生けるものの種が、すっかり氷に張りつめられて絶滅してしまう」

（「胆吹の巻」）

存在そのもののニヒリスト、机竜之助の凄まじいまでの文明への呪詛の言葉。作中では結局、お銀様の「独裁王国」の夢は、近江に巻き起こった百姓一揆によって潰えてしまうのだが、それにしても竜之助の一種、巫女めいた「予言」は、幕末から明治にかけて、澎湃《ほうはい》と湧き起こり、民衆の間に広がった、〃新興宗教〃の「予言」に何と近いことだろうか。例えば、大本教の開祖出口なおの、〃御筆先〃――。

この世は神がかまわなゆけぬ世であるぞよ
いまは強いものがちの、悪魔ばかりの世になりておるぞよ

世界は獣の世になりておるぞよ
悪神に化かされて、まだ眼がさめん暗がりの世になりておるぞよ
これでは、世はたちてゆかんから神がおもてにあらわれて
三千世界の立替え立直しをいたすぞよ
用意をなされよ
この世はさっぱり新《さら》つにいたしてしまうぞよ

（出口なお「御筆先」より）

テレビドキュメンタリー「大菩薩峠」第二部は、この後も、日本の語り物芸能のルーツを求めて、九州・宮崎県延岡地方で最後の琵琶盲僧として生きた永田法順さんの日常を描いたドキュメンタリーや、昭和一六年『大菩薩峠』の連載を中止した中里介山の、太平洋戦争と最晩年の日々のエピソードなどが紹介されていく。幕末、戦前、そして現代と、時空を超えた旅を続けてきた、この稀有なるドキュメンタリー番組もいよいよ深奥へと向かうのだが、残念ながらもはや、この章では、それを事細かに紹介していく余裕と枚数が尽きてしまった。何しろ、全編五時間二〇分に及ぶこの番組も、始めもなければ終わりもない、未完のロードムービーなのだ。そして、この本の冒頭のプロローグで紹介したように、番組のラストシーンは、伊勢の賤民芸人で無双の槍遣い、宇治山田の米友が大立ち回りを演じたあげくの、「未来への逃走」なのだから……。

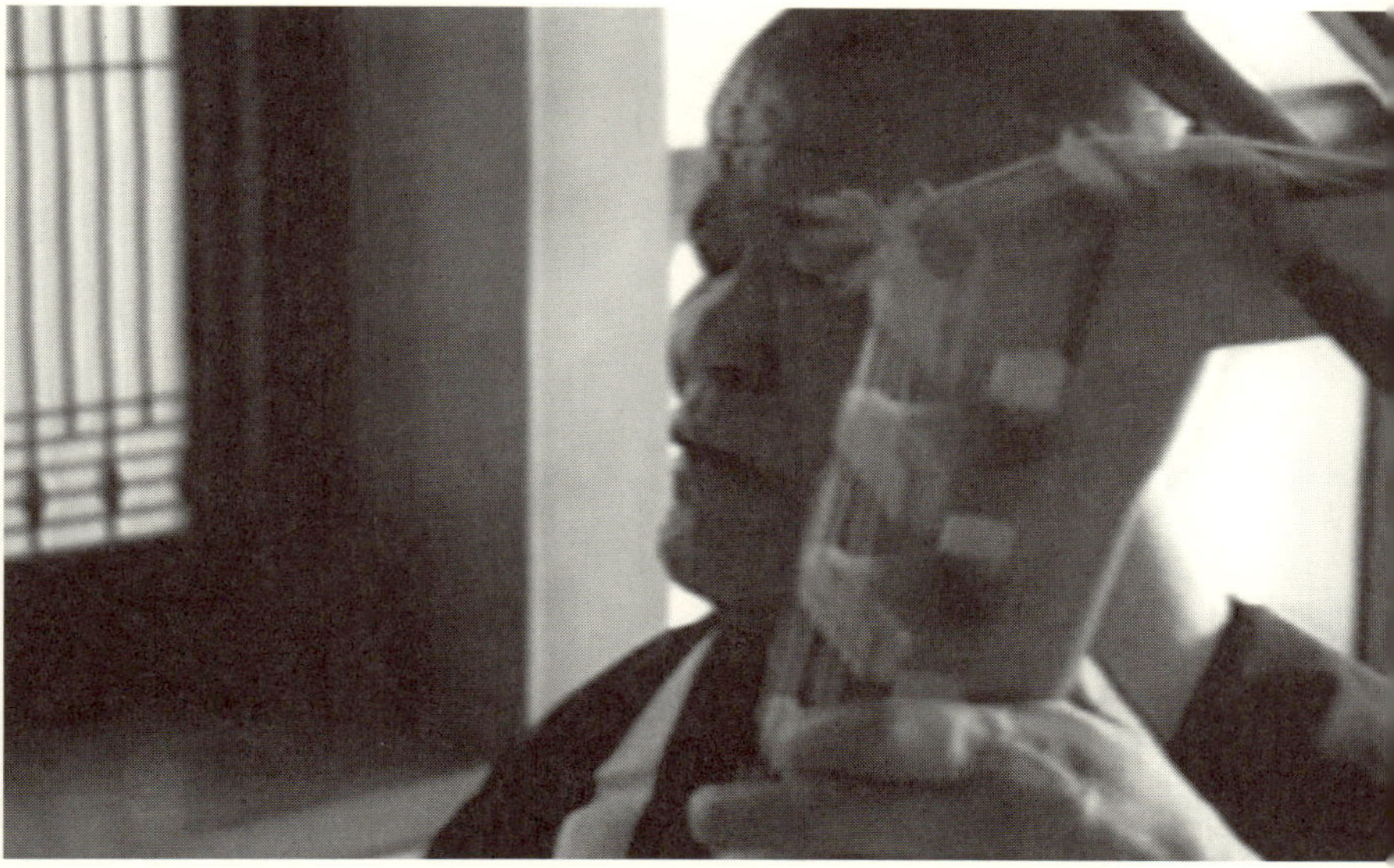

琵琶を弾き始めて50年以上。
永田法順さんは一軒一軒檀家を回り、釈文をうたい続けている。
檀家の人たちは、年に一度の法順さんの訪問を心待ちにしている。
なかには「法順さんが来ると、まるで先祖が帰ってきたような気持ちになる」と言う人もいる。

『大菩薩峠』は終わらない。破滅へと向かう時代の底で、果てしない旅路はどこまでも続く。今、未来に開かれたテキストとして、この未完の大長編小説を読み返してみるなら、そこに浮かび上がってくるものは、近代の国家システムに根こそぎ追いやられ、限りなく簒奪されていった民衆の想像力――「物語」の復権であった。動機なき峠の殺人、ユートピア、死、エロス、仏教的死生観、そして語り物芸能の世界――、作者・中里介山は、戦前という時代の底流にあって、果敢な小説的実験を繰り返していく。だが明治末期の青年として、鬱屈し、挫折した夢を抱えて書き続けた介山の、その心を最も奥底で捉えていたものは、〝どこか遠いところからやってくる声――〟、この列島の精神文化のなかに育まれてきた宗教的自然観への回帰ではなかったろうか。そして、前にも述べたように、この小説が未来に向かって差し出す最大の魅力は、さすらい遍歴してやまない登場人物たち、いわば〝旅する人間〟のモチーフであろう。弁信にしても、宇治山田の米友にしても、裏宿の七兵衛や、一八文の道庵先生や、老巡礼の娘・お松や、娘芸人お杉・お玉や、「無名丸」で海外脱出をもくろむ駒井能登守や、木々や小鳥や蛇と交感する清澄山の茂太郎や、そしてお銀様や机竜之助にしても、介山が作り上げた人物たちは、例外なく旅を続け、たえず変身し、欲望し、流転して、おのれの夢を生き続ける。彼らは、国家や権威や権力や、何者にもとらわれず、自由にかつ自立して、未来に向かって生き続けるのだ。

最後に、この章を終わるにあたって、小説『大菩薩峠』の終盤、何とも乾いた虚無感を漂わせる、ひとつのシーンを紹介しよう。それは、奇妙で、唐突で、虚無的で、そして無意味な、二人の浪人者の死の風景である。

作中、机竜之助を仇と追う宇津木兵馬を白骨温泉に案内した、仏頂寺弥助と丸山勇仙という二人の浪人者、彼らは腕に覚えもあり、一度は志を立てて国許を出たものの、流れ流れて、もはやどこにも行き場がない。二人は高山から金沢に向かう小鳥峠で、行き暮れてしまった。二人は峠に座り込んで、松茸の土瓶蒸しを喰らい、酒をあおり、語り合っている。

「仏頂寺――」
「うむ」
「旨《うま》いなあ――この酒は」
「旨いな」
「松茸も旨いだろう」
「旨いよ」
「浮きな」
「浮かない」〔略〕
「いったい、我々はこれからどこへ落着くのだ、ギリギリの返答が聞きたい」
「どっちが聞きたいんだ」

仏頂寺と丸山は、ここで顔を見合わせたが、笑いもしませんでした。

「丸山――」

「何だ」

「おたがいは亡者だな」

「まあ、そんなものだろう」

「宙宇《ちゅうう》に迷ってるんだ」

「まあ、そんなものだ」

「天へも上がれず」

「地へも潜《くぐ》れず、かな」

「東の方《かた》、江戸表も鬼門」

「西の方、長州路は暗剣」

「のめのめと故郷へは帰れず」

「そうかと言って、また来た道を引き返すのはうんざりする」

「所詮《しょせん》……」〔略〕

「その亡者として生きる道がもう、つくづくおれはいやになったのだ」

「では、どうすればいいんだ」

「考えてみろ」

「考えろったって、この上に考えようはありゃせん」
「斎藤篤信斎は、剣術を使わんがために生きている」
「うむ」
「高杉晋作は、尊王攘夷のために生きている」
「うむ」
「徳川慶喜は、傾きかけた徳川幕府の屋台骨のために生きなけりゃならん」
「うむ」
「西郷吉之助は、薩摩に天下を取らせんがために生きている」
「うむ」
「小栗上野《おぐりこうずけ》は、幕府の主戦組のために生きている」
「うむ」
「勝麟《かつりん》は、勤王と倒幕の才取《さいとり》のために生きている」
「うむ」
「岩倉具視《ともみ》は、薩長を利用して、薩長に利用せられざらんがために生きている」
「うむ」〔略〕
「さて、それから宇津木兵馬は――」
「は、は、は、少し、人物のレヴェルが変ってきたな」

「宇津木兵馬は、兄の仇を討たんがために生きている」

「うむ」

「お銀様という女は、父に反抗せんがために生きている」

「うむ」

「机竜之助は無明《むみょう》の中に生きているのだ――、ところで、仏頂寺弥助と、丸山勇仙は、何のために生きているのだ」

こう言って、仏頂寺弥助のカラカラと笑った声が、またもすさまじく、森閑たる小鳥峠の上にこだましました。

「松茸の土瓶蒸を食わんがために生きている、あッ、は、は、は」

と合わせた丸山勇仙の声も、決して朗かな声ではありませんでした。


（第三六巻「新月の巻」昭和九年）

そして、この小鳥峠で、二人はこの後、仏頂寺は割腹、丸山は毒薬を呑んで、心中して果ててしまうのである。

温かい飯、温かい酒、温かい女の情味も、畢竟、夢でありました――

（第二一巻「無明の巻」大正一四年）

第2章

〝境界の家〟で

福島の山河、沖縄の海

「小良ヶ浜ふたたび―福島・原発の浜の漁師たち」2013年

二〇一一年三月一一日、東日本を襲った未曽有の大震災――。大地震が発生した午後二時四六分のその時刻、私は日本上空に差しかかる国際線の機内にいた。アメリカ・ニューヨークでの取材からの帰途だった。その年は、奇しくもアメリカで起きた、9・11同時多発テロから一〇年目の年、私は、ニューヨークのグラウンドゼロで命を落とした消防士たちの家族や、崩落したツインタワービルの最上階にあったレストランで働いていて犠牲になった南米移民の家族たち、そしてツインタワーを設計した日系人建築家のミノル・ヤマサキ氏の家族などの取材を続け、日本に到着する間際だった。

飛行機が成田空港に向けて徐々に高度を下げ、着陸態勢に入ろうとした、まさにその時だった。突然、機長からのアナウンスが流れた。「たった今、東北地方に大地震が発生したとの連絡、空港の安全を確認中、着陸許可が出るまでこのまま上空で待機する――」。それ以上の情報は機長にも入っていない様子だった。搭乗機はそれから一時間あまりも成田上空を旋回し、燃料不足のため、機長の判断で、石川県の小松空港に臨時着陸した。私たち乗客はそのまま、機内で一晩、まんじりともしない夜を過ごした。

深夜、到着ロビーに出てみた私は、ロビーのモニターに映し出された映像を見て息を呑んだ。三陸地方を襲った大津波の映像――。見たこともない巨大な津波が、船を橋を、家を人を車を、町を押し流していく。信じられない光景だった。相当数の犠牲者が出たと思われた。最も気がかりだったのは、大津波に襲われた福島第一原発の状況だった。一触即発――、そんな言葉が脳裏に浮かんだ。

翌日、危惧は現実のものとなった。三月一二日、第一原発1号機が水素爆発を起こし、大量の放射能が大気中に放出された。原発二〇キロ圏内の住民すべてに、避難命令が出された。数日後、3号機、4号機も相次いで爆発を起こし、メルトダウンを引き起こす。そのおそるべき未曽有の光景は、瞼に張りついて、到底忘れ去ることはできない。

序章でも述べたように、私は退職までの一〇年間に、ほぼ一年に一本の割合で、長編のドキュメンタリー番組を制作してきた。それは、私のディレクター人生のなかで、繰り返し発想し、熟成してきたテーマであり、時にはその集大成でもあったが、とにもかくにも、信頼のおける優秀なスタッフに支えられ、自分の番組を実現させることができたのは、最高に幸せな時間だったと思う。だがそうこうしているうちに、まるで頭から冷水を浴びせかけられたように、福島原発事故は起きたのである。

二年後、被災した双葉郡富岡町で、かつて取材した漁師たちのその後を追って、私は一本のドキュメンタリー番組を制作した。奇しくも番組は、私の三七年間の会社生活の最後の年に、総合テレビの深夜、特集番組として放送されたのである（「小良ヶ浜ふたたび―福島・原発の浜の漁師たち」二〇一三年五月一日)。

初めて被災地に入って目にした光景——全住民が避難し、仮死したかのような無人の町、放射能に汚染された水が流れ出し魚貝類が侵され、漁が停止し、静まり返った海、森や川や街の、人間の営みの表土を剝ぎ取って、黒々と貯まり続ける巨大な除染ゴミ——、そして原子炉に溶け落ちた核燃料を取り出し、完全に廃炉作業が終了するまでには、どのくらいの時間がかかるのか予想もつかない。

今、この本を書き進めるにあたって、その時の取材の体験と記憶を、あえてここに書き記しておきたいと思う。打ちのめされるような無力感と絶望感にとらわれる。それは胸の底にわだかまって次第に大きくなっていく。このような災害の多い国で、このような惨禍が起こりうると、自分は想像だにしなかった。安全神話とやらを深く疑うこともせず、その危険性や欺瞞性を、あまりにも無関心に見過ごしてきた。原発は何をもたらしたのか、そこに生き、被災した人々はどんな思いでいるのか、私は是が非でも、そのことを確かめずにはいられなかった。

「小良ヶ浜ふたたび」——原発の浜の漁師たち

真っ青な海がどこまでも広がっていた。物音ひとつ聞こえない。時おり沖に白波が立つ。海は凪いで風もなく、まだ初冬だというのに日射しが春のように暖かい。事故から一年半がたった二〇一二年一一月、私と日昔吉邦カメラマン、音声の野島生朝の三人は、全身を白い防護服で覆って、事故を起こした福島第一原発から南に六キロの地点、富岡町小良ヶ浜灯台のある岬の上に立っていた。

案内してくれたのは、相馬双葉漁協の富岡町の組合長を務めていた漁師の佐藤重男さん（当時六十五歳）だ。佐藤さんは、第一、第二あわせて一〇基の原子炉が次々と建設されていったこの原発の浜で、四〇年以上、漁を続けてきた。眼下には、富岡町小良ヶ浜の漁師たちが、かつて使用していた古い、小さな港の跡が見える。天然の入り江は大地震と大津波で、岸壁が崩落し見る影もなかった。

第一原発から二〇キロ圏内にある富岡町は、当時、一万六千人余りの全町民の避難が続いていた。佐藤重男さんも、いわき市泉の仮設住宅で、奥さんの千代子さんと避難生活を続けていた（現在、富岡町では、佐藤さんの家があった小良ヶ浜地区を除いて、避難指示が解除され、住民たちの帰還が進められている）。

私が初めて仮設住宅の佐藤さんの部屋を訪ねた時、壁に「大漁　海寿丸」と染め抜かれた大きな大漁旗が飾られていた。聞けば、毎年一番の水揚高を上げた漁師に漁協から贈られる賞品だという。奥さんの千代子さんは、被爆した自宅から十枚以上にものぼるその大漁旗を持ち出し、大切に保管していた。それは海で生きてきた夫婦の証、二人の宝物であったに違いない。

佐藤さん一家が、息子夫婦と孫たちと暮らしていた小良ヶ浜地区は、第一原発のある大熊町に隣接し、今も富岡町で放射線量の最も高い「帰還困難地域」である。私たちは同行取材の許可を得て、一時帰宅をするという重男さんの車に同乗した。国道六号線の警備の検問を越え、小良ヶ浜地区に入ると、手元の線量計の値がどんどんと上がっていく。重男さんは家の状態を確認するため、事故後、二カ月に一度は、「一時帰宅」をしてきたという。

そこは新築したばかりの立派な家だった。庭には背丈ほどもあるセイタカアワダチソウが生い茂っていた。重男さんと一緒に家に入った。広い洋間にソファー、子ども部屋には孫たちの学習机がそのままに残されていた。壁にディズニーランドで撮ったという家族写真が飾られていた。孫たちの持ち物は全部、置いたままだという。重男さんの線量計では、室内でも毎時七マイクロシーベルト、玄関先の雨水を受ける排水溝の近辺は、毎時五〇マイクロシーベルトという高い放射線量を示した。第一原発の敷地内とほぼ同程度の高線量である。

地震が起きた三月一一日、重男さんは長男の重春さんとシラウオ漁に出た。漁から戻り、自宅で大地震に遭遇した。船の安否を確かめようと、富岡新港に引き返した二人は、沖に黒い塊を見た。「大津波が来る――」。直感した二人は車を捨て、走って常磐線の線路を越え、高台にある小学校に逃げて、間一髪、危機を免れたという。

津波に襲われた富岡新港から常磐線富岡駅にかけての一帯は、夥しい建物の瓦礫がそのままに残されていた。そして、重男さんの自慢の新造船「第七海寿丸」が、大津波に押し流され、海から五〇〇メートル以上離れた田んぼのなかに、瓦礫と共に打ち上げられていた。最盛期を迎えていたシラウオ漁の刺し網が、横倒しになった船体に絡みついて、たった今、海から上げられたばかりのように、逆光にキラキラと輝いた。

小良ヶ浜の漁師、佐藤重男さんとの出会いは、今から三〇年以上も前、一九八〇年代初頭にさか

震災後の富岡新港跡地の風景。
漁業再開の目処はたたないなか、
被災し避難生活を送る住民たちは「皆で帰りたい」と言う。

のぼる。七〇年代末、NHKに入社してまもなく、ディレクターとして福島放送局に異動になった私は、ローカル番組「ふるさとのアルバム」の取材のため、福島県の双葉郡、浜通り地方を初めて訪れた。一九七一年に1号機の運転が始まった東京電力福島第一原発では、2号機から4号機までの原子炉が次々と建設され、すでに営業運転を開始していた。さらに富岡町と楢葉町の敷地にまたがって建設が進められていた第二原発でも、一九八二年に1号機の操業が始まった。

歳月の向こうから、浜の女たちの喧騒が聞こえてくる。番組のタイトルは確か、「小良ヶ浜・日本一小さな港」だったと思う。私が取材に訪れた頃、富岡町の小良ヶ浜漁港では、まだ三十代になったばかりの重男さんをはじめ、六組の夫婦たちが、それぞれ数トンに満たない小型漁船で沿岸漁業を続けていた。漁業権の一部を東電に売り渡し、海は次第にせばめられていったが、夏は、スズキやアワビ、カレイやヒラメ、秋から冬はホッキ漁、春はシラウオ漁と、そこは尽きることのない豊かな天然の漁場だった。

毎朝、まだ夜も明けやらぬ暗いうちから、港の船溜まりに家族たちが集まってくる。浜辺にドラム缶の焚き火がたかれる。やがて男たちが、それぞれ波打ち際に引き上げられていた漁船に飛び乗ると、女たちは力を合わせて、船体の下に「そろばん」と呼ばれる枕木を差し込み、大声を掛け合い、間合いをはかって、船をつなぎ止めてあった太いロープを解き放つ。夫たちの乗った小船が、荒波にもまれ躍り上がるようにして、まだ暗い海に乗り出していく。それは息の合った夫婦ならではの作業だが、傍目で見ていても、危険な命がけの作業だった。そして妻たちは、夫の乗った船が無事に入り江の港を出て、岬の岩陰の向こうに姿を消すまで、じっと立ち尽くしたまま、見守っている……。

小良ヶ浜で生まれ育った佐藤重男さんは、一九六三年、集団就職で東京に働きに出た。文京区春日の印刷工場で住み込みで働いた。翌年、東京オリンピックの開会式をテレビで見た。そして一九六七年、福島第一原発1号機の工事が着工されると、地元に戻り、その建設工事に従事する。原発立地である福島県の双葉郡は国の特別交付金で潤い、全国から原発工事のための労働者が集まって、空前の好景気に沸いていた。浜通りの漁師のなかにも現金収入を求めて、漁師を休業して原発の工事に従事する者が少なくなかった。建設工事の後、重男さんは、二年間タクシー運転手をして働く。だが、海に出て漁をして働くのが、子どもの頃からの夢だったという重男さんは、漁師になる決意をし、漁業を営んでいた長兄の船に乗った。

しかしその頃から、福島の海は大きく変貌していったと重男さんは述懐する。多い人では、一人数千万円という漁業補償金を手にした漁師たちは、競って最新設備の完備した新船を建造し、漁獲高を争った。潤沢な原発交付金で、一〇億円をかけて富岡新港も建設された。海では乱獲が進み、魚が激減した。結婚し、中古漁船を手に入れ独立した重男さんだったが、毎日、昼も夜も漁に出て働き詰めだったという。

それから三〇年、大震災による福島第一原発の事故は、原発と共生してきた浜通りの漁師たちの夢を打ち砕いた。事故後、福島県水産試験場が実施してきたモニタリング調査では、原発から二〇キロ圏内の海や河口で、主にアイナメやメバル、ソイなどの底魚から、国の基準値を大きく上回る放射性セシウムが検出された。さらに東電が実施した第一原発の港湾内の調査では、海底のヘドロに潜むソイなどの魚から、私たちが取材した時点で、最大八〇万ベクレルという異常値が検出された。事故から八年が過ぎた現在では、福島沖で獲れる魚からは基準値を超える汚染は見つかっていない。だが、第一原発の敷地内には今も、放射能に汚染された地下水がたまり続けている。海への汚染水漏れの事故も後を絶たない。さらに廃炉にともなう放射性廃棄物の処理の問題もある。そこに原発がある限り、浜通りの漁師たちの、そして福島の人々の不安は決して消えることはないだろう。福島県の海では、相馬市・原町・いわき市など一部で試験操業が始まったが、いまだに本格的な再開のめどは立っていない。

私がふたたび、福島に取材に訪れた二〇一二年の秋、重男さんは、いわき市久之浜漁港の、津波を免れた底引き網船に乗り込んで、震災で沖に流れ出した瓦礫を撤去する仕事を続けていた。私たちが同乗させてもらった日、船は第一原発の沖合七キロの地点で作業を行った。震災の瓦礫はもうあまり揚がってこなかったが、事故から二年近くたって、漁を停止していた海には魚が増え続けていた。

ホウボウやアイナメ、ソイやカレイやヒラメ、ガザミやアナゴなど夥しい種類の魚が、無数のオニヒトデと共に底引き網で揚げられ、甲板に叩きつけられる。重男さんをはじめ乗り組んだ漁師たちは、終始無言で黙々と、それらの魚をスコップですくい上げ、無造作に海に投げ捨てていく。それはすさまじい、無残としかいいようのない光景だった。

1980年代中頃の小良ヶ浜。
かつて、日本一小さな漁港と言われていた。
早朝、声を掛け合い、夫が船を出すのを後ろから手助けする妻。
まだ薄暗い早朝、モーターの轟音が響き、声もかき消されるなかでの命がけの作業だ。

「原発がなくても、貧乏でも、漁だけでやっていけたはずだよ。今になってみればね……」。白い防護服に身を包み、小良ヶ浜灯台の岬に座って、重男さんはそう語った。少年の頃、夏になれば、毎日のようにこの岬の海で泳いだものだという。「この岬のハナに、シラウオの巣があってね」。重男さんは続けた。「春になれば、シラウオが湧いてくるように、網が上がらないほど、獲れたもんだ。だが今となってみれば、夢の、夢の跡だね……」。静まり返った福島の海を見つめて、今さらながらのように呟いた重男さんの一言が、いつまでも心に残り続けた。

海を追われて——小良ヶ浜の漁師たちのその後

私たちは、かつて小良ヶ浜漁港で働いていた漁師たちのその後を追って、さらに取材を続けた。

重男さんより年長だった佐藤定秋さん（当時七十歳）は、奥さんの礼子さんと、郡山市にある仮設住宅で避難生活を続けていた。定秋さんは震災の翌日、家族と共に隣の川内村《かわうち》に脱出した。飼っていた三匹の犬と一一匹の猫は置いてきてしまったという。その後、一緒に船に乗っていた息子夫婦と離れ、この仮設住宅に夫婦二人で暮らしていた。妻の礼子さんは、富岡町を離れてから精神的に不安定な日々が続いていた。一人で外出することができず、幻聴にも悩まされた。唯一の心の慰めは、仮設の部屋で飼うことにしたセキセイインコの世話をすることだった。

事故の前年、一家は新しい漁船を建造した。仮設の部屋を訪ねた時、定秋さんは、津波にやられ、陸に打ち上げられたその新造船の写真を取り出して、私たちに見せた。「この写真見た時にゃ、何ていうか……体が震えちまったよ。夢も希望もなくなっちまったよ」

写真に目を落としながら、定秋さんは涙をこらえきれない様子だった。そして、インタビューに答えて、とつとつと語った。

「けんども、オレも第一原発で働いたこともある。東電から金も貰って、原発の近くの海で、放射能を調べる調査船に乗ったこともある。皆、補償金で新しい家も建てた。今までいろいろ世話になってきて、いい思いしてよ、今度、事故が起きたからといって、爆発が起きたからといって、コロコロと変わるような真似は、オレにはできないよ」

苦渋の表情を浮かべながら、定秋さんはそう語った。それは、原発を受け入れ生きてきた、浜通りの漁師のやるせない心情だったかもしれない。傍らで、妻の礼子さんはじっと黙ったまま、夫の話に聞き入っていた。

大和田誠一さんと静子さんの夫妻は、いわき市内のアパートで、一時避難の生活を続けていた。家財道具は一切、富岡の自宅に置いてきたままだ。二人きりのアパートの部屋はがらんとしていた。娘たちは東京に避難して暮らしているという。遠くを見るような眼差しで、奥さんの静子さんが呟く。

「ここに来てから、眠れないのよね。海があれば、海を見てればスカーッとするんだけどねえ、潮の匂いだよ」

第一原発の工事が始まった時、夫の誠一さんは、原子炉の耐用年数はせいぜい三〇年、長くても四〇年だと聞かされていた。第一原発1号機の事故は、運転開始からちょうど四〇年目だった。だから今回の震災では、津波の影響だけでなく、地震の揺れでも、原子炉に相当のダメージがあったはずだというのが、誠一さんの考えだった。「はたして放射能がいつ抜けるんだか、風評被害もあるべし……、前が見えない、明日が見えないよ……」

誠一さんは言葉少なに、淡々と話した。原発事故の後、海を追われた浜通りの漁師たちは、事故前の水揚高に応じた漁業補償を得て暮らしてきた。いつになったら本格的な漁が再開できるのか、本当に海に戻れる日が来るのか——、原発事故で人々が失っていったものの大きさが、浮かび上がってくるような気がした。

福島県大玉村富岡町仮設住宅

福島県大玉村。郡山市から北に車で四〇分ほど行った安達太良《あだたら》山の麓に、富岡町の仮設住宅が作られていた。取材当時、この仮設住宅に二八〇世帯が避難して暮らしていた。自治会長の鎌田利光さんの話では高齢者百人以上が暮らし、二年目の冬を迎えて、体調を崩す人が増えているという。その年の冬は救急車の出動も相次いだ。自治会では毎日、ボランティアの「見廻り隊」が一人暮らしのお年寄りたちの部屋を訪問していた。仮設住宅の部屋のドアに、ところどころ黄色い旗が差し掛けてあるのが目につく。ひとり暮らしの老人が自ら、その日の無事を知らせる合図だという。それも鎌田自治会長のアイディアだった。

この仮設住宅に、かつての小良ヶ浜漁港で共に働いていた三人の女性たちが避難生活を送っていた。佐藤重男さんの義母の川崎照子さん、兄嫁にあたる佐藤意登子さん、そして関根キワ子さんである。それぞれ漁師だった夫に先立たれ、三人は寄り添うように暮らしていた。関根キワ子さんの夫、千広さんは漁師をするかたわら、長年、地元の下請け業者の下で原発労働に従事した。第一原発の定検時には、燃料棒の点検・交換など、原子炉近くの危険な作業にも従事したという。その千広さんは二〇年前、血液がんを発病し、五十五歳の若さでこの世を去った。

三人は、当時八十歳になり、一番年長だった照子さんの部屋に集まって、午後の数時間を過ごすのが日課だった。「ここは寒くってよお、すきま風が入ってくる」。照子さんには、安達太良山から雪まじりの風が吹きつける、この仮設住宅の冬の寒さが一番こたえるようだった。

「ここには八十、九十の人らいっぱいいるから、もう時間がないんだって、こんなところで死んでられっかって」、意登子さんが応える。三人のうちで一番年下のキワ子さんは、ここに来てから持病の糖尿病が悪化した。つらそうに足を引きずって歩きながら、照子さんの部屋にやってきた。だが性格が明るく気丈なキワ子さんは、自分の病気のことは何一つ口にしない。そんなキワ子さんが最後に言った。「帰りたい。ふるさとには帰りたい。だけどひとりでなく、皆で帰りたい」

キワ子さんの切実な願いは、避難生活をしている富岡の人々の共通の思いだったろう。富岡町では、住民のなかで帰還時期や補償額に差が出ないよう、五年間は町に帰還しないことを決めていた。事故から丸五年が過ぎた二〇一七年、富岡町は避難指示を解除して、住民の帰還を進める方針を打ち出している。

だが、若い世代や子どもたちのなかには、県外に避難して新しい生活を再建している人も少なくない。高齢者だけで町が維持できるのか、はたしてどれだけの町民が故郷に帰還を果たすことができるのか、行く手には、多くの課題と試練が待ち受けているのである。

照子さんの仮設の部屋に一体の真新しい位牌が置かれていた。二〇一二年一月、避難先の郡山市の仮設住宅で、がんで亡くなった弟の和男さんの位牌である。

享年七十。和男さんは地元の東京電力の協力会社に勤務し、四〇年間、原発の作業員として働いてきた。事故後、郡山に移ってまもなく体調が悪化し、病院に入退院を繰り返したのだという。

照子さんと共に、和男さんの妻、川崎絹代さん（当時六十九歳）の暮らす郡山市富田町の仮設住宅を訪ねた。照子さんは、和男さんが亡くなってから一年、ことあるごとに絹代さんのもとを訪れていた。絹代さんは、仮設住宅に長男と二人で暮らしていた。

照子さんと和男さん、そして絹代さんも、いわき市の炭鉱地帯で生まれ育った。二人とも父親を炭鉱の落盤事故で亡くしている。同じ小学校に通っていた和男さんと絹代さんは、集団就職先の東京で偶然再会する。絹代さんは当時、川崎市の繊維工場に勤めていた。一九六九年、二人は結婚してまもなく富岡町に戻り、和男さんは建設が始まっていた第一原発の現場で働くことになる。当時、原発の建設現場に作業員を斡旋する仕事をしていた、照子さんの夫・定信さんの紹介だった。

狭い仮設の部屋で、絹代さんは、夫の一周忌を済ませたばかりだった。事故の後、夫を亡くしたショックからなかなか立ち直れなかったという。仏壇の遺影のわきに、二人の結婚式の記念写真が飾られていた。和男さんの命日の一月八日は、奇しくも、四四回目の結婚記念日だった。照子さんと訪ねた時、絹代さんは堰を切ったように、亡き夫の思い出を語り始めた。

「三月一二日、第一原発の1号機が爆発した時、パパはじっとテレビを見ていて、ああ、ここから俺の人生が始まったんだって……、クレーンに乗って工事して、この1号機は自分が作ったんだって、それはもう、がっかりしてね、悔しがってね……、そして他の人が逃げ出したのに、ギリギリまで町から離れようとしなかった」。絹代さんは続けた。「防護服着てね、白いマスクつけて、原発のなかは暑いから汗ダラダラ流してね、そして五分もすると線量計が、ピッ、ピッ鳴り出して、すぐ交替しなければならないって……、汗がたまるから、毎日、着替えの下着何枚も持って仕事に出掛けてた。冬なんか帰ってくると、風邪引いてね……」

原発事故が起きたのは、和男さんが、東電の下請けの協力会社を退職して、ちょうど一〇年目のことだった。事故の後、郡山市の一時避難所を経て、五月になって、この仮設住宅に移った。まもなく和男さんは体調の悪化を訴え、七月に吐血した。胃がんが進行して、全身に転移していた。末期がんだった。医師からは余命一カ月と告げられた。

「何年分もの作業手帳、被爆手帳を持っていてね、いつもそれを見て、チェックしていた。やっぱり心配だったんでしょうねえ、自分がどのくらい放射能浴びてるのかって、そして働けなくなることがね。息子には原発では絶対働かせなかった。あの頃は、若い人の働く場所、原発しかなかったんだけどね」

絹代さんの手元には、県庁から内容証明付きの封書が届いていた。文面を見せてもらうと「災害関連死」という言葉が目に飛び込んできた。手続きをすれば、いくらかの弔慰金が支払われるのだという。だが、「災害関連死」という冷たい字面に、絹代さんはどこか割り切れない気持ちだった。

和男さんの遺骨は、郡山市のはずれ、阿武隈山地の山あいにある寺に安置されていた。寺の住職のはからいで、仮設住宅で亡くなった人たちの遺骨を一時預かっているのだという。いつ富岡の自宅に帰れるのかわからない……、四十九日の法要を済ませた後、絹代さんは、ここで夫の遺骨を預かってもらうことにした。本堂の片隅に、百体近い遺骨が故郷の土に還れぬまま、眠り続けていた。

郡山での取材を終え、私はいわき市に向かう磐越東線の車中にいた。車窓を、阿武隈山地の低い山並みが通り過ぎていく。昨夜降った雪が、山肌の所々に残っている。山あいの小さな集落が現れては消える。私は取材で出会った多くの人々の顔を思い浮かべながら、暗澹たる気分だった。

原発とは一体何だったのか、ふり返れば、福島県は戦前からの常磐炭砿をはじめとするいわきの炭鉱、奥会津の只見川の水力による電源開発、そして浜通りの原発と、主に首都圏への電力エネルギーの供給地として、戦後の復興と経済発展の基盤を支え続けてきた。そして、高度成長期、全国に次々と建設されていった原発は、例外なく、中央から遠く離れた辺境の、海辺の過疎地帯に作られていった。原子力・夢のエネルギー、経済発展と開発と地域振興の見果てぬ夢、それらの甘い言葉に踊らされ、翻弄され、そしてあげくの果てに犠牲になっていったのは、ほかならぬその土地に生きた名もなき人々ではなかったか。福島の第一、第二原発でも、操業当初から、炉心異常、再循環ポンプの破損、タービン建屋での爆発事故など、運転中の重大事故やトラブルが続出した。だがそれらは、原発は絶対に安全であるという神話のなかに隠蔽されていったのである。結局、原発とは、経済優先のありあまる金の力で、人々から先祖以来の土地と生業《なりわい》を奪い、地域の人間関係を分断し、故郷の自然や山河を破壊し、そこに育まれた、小さな命をも奪い取ったのではなかったか。もはや原発に依存した時代に後戻りすることはできない。ひとつの時代が終わり、新たな時代が始まらなくてはならない——。

私は、とりとめのない考えを巡らしながら、暮れなずむ、車窓の風景を見つめていた。そして、そんな原発を結果的に受け入れ、恩恵も受け、生き過ぎてきた自分たちの時代を思い、後悔と無力感に苛まれながら、次第に闇の色を増す故郷の山河を、その闇の向こうを見つめ続けていた。

〝境界の家〟——原発技術者・名嘉《なか》幸照さん

それから四年後——。二〇一六年の秋から翌一七年の冬にかけて、私はふたたび富岡町に取材に入った。小良ヶ浜地区を除いて、避難指示が解除され、町では二〇一七年四月一日からの町民の帰還に向けて準備が進められていた。町内ではすでにいくつかの災害復興住宅の建設も始まっていた。新たな取材の目的は、富岡町在住で、一九七〇年代から福島第一原発の操業運転と保守管理にあたってきた、原発技術者の名嘉幸照さんに会うためだった。名嘉さんは一九四一年、沖縄北西部、伊《い》是名《ぜな》島の生まれ。一九七三年、福島第一原発の工事を受注したアメリカのゼネラル・エレクトリック社（以下GE社）の日本人技師として、福島に着任する。当時の肩書はGE社の主任保証技師、新しいプラントが正常に運転しているかどうかをチェックし、保守点検にあたるのが、名嘉さんの仕事だった。その後、GE社を退社し、富岡町に東電の協力会社を立ち上げる。富岡町を第二の故郷として地域に溶け込み、原発と共生し、その安全運転に心血を注いだ日々だった。取材では、戦後、生まれ島の沖縄からアメリカへ渡り、福島で原発技術者として生きた名嘉さんの数奇な人生、そして3・11後の第一原発事故に直面した技術者としての葛藤の日々を語っていただいた（「境界の家 沖縄から福島へ──ある原発技術者の半生」二〇一七年四月八日）。現場を知り抜いた名嘉さんにとってみれば、事故は胸をえぐられるような痛恨の思いだったが、だがそれは、決して〝想定外〟の出来事ではなかったという。私は今ここで、沖縄出身のひとりの原発技術者の貴重な証言と苦渋に満ちたメッセージを、あえて書き記しておきたいと思う。

事故から一年前の二〇一〇年、名嘉さんは富岡町内に家を新築したばかりだった。念願だったというその新居は、第一原発から南へ七キロ、今も帰還困難区域である小良ヶ浜地区との境界の、岬の上に建てられていた。広い敷地の庭からは眼下に、福島第二原発を見下ろすことができる。地元で知り合い、二人三脚で生きてきた奥さんには先立たれたが、長男は自分の会社の跡を継いだ。これからは新しい家で海を眺めながら、のんびりと魚釣りでもして過ごそうという矢先に起きた第一原発の事故だった。事故の後、名嘉さんは会社をいわき市に移し、自らも避難生活を送ってきたが、五年が過ぎて避難指示も解除され、ふたたびこの家でひとりで暮らすことを決意する。私にはその岬の家が、沖縄と福島という二つの故郷を生きてきた名嘉さんの人生の、〝境界の家〟であるように思えた。玄関の屋根の上にはシーサーが、遥か南の海を見つめていた。

生まれ島・伊是名島——沖縄からアメリカへ

ところで名嘉さんは、福島原発で働くようになっても年に一度は必ず、故郷、伊是名島へ里帰りをしてきた。先祖の墓参りを、毎年欠かすことはなかった。人生で苦境に陥った時、いつも思い出すのは島の祖先たちが遺してくれた言葉だった。九月の彼岸、私たちは墓参りのため帰郷した名嘉さんと同行して伊是名島を訪れた。伊是名島は沖縄中部、今帰仁《なきじん》村の運天港から村営のフェリーで一時間あまりの、東シナ海に浮かぶ。琉球王朝の礎を築いた尚円王《しょうえんおう》ゆかりの歴史ある島である。ちなみに村営フェリーの年下の船長は、名嘉さんが生まれ育った伊是名島・勢理客《じっちゃく》の集落の出身で、名嘉さんとは子どもの頃からの顔なじみだ。原発技術者になる前、一等機関士として外国航路の乗組員だった経験を持つ名嘉さんは、フェリーの操縦室に入り、操舵する船長のわきで、じっと遠くの島影を見つめる。そこはことのほかうねりが大きく、波高い海であった。

名嘉さんは、島の先祖代々のウミンチュ（海人）の家に生まれた。島では、今も長兄の永保さんが父の家を継いで、サトウキビを作り、漁をして暮らしている。素潜り漁が得意で、今でも、時折、海に出ては夜光貝やタコを獲る。名嘉さんにとっては、祖先たちの息づかいが残るこの島で、のんびりと過ごすのが最高の時間だという。帰郷したその夜、勢理客の集落では名嘉さんを迎えて、豊年踊りのティルクグチーの舞が行われた。ティルクグチーとは五音節で唄われる、沖縄でも伊是名島とすぐ北にある伊平屋《いへや》島にしか残存していないといわれる古謡で、海の彼方の常世の国からの神を招く祝い唄だ。子どもの頃、名嘉さんも豊年祭りには、大人たちにまじってこの舞をよく踊ったのだという。それは懐かしい、潮鳴りのような、悠久のリズムだった。

一九五〇年代半ば、名嘉さんは伊是名島から、那覇の沖縄水産高校に入学する。朝鮮戦争からベトナム戦争へ、沖縄は米軍の最前線基地となっていく。離島出身者のための寮に暮らしていた名嘉さんが目のあたりにしたのは、〝基地のなかに島がある〟アメリカ占領下の沖縄の現実だった。米兵による少女暴行事件やひき逃げ事件などが横行していた。名嘉さんは、復帰前の那覇市長を務め、不屈の反米闘争を闘った瀬長亀次郎氏に心酔して、自らも反基地運動に参加する。一九六〇年、アイゼンハワー大統領が訪沖した際には、那覇の学生たちのグループと共に、その抗議行動にも参加した。その当時、名嘉さんは本土から沖縄にやってくる日本人に、ことあるごとに、〝私たち沖縄人は日本人ですか〟と尋ねたという。日本政府は果たして自分たちの味方なのか、それとも見放そうとしているのか、そのことがいつも胸にわだかまっていた。

アイク訪沖への抗議行動がもとで、沖縄を脱出し、日本本土へ渡った名嘉さんに、人生最大の転機が訪れる。支援団体の援助で、本土の水産高校の専攻科を卒業、一等機関士の免許を取得した名嘉さんは、日本郵船の貨物船の乗組員となる。憧れの外国航路の仕事だった。その後、米国船籍のスーパータンカーに機関士として乗務した時、同僚だったアメリカ人のエンジニアに、アメリカで原子力の仕事をしないかと誘われたのである。彼はかつて米海軍に在籍し、原子力潜水艦に乗務していたことがあった。その時、名嘉さんは資源の乏しい日本で、原子力は敗戦から立ち上がるための夢のエネルギーかもしれないと考えた。島民の四人に一人が犠牲になった沖縄戦、広島、長崎に落とされた原爆、そして戦後叫ばれた原子力の平和利用――、その同僚の言葉は、貧しい沖縄から何とか脱出し、そしていつかアメリカを見返してやりたいと考えていた名嘉さんにとって、あまりにも皮肉な運命の巡り合わせだったというほかはない。だが、ともかくもアメリカ行きを決意した名嘉さんは、ワシントン州の大学で英語と熱力学を学び、福島第一原発の工事を受注したGE社に技師として雇われることになったのである。

「楔《くさび》なて我身《わみ》や世間《しけ》に尽くさ」

それから半世紀、沖縄から福島へ、名嘉さんは原子力を未来のエネルギーと信じ、人生を賭けて仕事をしてきた。そして遭遇した3・11の原発事故。「楔なて我身や世間に尽くさ――」、名嘉さんがいつも心にとどめてきた島の先祖の教えだ。学問もなくていい、財産もなくてもいい、家を支える楔のように、人のため、世間のために尽くしなさい――、先祖が遺したそのかけがえのない言葉のように、自分の人生は、はたして社会のために役立ってきたのだろうか、名嘉さんは今、確信が持てないでいる。

3・11の大震災による第一原発事故は、1号機から3号機まですべてメルトダウンを引き起こすという最悪の結果となった。原子炉の底に溶け落ちたデブリと呼ばれる核燃料、冷却用プールに残された夥しい使用済み核燃料棒、そして敷地内には膨大な汚染水をためたタンクが増え続ける。八年が過ぎた今も、福島原発事故は終わっていない。事故の直後、一触即発の危機のなかで、名嘉さんは第二原発の構内に入った。東電の要請で、収束作業の最前線となった免震棟に若い社員たちを送り込むことになったのである。社員たちもほとんどが地元、双葉郡の出身。なかには大津波で家族を亡くした社員もいた。名嘉さんにとって、まさに眠られない夜が続いた。地元の下請け企業の親方として、家族同様に過ごしてきた若い社員たちが、危機的状況のなかで、時には笑顔すら見せて頑張る姿に胸が塞がれる思いだった。そして事故以来、何よりも名嘉さんの心を苦しめたのは、放射能に汚染されて故郷を追われた、同じ富岡町の人々、そして双葉郡の被災者たちの運命、悔しさ、申し訳なさだったという。

福島原発事故と東電の〝トラブル隠し〟

「原発は絶対安全だという嘘が、すべての元凶だった」と名嘉さんは話す。岬の家で、名嘉さんにとっては身につまされる、現場での貴重な体験談をインタビューさせていただいた。「原発は発展途上の技術だった、これは極秘にしていたものだけどね」と言って名嘉さんが見せてくれたのは、

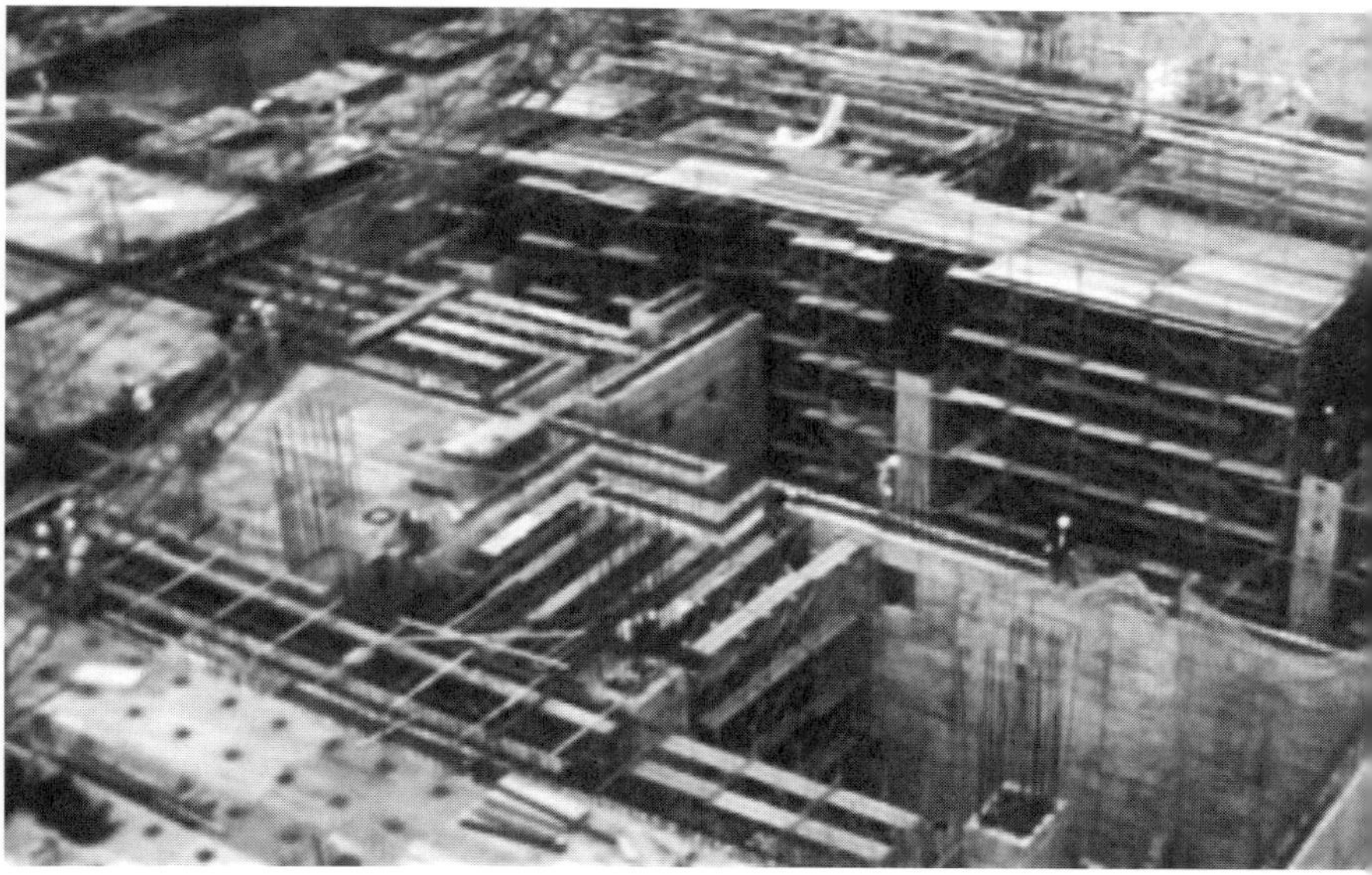

福島第一原発建造。
「いまのわたしの最大の関心事は、大事故が発生する前に、日本が原発からの撤退を完了しているかどうか、つまり、すべての原発が休止するまでに、大事故に遭わないですむかどうかである。大事故が発生してから、やはり原発はやめよう、というのでは、あたかも二度も原爆を落とされてから、ようやく敗戦を認めたのとおなじ最悪の選択である」
（鎌田慧『原発列島を行く』集英社新書、2001 年）
「原発は未来のエネルギー」。多くの人がその言葉を信じこまされた。

第一原発1号機の運転当初の事故記録のコピーだった。それは当時、GE社の主任技師だった名嘉さんが、東電の担当者と共に、自ら記したものだった。そこには運転を開始した一九七一年から一九七七年までの七年間に、あわせて一九件のトラブル、プラントの異常が記録されている。原子炉再循環ポンプの異常による原子炉の緊急停止、放射性廃液の漏えい事故、なかでも名嘉さんや現場の技術者を最も悩ませたのは、原子炉を取り巻く様々な配管のひび割れだったという。

それは配管のステンレスの表面がひび割れを起こす「応力腐食割れ」という現象だった。GE社が手掛けてきた1号機でのトラブルは名嘉さんにとって大きなショックだった。「原子炉のパイプから炉水がぽたぽた漏れ出している……、もうその時は絶句したね、拭いても拭いても、高い放射性を帯びた水が漏れてくる、茫然として配管の上にまたがっていたね」。さらに最も危機的な状況だったと名嘉さんが指摘するのは、GE社を退職後の一九八九年一月、第二原発3号機で起きた再循環ポンプの振動事故だったという。再循環ポンプとは原子炉の格納容器内にあり、ポンプスピードの増減によって原子炉内を流れる冷却水の速度を変化させ、核燃料の反応を調整する重要な設備。もし一抱えもあるポンプが振動によって破損し切断されて、原子炉格納容器を破壊すれば大惨事につながりかねない事故となる。その一カ月前、点検のため、第二原発3号機に入った名嘉さんは、再循環ポンプの微妙な振動異常に気づく。放っておけないと直感した名嘉さんは、ポンプスピードの速度を落として運転するよう東電側に何度も進言した。だが東電の対応は遅かった。「暮れから正月に向かっては出力を落とすことはできない、電源供給の閑休期の年末と正月は、どこのプラントを運転するかは決められている」というのが東電側の説明だったという。だが一月に入って振動はさらに激しくなり、何度も警報が発生した。あわや大事故の一歩手前というところで、一月七日の午前、東電はようやく原子炉の運転を停止したのである。その後の資源エネルギー庁の事故調査記録によれば、振動によってポンプの軸受け部分が破損し大量の金属片が原子炉内に入り込んでいたという。

「これはもう本当にね、危機一髪だったんですよ。我々からすれば、現場からすれば。原子炉の怖さをもっと自覚しなさいと。原子炉の怖さ、要するに核燃料というのは確かに濃縮ウランが四〜五パーセント、例えば原爆はそれこそ一〇〇パーセント近いけれども、でも同じ核なんです。核反応するのは同じなんです。それが一気に爆発するか、融溶するか……」

その時の事故について、名嘉さんはそのように述懐した。話を聞いていて私は戦慄を覚えた。大惨事となったかもしれない、そのような情報・事実が速やかに国民に公表されることはなかった。東電はその後も、様々な事故やトラブルを隠蔽し続けたのである。当初は、東電の担当者も現場の技術者も一体となって、まだ完成されていない技術を、原発を正常に安全に維持していこうと懸命に務めてきたと名嘉さんは言う。だが、いつしか現場力が弱まり、また国策として原発建設を推進する中央の原子力行政の下で、東電の隠蔽体質は強まっていったという。「今思えば、何故、もっと現場で率直に議論してこなかったのか、そして様々なトラブルの事実と情報を国民の間で共有することができなかったのか、悔やんでも悔やみきれない……」、名嘉さんは苦悩の表情を浮かべて、そう語った。

原発技術者・名嘉幸照さんの〝決意〟

第一原発が立地する大熊町に、かつて第一原発の1号機、2号機、6号機の建設を担当したGE社のアメリカ人社員たちが暮らす、いわゆるGE村があった。名嘉さんも結婚するまで、その単身者用宿舎に暮らした。宿舎は原発敷地内にあり、東電からのクレームや呼び出しがあれば、深夜でも現場に駆けつけ、夜も眠らず働いたという。

GE村には小学校も、テニスコートもあった。運動会には地元の子どもたちも招待された。そこは、東北の過疎の村に突如出現した「アメリカ村」だった。そして原子力発電所は、地元の人々にとって、将来の富と繁栄、見果てぬ夢の象徴だった。一九六九年、第一原発1号機が試運転を開始してから九〇年代まで、浜通りの双葉、大熊、富岡、楢葉町には、前にも述べたように、第一、第二原発を合わせて一〇基の原子力発電所が誘致され、建設されていったのである。用地買収、膨大な補償金、原発立地への国の特別交付金で町は潤った。だが一方で、人々の間に、二度と後戻りのできない原発依存の体質が生まれていったのである。

かつてのGE村に隣接する富岡町には、GE社の初代の現地マネージャーだった、エドワード・クックさんの墓がある。クックさんは原発を誘致した地元の人々と親しく交流を持った。名嘉さんは、異国の地で原発の建設のために尽力したその生き方を聞き、感銘を受けたという。事故の後、何度か墓を訪れ、花を手向けた。「ヘイ、あんたのプラントは最悪の結果になってしまったよ」、名嘉さんはクックさんの墓に、英語でそう話しかける。

「自分にとって福島は、第二の故郷、人生かけてきた場所だったけど、原発のない福島という選択肢もあったかもしれない……」、名嘉さんは今、そう話す。そして原発を作ってきた自分には言うべき資格がないかもしれないが、これ以上、負の遺産はいらない、国民の議論を尽くした上で、原発はゼロにすべきだと、深い決意を込めて語った。当事者である名嘉さんの、その重い言葉に私は胸を打たれた。だが、福島に来て名嘉さんが出会ったのは原発だけではない。海と山の自然、うまい米やうまい魚、そして何よりも福島の人々の温かい人情、福島も沖縄も、原発と基地で生きてきたではないかと、人ははしなくも言うが、いやそうではない、原発でしか、基地でしか、生きてこれなかったのだと、名嘉さんは思う。「自分は当事者、加害者だから今さら原発から逃げるというわけにはいかない、ただ、時間がたって、風化して、沖縄も福島も、もういいでしょうという声を聞くたび、福島の方言で言えば〝ごせっ腹〟が焼ける、腸《はらわた》が焼ける、胸が詰まって、島の言葉で言えばワジワジしてきてならない……」、おこがましい言い方だけどと、何度も繰り返しながら、名嘉さんはそう語った。

いわき市の小名浜漁港。津波で大きな被害を受け、閉鎖されていた魚市場に久しぶりの喧騒が戻った。福島沖の海域での漁の試験操業が始まっていた。二〇一七年の正月が明けて、名嘉さんと小名浜の魚市場を訪れた。早朝から漁に出た漁船が次々と港に戻り、水揚げが行われる。ヒラメやマコガレイなど一部の魚の出荷も解禁され、市場では水揚げされた魚が次々と仕分けられていく。マガレイ、メイタガレイ、ヒラメ、ホウボウ、アナゴ、タコ……、胸躍るような大漁だった。港には一月とは思えない暖かい風が吹き、柔らかい日射しがこぼれていた。名嘉さんは市場から少し離れた、漁船が接岸する突堤にたたずんで、その光景を感極まって、見つめ続けていた。海は名嘉さんにとって魂の故郷だ。故郷は失われた、だが故郷を、あきらめてはならない、名嘉さんの胸に新たな決意が宿る。そして遥か生まれ島の、潮鳴りが聞こえてくる――。

第3章

月ぬ美《かい》しゃ

南島からの声

「月ぬ美しゃ—八重山うた紀行」2003年

月ぬ美しゃ十三夜、みやらび美しゃ十七つ、ホーイーチョーガー
東《あり》からありおーる大月ぬ夜　沖縄ん八重山ん　照らしょうり
あん丈なーぬ月いぬ夜　吾がけーら遊びょーら

南の島の彼方から、聞こえてくる唄がある。潮風に運ばれ、波に揺られ、サンゴ礁を越えて――。

沖縄、八重山地方に古くから伝わる子守唄、「月ぬ美《かい》しゃ」である。

「月の美しいのは十三夜、娘の美しいのは十七つ、東から上がったお月様が、沖縄と八重山の大海原を照らしている、こんな素敵な月夜の晩はみんなでうたって、遊ぼうよ」。美しく優しいそのメロディーはまるで、遠い日本の昔の古謡や童唄を思わせる。じっと目を閉じて、耳をすませば、南冥の彼方から響いてくるようで、心に沁み入ってくる。初めてその唄を聞いたのは今から二〇年近くも前、石垣島出身の民謡歌手、大工哲弘の歌声だったと思う。鷹揚として、どこか神さびていて、限りない懐かしさを湛えた、その歌声に惹かれ、その唄のルーツを辿って、私は一本の音楽ドキュメンタリーを制作した（NHK-BSハイビジョン「月ぬ美しゃ―八重山うた紀行」二〇〇三年一一月二七日）。

そして、八重山から沖縄、奄美諸島へ、島人たちのうたと人生を追って、さらに取材の旅を続け

ることになったのである。

台湾にほど近い日本の最南端、八重山諸島。大小三一の群島に三百を超える島唄が存在する。唄は人々の暮らしのなかに生き続けてきた。古代からの神歌や労働のうた、情歌や教訓歌、さらに戦前の日本の流行歌まで、それらは時を超え、島人たちの降りつむ記憶となってそこかしこに堆積している。大自然や神々への感謝、海の彼方からやってくるという弥勒信仰、そして島分けや強制移住、災害、戦争、ヤマトと琉球からの長い支配の歴史。八重山の人々にとって、うたはまさに島の人生そのものだった。

今も聞こえてきてやまない南島からの声――、この章では、奄美・沖縄・八重山の島々を舞台として制作したドキュメンタリーのなかから、出会いを重ねた人々の、いくつかのうたと、いくつかの人生を辿ってみたいと思う。

琉球と日本――彫刻家・金城《きんじょう》実

古琉球、「おもろそうし」の世界では、太陽はティーダ、月はトウトウメーという。そして、ティーダには骨壺、トウトウメーには位牌という意味もあると教えてくれたのは、沖縄・読谷村《よみたんそん》に住む彫刻家、金城実さんだ。金城さんの生まれ島、浜比嘉島《はまひが》ではどこの家にも先祖を祀る大きな祭壇があって、生まれたばかりの赤ん坊をそこに寝かせ、また家族が年老いて、死が間際に迫ってくると、その祭壇の下に身を横たえたという。金城さんの祖父マカリーさんは島の漁師で、「後生《ぐしょう》」と呼ばれる生まれ変わりを信じ、自分はあの世に行ってもウミンチュだと常々語っていた。潮が満ちると人は生まれ、潮が干く時、人の魂はあの世へと旅立っていく。島の宇宙観では、人の生命は、そのような大自然のサイクルと共に生まれ、消え、そして甦っていく。そして島人たちの心に宿ってきた多くのうたの世界も、そのような自然観のなかで育まれていったにちがいない。

天に鳴響《とよ》む大主
明けもどろの花の　咲い渡り
あれよ　見れよ　清《つ》らさよ
また　地天鳴響む大主
明けもどろの花の

「月が満ち、月が欠け、やがて東の水平線に太陽が顔を出すと、まるで花が咲きわたるかのように、明けてまどろんで、朝凪の海を真紅に染めていく……」。沖縄の彫刻家、金城実さんの人生と出会ったのは、NHKのインタビュー番組「こころの時代」（二〇一七年七月三〇日）の取材を通じてだった。心地よい海風にサトウキビの葉がざわめいていた。金城さんのアトリエは、沖縄戦でアメリカ軍が最初に上陸した読谷村にある。金城さんは一九八〇年代からここに拠点を構え、沖縄を生きる人々の抵抗の姿、平和への思いを彫り続けてきた。

読谷村の村人たち八三人が、集団自決に追いやられたチビチリガマ（ガマは洞窟の意）で、遺族たちと共同で作り上げた鎮魂のモニュメント、「世代を結ぶ平和の像」。そして七〇年代から制作を続け、沖縄や全国各地でキャラバン展示を行ってきたレリーフ作品「民衆を彫る、戦争と人間」。今もアトリエの空地に所せましと置かれた、全長一〇〇メートルに及ぶその巨大なレリーフ作品と群像彫刻には、艦砲射撃に逃げまどう島人たち、ガマのなかの白骨や髑髏、日本兵に処刑される朝鮮人軍夫、さらに戦後、銃剣とブルドーザーで米軍に接収された伊江島《いえ》で土地闘争に立ち上がる農民たちの姿、そして一九七〇年のコザ暴動の往来に燃え上がる車と群衆のなかに胸もあらわに立ちはだかる娼婦たちの姿など、戦争と米軍政下の時代、肝苦しい（チムグルしい）世を生き抜いてきた沖縄の民衆の姿が、まるで大地とひとつながりになったような、圧倒的な存在感で刻みつけられている。人々の怒り、苦しみ、悲しみ、笑い、そこには沖縄人に食らいついた、言葉に言い表せない表情がある。それはむしろ、沖縄の海や大地から発せられた、祈りのうたと言っていいかもしれない。

一九三九年、金城さんは沖縄本島東部、金武《きん》湾《わん》の沖合に浮かぶ浜比嘉島に生まれた。日中戦争から太平洋戦争へ、そして破滅の淵で、島民の四人にひとりが犠牲になった沖縄戦。戦後、浜比嘉の人々は、海岸に落ちている弾薬のかけらや薬莢を拾って売ったり、対岸の基地で軍作業をして働いて貧しい生活をしのいだという。十九歳の時、金城さんはパスポートを持って日本本土へ渡る。ペルーに移民していた父方の祖父母の援助を受けて、初めて日本の大学を受験することになったのである。島の人たちに太鼓や踊りで見送られ、海に突き出た聖なる拝願所、アマミキヨのまわりを舟で何度もへ廻っての旅立ちだった。だが金城さんは受験に何度も失敗、苦学しながら、京都外国語大学に入学し、八年かかってようやく卒業して、英語教師の職を得る。

日本で暮らしはじめた当初、金城さんは自分が琉球人であることの劣等意識に苛まれ続けたという。そして沖縄と日本を何度も往復する歳月のなかで、金城さんが出会ったのが彫刻という芸術表現だった。そもそものきっかけは、二度目の受験に失敗した春、たまたま入った上野の国立西洋美術館で見たロダンの彫刻だった。そこで金城さんの心を深くとらえたのは「カレーの市民」などの群像彫刻、人間たちの躍動感と意志、ドラマ、それは今まで見たことのなかった芸術の世界だったという。島では彫刻はおろか、絵画すら見たことはなかったという金城さんにとって、それはまさに天啓ともいうべき瞬間であった。

兵庫県尼崎市の定時制高校や大阪市天王寺区の夜間中学などで教えるかたわら、金城さんは独学で彫塑の技術を学び、作品を発表してきた。初めて仕上げた彫刻は、浜比嘉島の金城さんの祖父・マカリー像だった。正式な美術教育も受けず、デッサンの勉強もしてこなかった金城さんの、その創作の原点、イメージの源は、生まれ育った浜比嘉島の海と空を綾なす宇宙的な動画や、サンゴ礁の海にサバニで乗り出していく祖父・マカリーの赤銅色に灼けた肌、ガジュマルの大木の根に覆われた墓地や洞窟、骨壺のある風景、それら島の大自然の原初的な造型ではなかったかと、私には思えるのである。

そしてもうひとつ、金城さんの彫刻表現の世界を決定づけたものは、教室に集まる様々な人間たちとの出会いであった。なかでも、戦中戦後の苦しい時代を生きぬいてきた在日朝鮮人のオモニたち、被差別部落の人々、中国からの引揚者、さらに南米移民から戻ったが故郷に帰れないでいる大阪のウチナンチューたち、金城さんはそれら年齢も階層も様々な人々の、鬱憤や差別や悩みを抱えながらも、したたかに日々を生きる姿に出会い、自らの芸術表現のありかを見出していく。金城さんにとって彫刻と向き合うことは、自らも〝在日沖縄人〟として、自分が何者であるかを見つめ、沖縄の歴史や風土をあらためて見つめ直すことだった。民衆と共に作っていく芸術、それは長く差別され、虐げられてきた民族の多様で豊かな文化や、人間としての誇りを取り戻す行為であると金城さんは言う。美術教師として大阪天王寺の夜間学級で、在日朝鮮人のオモニたちと共に彫刻を作り上げていった、充実した日々のことを金城さんは語る。

「朝鮮人のおばちゃんたちは、生活のなかで必要な日本語を習いに、夜間学級に来ているわけだ。だから彫刻だの絵だの、そんな子どもの遊びみたいなことしていられるか、字を教えてくれと言うわけだ。そこで俺は、学校のなかでも一番目立つ廊下の一角で、粘土をこね、オモニ像を作りはじめた。型が見えはじめてくると、一人二人とオモニたちが集まってくる。先生、チマチョゴリの着方だらしないとか、顔は可愛いけど手が大きすぎやしないかとか、いろんなこと言いながらね、そしてついに皆で一緒に制作することになった。完成し除幕式の時の光景は感動的だった。オモニたちのなかで一番年かさの金さんという女性が、マッコリの入った一升瓶をオモニ像の前に置いて祈りはじめる。するとオモニたちが突然、「アリラン」をうたいながら、像のまわりをぐるぐる回って踊り出した。そうやっていつまでも、いつまでも踊り続ける……、その時俺は、やったあと思ったね」

一九八四年、金城さんは、彫刻家として生きていくことを決意して沖縄に帰郷する。私は、読谷村のチビチリガマで、生き残った家族たちと共同制作することになった「世代を結ぶ平和の像」のことについて尋ねた。それは、それまで久米《くめ》島や渡嘉敷《とかしき》島での集団自決をテーマに取り上げたことがあった金城さんにとっても、大きな緊張感を強いられる仕事だった。戦後四〇年近くも沈黙を守り続けてきた、遺族たちの筆舌に尽くしがたい苦しみ、その苦しみに向き合い、追体験することにほかならなかったからだ。金城さんはチビチリガマの現場に泊まり込んで、遺族たちと共に作業を進めていく。やっとのことで重い口を開いた家族たちの証言——。……戦争から戻ってくると、家族が殺されたと聞き、家中の位牌を道にぶちまけて、やってきたアメリカ軍の軍用トラックの前に座り込み、殺せと叫んでいたという夫の話、復員してみると、看護婦をしていた姉がガマのなかで毒の注射を打ったという噂が流れ、毎日酒びたりになりながら、村の家を一軒一軒訪ね歩いたという元兵士の話……、言葉にすることもできない絶望感、怒り、金城さんは、遺族の気持ちが作品に向かう沈黙のなかに、物の形をまさぐっていったという。

鎮魂のモニュメントは、惨劇が起こったガマの入り口に、洞窟に抱かれるように建てられていた。上段の岩の窪みには、骨壺(ジーシガーミー)と骸骨が並べられている。それは沖縄の死者の風景であり、沖縄の死生観に通じる。そして自然の鍾乳洞を形どった空間の奥にレリーフがあり、今まさに我が子を絞め殺した、母親の悲痛な嘆きの表情があって、その背中にまだ生きている子どもが無心にへばりついている。その隣には放心した表情で、あらぬ彼方を見つめている老人がいる。さらに下段をのぞくと、あぐらをかき、その胸に赤ん坊を抱きかかえている母子像がある――。

真の芸術表現とは、単に惨劇の事実をさし示すだけのものではない、自分が伝えたかったのは、殺される側の人間にも尊厳があるということだったと金城さんは言う。決して消えることのない集団強制死の惨劇の記憶――それは軍の直接的な命令があったかなかったかにかかわらず、日本軍国主義による沖縄人の虐殺の記憶と言ってもいいが――、その深い悲しみと怒りが、金城さんの作品では、島人たちの生と死を宿してきた自然のガマに、生身の匂いを放つ岩肌に優しく抱かれ包まれるようにしてある。金城さんの言葉を借りるなら、それは母親の胎内のようなもの、報われぬ魂が島宇宙の懐に抱かれ、永遠に安らぐのである。

どこからか、「子持節」(くゎむちゃー節)の哀切な調べが聞こえてくる。「誰よ恨めとて　泣きゆが浜千鳥　あはれつれなさや　我身も共に……(誰を恨んで泣くのか浜千鳥よ、憐れで悲しい、私の気持ちも一緒だ)」。金城さんも好きだというこの唄は、我が子を死なせてしまった母親の悲しみをうたい上げた、琉球古典歌謡の嘆き節。切々としたその唄声が、サンゴ礁でできたガマを鬱蒼と覆う木々のあいだに、谷間の小川のざわめきのなかに、風の音、雨の音、水の音となっていつまでも、聞こえているような気がした。

島の聖なる泉〝ウブガー〟

ここで、金城さんの両親についても述べておこう。取材したある日、私たちは親戚の法事で久しぶりに島へ帰るという金城さんに同行して、浜比嘉島へ渡った。金城さんの生家は海辺の集落にあった。サンゴ礁の石を積み上げてできた石垣に、赤瓦の伝統的な家も残る。アダンの葉が潮風に揺れていた。戦後、母親と二人で暮らしたという生家の背後は原生林の生い茂る小高い丘になっている。金城さんに、集落のはずれ、海辺にある島の聖なる泉井戸、「ウブガー」(産ぶ川)に案内してもらった。そこは金城さんも、祖父も父も母も、その水で産湯を使い、海の水で胎盤を洗い流した場所だという。そのウブガーのほとりで金城さんは、両親の思い出を語ってくれた。

金城さんの父、盛松さんは、島から帝国陸軍に志願し、生まれたばかりの金城さんと妻を残して中国戦線に出征、その後、南方に転戦して、昭和一九(一九四四)年、パプアニューギニアのブーゲンビル島で陸軍伍長として戦死する。顔も覚えていない戦地の父から届いた軍事郵便には、立派な教育を受けて、立派な日本人になってくれと記されていたという。結婚したばかりで、愛する夫を戦場へと見送った母の明子さんは、その夫がお国のために戦って立派に死んだことを、戦後も誇りにして生きてきた。夫の言葉を信じ、息子に立派な教育を受けさせようと、厳しく接したという。そんな母親に少なからず葛藤をおぼえていた金城さんは、時に激しい口論になることもあった。

「父親の言葉そのままに、しっかり勉強して立派な日本人になれってね。勉強ができなかった自分にはいつも厳しい母親だったね。だがある時、だいぶ後のことだが、母親に向かって、日本の戦争で死んだ父の死は、犬死ではなかったかと言ったことがある。そうしたら母は烈火のごとく怒ってね、顔を真っ赤にして殴り掛かってきた。ものすごい形相してね、そこで俺はこう返した——、今度もし、もう一度戦争になったら、俺の息子に、あんたの孫に、立派に死んでこいって言えるかってね、そしたら、母親は黙り込んでしまったさ……」

金城さんは、沖縄人である父が、戦後、英霊として靖国神社に祀られ、さらに沖縄戦で犠牲になった民間人までが御霊として合祀されていると知って、後に沖縄靖国訴訟の原告団長を務めることになる。靖国に対峙するのは、島の聖なる泉、ウブガーのほかにありえないと金城さんは言う。最初は裁判に反対していた母の明子さんも、後半には傍聴席を訪れるようになった。沖縄人の靖国合祀は憲法違反だと訴えた裁判は、二〇〇三年、結局敗訴に終わった。だが、母が言ってくれた最後の言葉〝実の言っていることは、間違ってなかったかもしれない〟は、金城さんにとって身にこたえるほど、うれしい言葉だった。

浜比嘉島を後にして、金城さんと共に車で読谷村へと向かう。現在、沖縄の勝連《かつれん》半島から浜比嘉島までは、立派な海中道路と橋が整備され、車で行き来ができる。目の前に、巨大な石油備蓄タンクが立ち並ぶ平安座《へんざ》島が見える。眩いばかりの夏の海を見つめながら、金城さんは、期待と不安を抱えてこの海峡を船で何度も往復した日々のことを懐かしげに話した。そして漁夫マカリーの思い出も。村で尊敬を集めたウミンチュだったマカリーは、島のろうあ者の青年を引き取って自分の舟に乗せ、獲れた分け前は平等に分配したという。潮の流れ、雲の動き、星の位置、鳥の鳴き声や飛んでいく場所まで知悉していたが、海底の岩場にあるタコの巣の場所だけは絶対に人に教えなかった。浜比嘉の海で大自然と格闘し、生きた祖父・マカリー。金城さんにとって魂の源郷である浜比嘉、金城さんの芸術表現の底に流れるものは、人間も鶏も豚も鳥も、生き物すべてを丸ごと包み込む島の宇宙観、そして人がおおらかに生き、生きていることが美しいと思えるような沖縄の生死観なのであった。

読谷村のアトリエで、金城さんは今、木彫りの野仏像を彫り続ける。時には浜で拾った流木を彫ることもある。「何故、野仏を彫るのですか」、私の質問に、金城さんは自問自答するように、「人は何故祈るのか、祈りとは何か」と答えた。金城さんの心に、大阪時代に出会ったという親鸞聖人の浄土の思想が浮かぶ。念仏弾圧を受け越後に流罪となった親鸞が、学もなく、名もない新しき人々との出会いのなかで深めていった信仰と生き方。国家を追われた親鸞が思い描いたのは、国家も天皇制も相対化していく現世浄土の思想ではなかったか、そして芸術家がめざすべきは、戦争も差別も抑圧もなく、人々が平和に安心して暮らせる本願の世、その祈りの心ではないかと、金城さんは語るのである。

「恨《ハン》を解き、浄土を生きる、悲劇を語るのではなく、人間としての誇りを拝みたい」、番組の最後のインタビューで金城さんはそう締めくくった。

金城さんは二〇一九年、八十歳になった。毎年六月二三日の沖縄慰霊の日の反戦集会には欠かさずに参加してきた。そして、日本政府によってヘリポート建設の埋め立てが強行される辺野古《へのこ》では、体を張って抗議活動を続けてきた。酒を愛し、人を愛し、出会う誰彼もなく魅了するその人柄、そのおおらかな眼差しの背後に、あの漁夫マカリーの海が、そして太古へとさかのぼる、たゆたうような沖縄の心が、私には見えた気がした。

民謡の宝庫、八重山

天性の彫刻家、金城実の人生にいささか深入りしてしまったようだ。ふたたび八重の汐路を辿って、沖縄のうたの世界に戻ることにしよう。八重山と沖縄の海をあまねく照らす、あの「月ぬ美しゃ」の世界である。

先島諸島と呼ばれる宮古・八重山地方。芸能が盛んな琉球列島のなかでも、とりわけ民謡の宝庫と言われる。一五世紀以降の、人頭税をはじめとする過酷な支配の歴史のなかでも、歌は人々の生活の隅々に息づいてきた。歌を総称する宮古のアヤグ、その壮大かつ深遠な叙事歌の世界、さらに八重山のユンタ・ジラバ、古謡の神歌を意味するアヨウ、ことに男女の素朴な掛け合いで、自由奔放にうたわれるユンタ・ジラバは、八重山歌謡の中心を成している。男女の恋や別離のうた、強制移住の苦しみ、そして豊年祭の八月踊りや、季節季節の節祭や結願祭、祖先祭のうた、歌は時を超えて人々の暮らしをあまねく包み込む。そこには、島人たちの人生の喜怒哀楽のすべてが込められていると言っても過言ではないだろう。遥かな昔、海上の道をつたって、この琉球弧の島々に住みついた人々は、どのように、そうした豊かで奥深いうたの世界を育んでいったのだろうか。もとよりここでは、それらの歌の起源や成り立ち、背景を事細かに論じる余裕も蓄えもないが、私はただ、目を射るような、どこまでも青い海と、強烈な陽光にさそわれ、取材の旅の記憶を辿って、島人たちの人生の時間のなかに、素晴らしき南島のうたの世界の片鱗をとどめておきたいと思うのである。

ここでひとつ、琉球王国の世界観について触れておきたい。沖縄学の碩学、伊波普猷《いはふゆう》の跡を継ぐ外間守善《ほかましゅぜん》氏によれば、一五世紀の尚真王（在位一四七七―一五二六）は、それまで部落単位で祭祀を司っていた根神（ノロ）を、最高位である聞得大君《きこえおおぎみ》のもとに制度化し、祭政一致の体制を作り上げた。さらに人々の間に古くから伝わる、ニライカナイの神々への信仰や日神（太陽神）崇拝を取り入れ、王権をオボツ・カグラ（天上）のものとして絶対化し確立していく。つまり琉球王国は人々が素朴に信じてきた、海の彼方のニライカナイの神々からの招福とセヂ（霊力）、その水平的な思考と、天上の最高神・日神と地上の最高権力者国王が必然的に結びつくという垂直構造とが一体となった、固有の信仰体制を作り上げていったと外間氏は指摘する。そしてさらにその上で、イデオロギーの違う仏教や神道、儒教なども寛容に、多元論的に受け入れていったと述べている（『うりずんの島――沖縄文学と思想の底流』沖縄タイムス社、一九七一年より）。

尚真王は五〇年の間、在位した。その王権と体制の下で、琉球は独立国として独自の文化芸能を花開かせ、また国際的な海洋貿易国家として栄華を極めることになる。だが一六〇九年の薩摩の琉球侵攻を経て時代が下ると、琉球王朝は周辺の奄美群島や、宮古・八重山など先島諸島への支配を強めていくのである。

子守唄「月ぬ美しゃ」のルーツを追って

子守唄「月ぬ美しゃ」のルーツを追って、私たちは八重山の中心、石垣島を訪れた。石垣島では毎年旧暦八月一三日の夜に、全島を挙げての民謡トゥバラーマ大会が開かれる。トゥバラーマとは、八重山情歌のなかでも屈指の、名曲中の名曲。大会では小学生からお年寄りまで、島の老若男女が、この日のために鍛え上げた節を、思い思いの歌詞で披露する。自由律でどこまでも伸びやかなトゥバラーマの旋律。もともとは、野良仕事の帰り途、想いを寄せ合う男女がうたい合ったものだともいう。星の降る晩、月明かりに照らされて畑のなかの白い一本道が浮かび上がる。姿は見えないが、どこからか夜気を震わせて聞こえてくる愛しき人の声——。大会が行われたのは、石垣市のはずれ、中道路（なかどぅ道）。「なかどぅ道に七度《ななたび》通ったが、愛しい美女カナシに会うこともできない……」、トゥバラーマの唄にゆかりの場所である。

私たちが訪れた日は台風の影響で午後からあいにくの大雨だった。だが雨のなかを大勢の見物客が集まってくる。夜になって雨が上がり、黒い雲の切れ間から月が顔を覗かせた。大会が始まり、アコウの大樹の脇に作られたステージに、次々と唄い手が登場する。年の頃はまだ十歳ばかりだろうか、小学生の男の子が舞台に上がる。まるで美童、美少女と見まがうような美しい顔立ちで、小さな手に気丈に三線を構え、頬を紅潮させながら、まだ声変わりには間があるその透明な声で、朗々とうたい上げる。

その歌詞が、あの「月ぬ美しゃ」なのであった。

月《ついくい》ぬ美《かい》しゃ　十日《とぅか》と三日《みか》　月《ついくい》
ツィンダサーヨ　ツィンダサー
美童《みやらび》美《かい》しゃや　十七、八よ
マクトゥニ　ツィンダーサー
ンゾシーヌ　カヌシャーマヨー

女子高生、主婦、商店の経営者、居酒屋の主人、そして八十歳を超えたオバァまで、人々は思い思いに工夫した歌詞で、溢れる心情をうたい上げる。男女の恋、労働の厳しさ、大自然への賛歌、そして故郷の生まれ島を切々とうたったもの……、その唄声を聴いていると、まるで八重山の人々は皆、天性の音感と音楽性、歌の魂を持ち合わせているのだと思わずにはいられない。八重山の人々に最も愛されている唄、トゥバラーマ。雨上がりの会場は熱気に包まれ、興奮が次第に高まっていく。今し方、舞台に上がったのは上布の絣の着物を着た美しいひとりの女性。三線のゆったりとしたリズム。結い上げた髪。心なしか苦しげに、わずかに眉間にしわを寄せて、振り絞るような高音でうたい出す。一瞬、会場が静まり返る。その声をどう表現したらよいだろうか。出だしは低く、ゆっくりと、朗々として途切れることなく、やがて高音域へと昇り詰め、中空へ放たれる。そ

9月、石垣市で年に一度のトゥバラーマの大会が開かれる。
参加者たちが思い思いの歌詞をうたいあげる。
かつて野良仕事を終えた男女が互いの思いを伝え合ったのが始まりだとも言われる。

れを受け止めるように、ツィンダーサーヨーと返しの合いの手が入る。あえて表現するなら、月夜浜に静かに聞こえてくる潮鳴りが、声の波濤となって砕け散るとでも言ったらいいだろうか。その歌詞は、故郷の生まれ島にひとり残してきた恋人への思いを、切々と語る。

月と太陽《ティダ》とが　通うのは　同じ路
私もあなたと　同じ路を　通いたい
ツィンダサーヨ　ツィンダサー

遠く離れた　私の生まれ島を
想わずにはおれない　朝も夕も
マクトゥニ　ツィンダサー
いとしの　トゥバラーマよ

「愛しのトゥバラーマよ……」、私はその歌声と容姿に見惚れ、心を奪われ、聴き惚れていた。旅人である私にとって、それは抗い難い、濃厚な南島のエキゾティシズムであり、香しいエロティシズムすら感じさせる。それにしても、その声は一体どこからやってくるのだろうか。悠久なる大自然、島の歴史、幾層にも重なる人々の記憶と想像力のなかに、うたと芸能の世界が、まさに時空を超えて生き続けているのである。

伊波普猷『古琉球』——おもろそうしの世界

「沖縄学の父」と呼ばれる伊波普猷は、その著書『古琉球』(沖縄公論社、一九一一年)のなかで、中世の「おもろそうし」の歌のいくつかを取り上げている。「おもろそうし」とは、一六世紀から一七世紀にかけて琉球王府によって編纂された歌謡集で、奄美・琉球諸島でうたわれたオモロ——神歌や古謡千五百首あまりが収められている。伊波は、そのなかの第一〇巻「舟歌の御おもろそうし」のなかにある、「あがる三日月がふし」という歌を紹介している。現代語訳で紹介すれば、次のようなものだ。

あれ　天にあがる三日月は　あれ　御神の金真弓《かなまゆみ》
あれ　天にあがる明星《あかぼし》は　あれ　御神の金の挿し櫛
あれ　天にあがる群星《むれぼし》は　あれ　御神の花《はなかんざし》　櫛
あれ　天にあがる横雲は　あれ　御神の愛でる帯

当時の琉球の人々の、みずみずしい、大自然と神々への詩的想像力に驚かされる。伊波普猷は次のように述べる。「至って単純ではあるが、さながらヘブライの詩編を誦する心地がする。これは多分我らの祖先が、夏の夜の航海中熱帯の蒼穹を仰いで、星昴《せいぼう》の燦爛たるを観、覚えず声を発してその美の本源なる神を讃美したものであろう。調《しらべ》自ら整うて、さながら奥妙なる音楽を聞くが如き思いがある。〔略〕渺々として際涯なき大洋のただ中にあっては、目を歓《よろこ》ばし、耳を楽ましめ、心を跳《おど》らすもの少なく、天空に滴る如く懸かれる宿昴《しゅくぼう》が我らの祖先を慰撫した唯一の友であった。南島の星月夜の空に憧憬の情を恣《ほし》いままにしている海人の姿も目に見えるようである」（『古琉球』）。

もっとも伊波氏は、琉球の『万葉集』とも言うべき「おもろそうし」の、その詩歌精神は薩摩の征服以後衰えて、オモロはただ専門の神職の神歌になっていったと述べているが、それにしても、往時の人々の神々や自然への想像力や精神性は、今も沖縄の人々の心のなかに、うたの遺伝子となって受け継がれているのではないかと、私には思えるのである。

「おもろそうし」には、さらに、沖縄の歌三線の始祖と伝えられる伝説の人物、赤犬子《アカインコ》の記述もあって、「おもろねあがりあかいんこ」として出てくる。ねあがり（音揚がり）とは音頭取り、唄者のこと。琉球古典音楽の大家で野村流の始祖、野村安趙《あんちょう》の著書には、「歌と三線のむかし始まりや犬子ねあがり　神の御作」とある。そもそも三線は一三世紀から一四世紀頃、中国福建省から伝来して以来、宮廷音楽に珍重されていた。それが一五世紀以降の尚真王の時代、「おもろそうし」の最盛期に、古謡の伴奏に用いられ庶民の間に広まっていく。おそらくその背景には赤犬子ら、職能的音楽集団の活躍があったものと思われる。

それにしても赤犬子とは不思議な名前である。伝説によれば赤犬子は現在の沖縄中部、読谷村楚《そ》辺《べ》の出で、村の美しい娘と赤犬の間に生まれたという話が伝わっている。沖縄民謡を現代日本に紹介したルポライター・竹中労は、『琉球共和国──汝、花を武器とせよ!』(ちくま文庫、二〇〇二年)のなかで、赤犬子は、一三世紀に中国から三線と音曲をもたらした中国から来た職能集団閩人《びんじん》、〃久米三十六人衆〃の末裔との混血児ではなかったかと述べている。いずれにしても赤犬子の伝承は、国頭《くにがみ》、中城《なかぐすく》、首里《しゅり》など沖縄各地に残されているので、三味線を手に村々を歩き、オモロの古謡をうたい広めた一種の吟遊詩人、流浪の芸能者ではなかったかと想像されるのである。

石垣島・ナエさんの「みんぴいが」節

さて奄美・琉球列島の島唄の研究家、仲宗根幸市氏によると、沖縄本島から離れた八重山諸島の民謡は、琉歌の影響が少なく、旋律は明るく、洗練された民族音楽であるという。対句の形式でうたわれるユンタ・ジラバは自由奔放で躍動感があり、また自然観察にすぐれ、蟹や猫などを引き合いにして表現する擬人体詩が発達している。一方、役人たちによって作られた土地賛歌が実に多いが、そこには農民たちを鼓舞し、懐柔しようとする政策が貫かれている。そして何よりも八重山民謡の真骨頂である、深い情感と哀感を漂わす情歌や物語歌の世界には、人頭税や道切り(強制)移民、新村開拓の苦労、そしてマラリアや津波などの災害、それら権力者の圧政や天変地異がもたらす生活の厳しさ、苦しみや悲しみが反映されている。聞く人の心をとりこにするおおらかさ、軽妙な風刺精神の底に、過酷な支配の歴史を耐えしのんできた島人たちの深い悲しみが凝縮されているのである。そして八重山の歌は、どの島も「世ば直れ」の思想が強く見られると、仲宗根氏は指摘する。「いい世になってほしい」という島人たちの切実な願いが、歌や芸能、祭りの核心を成している。

八重山の中心、人口四万七千の石垣島、熱帯の原生林に覆われた秘境・西表島《いりおもて》、そして最南端の最果ての島・波照間島《はてるま》——私が南海の島々で出会った多くの人々も皆、そのような人生の、かけがえのないうたの記憶のなかに生きていた。

石垣島の南東部、海に面した白保の集落で出会った慶納《けいのう》ナエさん（取材当時八十九歳）も、そんな忘れ難い人物のひとりだった。ナエさんの母方の祖先は南の波照間島の出身。今から二五〇年近く前の一七七一年、石垣島を未曽有の大津波が襲う。明和の大津波と呼ばれるこの大災害で、島民の半数近い八四〇〇人が犠牲になったといわれる。特に被害の多かった白保では、一五〇〇人余りの住民のほとんどが命を落とした。津波の後、首里王府は、南の波照間島から島民四一八人を強制移住させ、村の再興にあたらせた。ナエさんの祖先は、そのなかの一人だった。波照間の島民は、白保の丘の上に祭祀を行う御嶽《うたき》を建てて集落を作り、互いに助け合いながら暮らしてきた。だが住民たちの新村開拓の苦労は想像を絶するものだった。津波の五年後、島を大飢饉が襲い、疫病やマラリアが発生して、島全体で三五〇〇人以上が亡くなったと伝えられている。

ナエさんは白保の集落で独り暮らしをしていた。私が訪れたのはちょうど旧盆の時期で、家の仏壇には、粟で作った餅団子が皿の上に山の形に、うず高く盛られている。聞けば、明和の大津波の時、高い山に逃げて助かったという故事にあやかっているのだという。

ナエさんは、家の前のフクギの樹の下で、サンゴの石垣に腰を下ろし、アダンの葉を編んだ草履《ぞうり》を作る。とても九十歳近いとは思えない達者な手さばきで、硬いアダンの葉を器用に編み込んで仕上げていく。「今の人は足の裏の皮、硬くないから、できあがったらこうして、石で叩いて柔らかくするの。もう昔からアダン葉の草履作ってきたけど自分では履いたことは一度もないね、いつも裸足さ」。八人きょうだいの長女だったナエさんは、幼い頃から子守りをするのが自分の毎日の仕事だった。そして、「月ぬ美しゃ」の歌は祖母によく聞かされ、自分も子守をしながらうたったのだという。その子守唄は、先祖が波照間島から持ってきたものだと、ナエさんは言う。祖母から教わったというその唄を、赤ん坊をあやす身ぶり手ぶりをまじえて、ナエさんはうたってくれた。

あり（東）から　あーりおーる大月《うふつぃき》ぬ夜《よ》
沖縄《うちな》ん八重山《やいま》ん　照らしょうり
ホーイーチョーガー　ホイチョーガー
釜戸のふつぬ　あっぴゃーま　のーどぅのーどぅ　んまさーぬ
煙草の下葉ぬ　んまさーる　煙草ふきゃーば　煙たかろう
茶飲みばーや　んがさーぬ　ねんねんころり　ねんころり
ホーイーチョーガー　ホイチョーガー

（東の空から上がったお月様、沖縄も八重山も分け隔てなく照らしてください。釜戸のそばのお母さん、一体何が美味しいの。煙草の下葉が美味しいよ、たばこの煙は煙たかろ。お茶の葉は苦いよ　ねんねんころり　ねんころり。ホーイーチョーガー　ホイチョーガー）

波照間《はてぃろーま》ぬ　みぃんぴぃが
夫婦《みょうと》美しゃ　みぃんぴぃが
ホーイーチョーガー　ホイチョーガー

ナエさんがうたってくれた「月ぬ美しゃ」の歌詞には、「波照間のみんぴぃが」という言葉が出てくる。「みんぴぃが」とは、かつて故郷、波照間島にあった村の名前。明和の大津波の後、石垣島への強制移住により、みんぴぃが村も廃村となったが、誰もいなくなったその村に、たった一組の老夫婦が住んでいた。二人はとても仲睦まじく、人々にも親切であったという。豊年祭の時には、務めを終えて帰る島の司（神女）や役人を、家の前でクバの葉を振って迎え、赤紫蘇を巻いて蒸した米を差し出したという言い伝えも残されている。人々はそんな老夫婦を敬い、讃えて、みんぴぃがはいつしか、二人の代名詞になり、歌にもうたわれるようになった。

「月ぬ美しゃ」の子守唄は、この波照間のみんぴぃが節（ちょうが節）が元唄だとされる。あの美しい歌詞をいつ誰が考えたのかわからないが、おそらく島を去った人々が、みんぴぃがの懐かしい節を真似て、月あかりの下で、尽きぬ望郷の思いを込めてうたい出した、夜の子守唄ではなかった

豊年祭の夜、石垣島の波照間御嶽で「月ぬ美しゃ」をうたうナエさん。
拝殿は南に向かって作られている。
人びとは、波照間の神がこの御嶽に降り立つと信じている。
豊年祭の後、村人たちは深夜まで余興を楽しむ。

ろうか。「オバァたちは、皆あのみんぴぃがのことをよく知っていたから、二人を偲んで、生まれ島を偲んで、子守唄にうたったのでないかね……」、ナエさんはそんなふうに語ってくれた。

波照間のみんぴぃが　夫婦美しゃ　みんぴぃが
波照間の上なか　下八重山ぬ上なか
弥勒世《みるくゆ》ば給《たぼ》らり
神ぬ世ば給らり
ホーイーチョーガー　ホイチョーガ

「下八重山の、波照間に、仲睦まじきみんぴぃがの夫婦が暮らしていた。この島にどうか勒世を、神の世を賜りますように――」。今も波照間島で唄われるみんぴぃが節。弥勒は沖縄では世果報《ゆがふ》とも言い、本来はこの世の終わりに、未来永劫の果てに立ち現れる救世仏を指すが、沖縄では、はるか東方の海上にあるニライカナイから、五穀豊穣を携えてくる来訪神として信仰されてきた。いずれにしても人々は、その苦闘の歴史のなかで、弥勒世果報への切実な願いを込めて、うたい継いできたのではないだろうか。

「島分《わ》け」と「人頭税」――先島諸島の苦難

八重山諸島最南端、目も眩むばかりの明るい陽光と、青いサンゴの海に囲まれた波照間島。遥か紀元前の昔から、人々は南風に乗り、黒潮に運ばれてこの島に流れ着き、天の恵みと共に暮らしてきた。古い時代の記録は定かではないが、一五世紀に済州島から漂着した朝鮮の漁民の見聞録によれば、島人たちは粟、キビ、麦を作り、牛や鶏を飼い、泥棒も争いごともなく、子どもをかわいがり、畑仕事や井戸掘り墓造りなど何事も共同で行っていたという。

だが古代さながらの、島人たちの平和な暮らしも長続きはしなかった。ちょうどこの頃、先島諸島も群雄割拠の時代を迎える。宮古の豪族、仲宗根豊見親《とぅゆみゃ》は船材を求めて西表島の良港、古見に進出、また高い山があって水資源も豊富な石垣島では長田大主《なーたうふしゅ》、そしてオヤケアカハチなどの有力豪族が割拠した。さらに沖縄本島を統一した琉球王朝は、尚真王の時代、八重山を支配下に収めようと勢力を差し向けてくる。

波照間島出身で、石垣の大浜を拠点としていたオヤケアカハチは、年若く豪胆で、人々にも慕われた族長であったと伝えられるが、一五〇〇年、琉球王府への朝貢を拒否し反乱を起こし、首里・宮古の連合軍を相手に激戦を繰り広げる。アカハチの勇猛果敢、獅子奮迅の活躍によって、いったんは連合軍を退却せしめたが、鉄器を背景にした王府軍の圧倒的な軍事力の前に、ついに力尽きたと、島の伝説は伝えている。

琉球王朝の史書『球陽』によると、興味深いのは、この時の戦いでは双方がノロ（神女）、御巫を陣頭に立てたと記されていることだ。王府軍は途中、久米島の有力な神女君南風を船に乗せて上陸し、一方、迎え撃つアカハチ軍も、十数人の神女を立ててこれに応戦する。神女たちは生木の枝を振り、天に祈り、地に伏し、神がかりとなって、戦勝を祈願し、呪詛し、叫ぶその声は、海浜に鳴り響き、とどろきわたったという。オヤケアカハチの英雄伝説は五〇〇年の時を超えて、今も波照間や石垣の人々の心に深く刻みつけられている。

八重山出身の詩人、伊波南哲《なんてつ》はアカハチを讃えて、長編叙事詩編「オヤケアカハチ」を著している。その一節を紹介しよう。

おお、踏まれて光輝くものよ
眠っているようで目覚めているものよ
死んでいるようで生きているものよ
神に祀られてはいないが
おれたちの魂の奥城《おくつき》に
不滅の神殿を建立させるものよ

（伊波南哲「オヤケアカハチ」、竹中労『琉球共和国』所収）

八重山が琉球王朝の支配下となって、島嶼の生活は激変する。一七世紀初頭の薩摩の琉球侵攻以後、琉球王府は薩摩への貢租を軽減させるために、八重山・宮古の島々に悪名高い人頭税を実施する。

人頭税とは、各人の能力や収穫高にかかわらず、十五歳から五十歳までの成人男女すべてに、頭懸《ずがけ》と称して課税する過酷なもので、しかも先島諸島のみを対象とした差別的な政策であった。主な年貢は男が米、女が麻を原料とする上布の反布で、このため米のとれない島や、飢饉や災害などのあった島では、間引きや人減らしなどの悲劇が絶えなかった。さらに追い打ちをかけるように王府は、八重山諸島の西表島や石垣島で新村開拓を推し進める。それは「島分け」と呼ばれ、付近の島々から、島人たちを強制的に移住させ開墾にあたらせるもので、移住先の土地は、マラリアなどが猖獗《しょうけつ》を極める人跡未踏の未開地が少なくなかったといわれる。

この島分けの強制移民はまた「道切り」とも呼ばれた。道切りとは、担当の役人が、島の集落に勝手に境界線を引いて地割りをし、移住者と残留者を選別するもので、島の生活や家族の事情などをいっさい考慮しない、島人たちを人間とも思わないような非道極まるやり方であった。

人頭税制度は明治三六（一九〇三）年、宮古島の農民たちによる撤廃運動が功を奏して廃止されるまで、何と二七〇年近くも存続した。そして八重山地方には、石垣島の「舟越節」や「川原山節」、黒島の「つぃんだら節」、西表島の「崎山節」など、島分けの強制移住にまつわる島唄が数多く残されている。また与那国島《よなぐに》の「どぅなんスンカニ」「与那国しょんかね」のように、島にやってきた役人と島の娘との悲恋をうたった情歌の名曲、傑作も数多く生まれた。最果ての島、波照間の島民たちもまた長い間、この強制移住の島分け政策に苦しめられることになったのである。

波照間島に、もうひとつの伝説が伝わっている。「パエパトロー」伝承である。情け容赦のない人頭税の重い年貢と、島分けに苦しんだ島の青年ヤクアカマラは、ひとり島を脱出し、遥か南の海上にあるという平和の島、「パエパトロー（パイパティローマ、南の波照間島）」をめざして船出する。運良くパエパトローを発見したヤクアカマラは、喜び勇んで、島人たちを連れて戻ろうと波照間に取って返すが、その時年貢を取り立てに来ていた王府の船を奪い集団脱走を計ったというのである。それは実際に起きえた事件かもしれない。だが南の海のパエパトローがどこにあるのか、誰も知る者はいない。それは島人たちの心にいつも生き続ける弥勒の島、世果報《ゆがふ》の幻であっただろうか。

波照間からの強制移住——西表島「崎山ユンタ」

歴史に戻ろう。西表島の旧崎山村（現在は廃村）。一七五五年、波照間島から二八〇人の男女が、この地に強制移住させられた。近くに野浜口という良港と、兼久地という肥沃な土地があるというのがその理由だったが、移住した土地はマングローブの生い茂る入り江から、深いジャングルの奥へと分け入った急傾斜地であり、しかもマラリアの猖獗地であった。

琉球王府の新村開拓の目的は、まず第一に八重山の未開地を開墾させ、水田を開いて年貢を納めさせること、さらに外国船や漂流船の監視をさせることなどであった。そして移住民には所替えや帰郷することも許さないという厳しいものだった。私たちは廃村となった旧崎山村の跡地を訪ねた。鬱蒼とした原生林に覆われた急斜面の山道を登ると、村の奥に苔むした石段があり、石積みになった御嶽《うたき》の跡が残っていた。ヌバン（野浜口）の浜に上陸した開拓民たちは、故郷の波照間島から持ってきた香炉の灰を供え、祖先を祀ったのである。そして開墾した畑にイモを植える。山猪の害を防ぐため石垣を築き、また森の木を伐る時は木の精や洞窟の主に祈りを捧げたと、崎山村の最後の生き証人だった川平永美さんの話にある。だが、開拓が端緒についた十数年後、明和の大津波（一七七一年）に遭遇、人々は蔓延する疫病とマラリア禍に苦しめられることになる。

旧崎山村には「崎山ユンタ」と「崎山節」が伝わっている。移住民のひとりだった、カセモト姥（ナベマ）という老女が、開拓のあまりのつらさについうたい出したユンタを、新村の役人が聴いて感銘を受け、節歌に作り替えたという。崎山節は「崎山に新村を建てるというが、誰が何のために建てるのか、役人に嘆願したが、国王の命令だと聞き入れない、天の雨や夜の露なら笠を被り、蓑を着れば防ぎもしようが、国王様の命令とあっては致し方ない」とはじまり、続く歌詞は次のようにうたわれる。

ゆくい頂遊《ついじあす》びぱな　登《ぬぶ》りょうり
シュラヨーイヌ　シュラヨーイヌ
登りょうり
波照間《はてぃろーま》ゆ　生《ま》り島《ずぃま》ゆ見あぎりば
シュラヨーイヌ　シュラヨーイヌ

見あぎりば
我家《ばや》ぬ母産《あぶな》しゃる親《や》ぬ真面《まむてぃ》見るそんね
シュラヨーイヌ　シュラヨーイヌ
真面見るそんね

見らでしば目涙《みなだ》まり見らるぬ
シュラヨーイヌ　シュラヨーイヌ
見らるぬ

「ゆくい辻の遊びぱなという、丘の頂に登って見上げれば、沖には生まれ島、波照間島がすぐそばに見える、自分を産んでくれた母親の顔がまのあたりに見える気がする、もっと見ようと顔をあげれば、涙がたまって見られない」。開拓民の望郷の念が、その痛恨の思いが痛いほど伝わってくる悲歌である。新村の開拓民は、故郷波照間島とは違った西表の過酷な自然風土に直面した。高温多湿で雨が多い、そしてマラリアや風土病とのたたかい、明和の大津波の頃には五二五名だった村の人口は、一三〇年後の明治三〇年には七二人にまで減ったと記録にはある。具体的な生活記録こそないが、開拓民の苦労は傍から見れば凄絶と言うほかはない。

西表島への移住政策は、住まいを変えることも帰郷も許さない厳しいものだった。
村の奥へと続く石段を登っていくと、かつての御嶽が見えてくる。

だが、しかしと思う。村に残されたのは哀歌ばかりではない。そのような逆境にあっても、いやそのような逆境にあったからこそ、人々は共に助け合い、結束して困難に立ち向かっていったのではないだろうか。不利な条件であればこそ、収穫を得た時の喜びは、万感の思いだったろう。つらい労働のなかにも、ひとときの安らぎの時があった。やがて子どももでき、生活に潤いをもたらす新奇な出来事も起きる。喜びと悲しみに縁どられた、真情溢れる人生のドラマが、そしてうたが生まれていったことだろう。そして毎年、故郷、波照間島と変わらず執り行われたであろう、豊年祭や祖神祭、節祭、その祭祀の日こそは、人々は集まり、ぱてぃろーまの血統に立ち還って、うたい、踊り、夜もすがら、心ゆくまで楽しんだのではなかっただろうか。

さて開拓村には哀歌ばかりが残されているのではないと述べた。村には青年男女の愉快な遊び唄も伝わっている。ユーモラスで躍動感のある、「みなとーま」というユンタである。面白い歌詞なので一部を紹介して見よう。

崎山ぬ泊に　新村ぬ泊に　イラヨースリ　マタカイショリヨースリ　マタカイショリヨースリ
みじゅぬ魚《いず》ぬ付《ち》ちゃんどぅ　ぱだら魚ぬ付ちゃんどぅ　イラヨースリ
大目網《うぶみあん》ばくぬみょうり　やすめ網《あん》ば仕立てょうり　イラヨースリ
みじゅぬ魚《いず》で巻くだら　ぱだら魚で巻くだら　イラヨースリ

みじゅぬ魚《いず》で巻かるな　ぱだら魚や巻くだら　イラヨースリ
女童《みやらび》ぬ巻かれる　かなしゃまぬ巻かれる　イラヨースリ
マタイラヨースリ　マタイラヨースリ

（仲宗根幸市編『琉球列島――島うた紀行』琉球新報社、一九九八年所収）

「崎山の泊に、新村の泊に、ミゾの魚が、ハタラの魚が群がっているぞ、村役人に告げて、家の妻に、乙女に、若夏《うりずん》の苧《からむし》で、大目網、やすめ（細目）網を仕立てさせ、ミゾの魚を目がけ、ハタラの魚を目がけて投げたら、ミゾは入らず、ハタラは入らず、美しい娘が、可愛らしい女が入ってきた、さあ美童よ、愛しゃ娘よ、ここにおいで、こちらにおいで」。大意は以上のようなものだが、何ともセクシーで牧歌的、味わい深い歌詞である。もっとも「大目網」「細目網」というのは村役人の上役、下役を揶揄したもので、役人たちは海の魚ならずピチピチとした島の娘を一網打尽にしようとしている、そんな風刺的な歌詞にも考えられるのだが……。事実、当時の村には女頭《ぶなじ》という制度があって、島の若い娘を集めて、新村の村役人や本島から来る上級役人たちの接待や世話をさせ、時には夜伽もさせたという。

いずれにしても開拓民たちは人頭税や厳しい労働に苦しめられながらも、新村を第二の故郷として生き抜いていったことだろう。実際、長い雨期やマラリアの被害を除けば、そこは風光絶佳な場所で、海と山の大自然の恵みに満ちていた。森には伽羅や麝香の香りが妖しく漂い、見たこともない鳥や小動物が棲んでいた。磯に下りれば無尽蔵の貝や魚をいくらでも、好きなだけ獲ることができた。黒潮にのってカツオもやってきた。そして何よりも、手を伸ばせばとどくような夜空の満天の星、天に上がる明星、群星、夜明けの明けもどろの花、そんな「おもろそうし」の世界があっただろう。いささか感傷的な物言いになるが、島の自然は彼らのもの、その天地は彼ら開拓民のものだったのである。

〝唐《から》ぬ世《ゆ》〟から〝大和《やまと》ぬ世《ゆ》〟へ

唐ぬ世から　大和ぬ世
大和ぬ世から　アメリカ世
ひるまさ変わたる　くぬ沖縄

（嘉手苅林昌「時代の流れ」）

薩摩の支配を受けた琉球王朝の時代から、大和の世へ、明治以降、先島諸島は大きく変貌していく。一八七九年の琉球処分で、琉球諸島は沖縄県となり、明治国家による徹底した皇民化政策が推し進められていく。だがもとより、琉球処分は沖縄の人々にすんなりと受け入れられたわけではなかった。それを旧体制からの解放とみなす人々がいる一方で、旧王府の親清国派の士族たちを中心に、日本併合への頑強な抵抗運動が繰り広げられ、また先島諸島では宮古島などで、日本の同化政策への激しい不服従運動も起きる。

さらに琉球の帰属問題をめぐって日本と清国の間で、宮古・八重山の先島諸島を清国の領土にするという分島案までが取りざたされた。清国の李鴻章の提案は、奄美以北を日本領土に、宮古・八重山を清国領に、そして沖縄本島は独立国として、これまでの柵封朝貢関係を維持するというものだった。

いずれにしても、琉球の〝処分〟とは、大国の通商権益と思惑のなかでのみ、進められていったといってもよいだろう。だが、日清戦争を機に、沖縄の支配層と、それに連なる知識人たちは、むしろ自ら進んで、同化政策と忠君愛国の思想を受け入れていく。彼らは、〝日本人以上に日本人になりきる〟ことが、琉球への根強い差別と後進性から脱け出す途だと主張したのである。しかし実際には、琉球処分後の沖縄は、いまだ参政権もなく、鹿児島県出身の県知事、奈良原繁の藩閥専制、植民地主義的な政治支配のもとに置かれる。奈良原知事は一六年近くにわたって権勢を振るうが、旧支配層を巻き込み、郷党を優遇する。その私利私欲も露わな政策に真っ向から戦いを挑んだのが、農民出身の東風平謝花《こちんだじゃはな》こと謝花昇であった。謝花は沖縄南部、東風平村の生まれで、初の官費留学生として日本に渡り、帰郷後、農業技師の高等官として土地問題や地租改正のために奔走し、さらに沖縄の自由民権、参政権の実現をめざして身命を賭した運動を展開していく。だが奈良原は、謝花らの運動をことあるごとに迫害し、徹底した弾圧を加えていったのである。

そしてその後の沖縄戦までの道のりを見るならば、沖縄諸島は、東アジアと南方への進出を目論む日本の重要な軍事・交通の要路、まさに日本軍国主義の南の橋頭堡であり、島民たちは、日本が推し進める侵略戦争の捨て石とされていったと言わざるをえないだろう。沖縄は日本なのか——、その古くて新しい問いは、沖縄戦、戦後の米軍占領期、そして本土復帰を経て、一四〇年後の現在まで、私たちに突きつけられた最重要の課題なのである。

さて日清戦争後、日本は台湾を統治下に収める。沖縄では、明治三一年、徴兵制が敷かれ、古来の御嶽信仰から国家神道へ、伝統的な若い男女の毛遊《もうあし》びや、さらに方言も禁止されるなど、皇民化教育が推し進められていく。そして富国強兵の殖産政策は南の島々にも及んだ。八重山諸島ではサトウキビ工場や炭鉱が開発され、日本本土や台湾などからの移民労働者が増大していった。アヤグ、ユンタの島唄の世界から人々は引き剥がされ、得体のしれない日本近代という潮流のなかに呑み込まれて、否応なしに島人の人生は翻弄されていったのである。そして太平洋戦争末期、八重山の人々、ことに波照間の島民たちはふたたび強制移住による悲劇に見舞われることになる。

ナエさんの台湾——越境するうたと島人

石垣島白保——。昼下がり、慶納ナエさんはいつものように、家の前のフクギの樹の下で昼寝をとっていた。白保生まれのナエさんは、昭和六（一九三一）年、十六歳の時、日本の統治下にあった台湾・基隆《キールン》へ女中奉公に出る。台湾北部の基隆港は、日台航路の拠点として、また軍港として整備され、日本からの移住者や商売人、軍人たちなどで賑わっていた。ちなみに明治三六年、初めて日本へ運ばれた台湾バナナの出荷地もこの基隆港だった。ナエさんは旅館や小料理屋で働くが、ある時、だまされて遊郭に売られそうになって逃げ出したこともあったという。やがて港のそばで食堂と氷店を経営していた韓国人夫婦の店で働くことになった。日本名を松本長吉と名乗っていたというその夫婦に、ナエさんはとても可愛がってもらったという。店先には港へ出入りする人々の客寄せのために、当時は珍しかった蓄音機が置いてあって、いつも日本の流行歌のレコードがかかっていた。「毎日夕方になると、船が入ってきて、漁師の人やなんかたくさん来るから、蓄音機かけて客呼んでね……もう大昔のこと、みんな忘れてしまったけどね」、ナエさんはそう言いながらも、その時の歌だけはよく覚えていて、娘のようにはにかみながら、私に一節うたってくれた。

思い出した、思い出した、思い出した
去年の三月、思い出した
その時まだまだつぼみ花　文書文字さえ知らぬ頃
知らないところは主《ぬし》の胸
教えて頂戴　杜若《かきつばた》

また、もう一つ、

結婚したいとて　まだまだ子供ですもの
あら本当にゴメンナサイネ
十九の春にはとんでくるわ
それまで待ってね　待ってね

きっと明るい看板娘だったのだろう、当時を思い出すようにナエさんはうたった。「悔しいことなんかあるとひとりで歌うたってね、泣くだけ泣いてね、またうたったりしてね、泣くのも上手だったさ、どんな悔しいことあってもね……」

ナエさんは、二十歳の時、台湾で、宮古出身の男性と結婚する。夫はカジキマグロを獲る漁師だったという。戦後、その夫に先立たれたナエさんは、石垣島のサトウキビ工場やパイナップル工場で働き、六人の子どもを育て上げた。夫の思い出はと聞くと、台湾で二人一緒に撮った写真が台風で流されてしまったという。今は子どもたちもみな島を去って、ナエさんは義理の弟や波照間の遠い親戚たちに囲まれて一人暮らしを続けている。家の裏庭には戦後の占領時代に、アメリカ軍が置いていったドラム缶があり、今も天水桶として使われていた。

ここでひとつ付け加えておけば、ナエさんが少女時代を過ごした大正末期から昭和にかけての世相は、第一次大戦後の不景気が長引き、やがて昭和恐慌へと続くどん底の不況の時代だった。沖縄の島では、戦時下の殖産政策として砂糖キビの生産が奨励されたため、黒糖の価格が暴落すると、農民たちは一挙に困窮生活に落ち込んだ。米はなく、食料として頼みにしていたサツマイモも採れず、人々は野生のソテツの実を食べて命をつないだという。世に言う「ソテツ地獄」の時代だった。そんななか、農家の娘が幼くして那覇の辻遊郭などに身売りされたり、男の子は人手を必要としていた糸満《いとまん》などの漁村に買われ、年季奉公に出されることも少なくなかった。そして成人男子の次男、三男は当時、日本の進出していたサイパンなど南洋諸島に出稼ぎに行ったり、また後には沖縄から厳寒の満州の開拓団に加わる男女も多かったという。

そのような農村の窮状をかろうじて支えていったのが、二〇世紀になって増大した移民たちであった。日本本土では、当時、造船や紡績など東洋一の工業地帯として発展した大阪へ、そしてはるばる海を押し渡って、ハワイ、ペルー、ブラジルなどに赴いた農業移民たち。彼らは艱難辛苦の果てに、故郷に仕送りと送金を続けたのである。ちなみに「琉球政府統計庁資料」によれば、沖縄は全国一の移民県であり、移民の始まった明治三二年から昭和一三年までに海外移民が七万二千人以上、人口の一二パーセント以上を占めたのであった。

八重山を取材して、私が驚いたのは、ナエさんに限らず、八重山のオジィオバァたちは、島唄のみならず日本の戦前の流行歌を実によく覚えていて、かつうたうのである。「カチューシャの唄」「籠の鳥」「ゴンドラの唄」、ストトン、ストトンと通わせて「ストトン節」や「ラッパ節」や「書生節」、「満州娘」や「酋長の娘」や「十九の春」……、挙げればきりがないが、添田啞蟬坊《あぜんぼう》の演歌から大正ロマンの流行歌、軍国歌謡まで、それら日本のうたは、先島から那覇へ大阪へ、ヤマトとの絶え間ない往還のなかにたゆたい、舞い降りて定着し、沖縄のうたと化しているのであった。それは当時、沖縄の島々に、日本人の往来が頻繁だったことを物語るが、同時に故郷を離れた沖縄の人々も、台湾や南洋諸島や那覇の遊郭や、そして、大都市大阪に同様に流れ込んでくる下層労働者たちが暮らす街の片隅で、それらのうたに出会っていったことだろう。

それは例えば、二〇世紀初頭、アメリカ深南部の綿花地帯で生まれた黒人ブルースが、ニューオーリンズのバーボンストリートやセントルイスの下町で花開き、そして北上して大都会シカゴの黒人街で発展していったその道筋とも似かよってくる。純然たる沖縄の島唄が、近代という時代の心性をくぐりぬけ、新たな音楽的状況に遭遇して、都市の大衆芸能として逆流していく契機を、それは孕んでいたのである。

そんな時代の最も典型的な沖縄の人物が、昭和の初め、大阪で太平丸福レコードを設立し、「移民小唄」や「ハンタ原《バル》」「懐かしき故郷」など、数々のヒット曲を世に送り出した普久原朝喜《ふくばるちょうき》だった。チコンキー（蓄音機）フクバルと呼ばれた普久原は、沖縄中部、越来《ごえく》村（現・沖縄市）の出身で、大正一〇（一九二一）年、移民労働者として大阪に渡った。越来村はもともと毛遊びや芸能が盛んな村で、彼は三線の名手であった。普久原は、港湾や紡績工場で労働者として働き、大阪にやってきた多くのウチナンチューたちと共に生き、彼らの忘じ難き故郷への思いを、そして沖縄の心を、レコードという新しい時代の音楽メディアに乗せて発信していったのである。私は彼が初めて作詞、作曲をしたという「移民小唄」を、嘉手苅林昌らと共に活動した戦後民謡界の大御所のひとりで、現在は那覇市の西武門《にしんじょう》で「島思い《しまうむ》」という民謡酒場を経営する大城美佐子さんの唄で聴いた。「なれし故郷沖縄の　思い出深き那覇港　泣いて別れた両親《ふたおや》と　八重の汐路を押し渡り　海山越えて遥々《はるばる》と来たる月日も夢の間に　もはや一年越しました……」。それはヤマトーグチ（標準語）で唄われるヒットソングだが、生まれ島を思う移民たちの心情がそくそくと伝わってきて胸を打つ。そして旋律も節回しも、南島の情緒が溢れていて、そのスピリットはまさしく、生粋の島唄なのであった。

波照間島「戦争マラリア」の悲劇

さておおいに回り道をしてしまった。最後に波照間島の人々が太平洋戦争末期、軍の命令によって遭遇した最大の悲劇について語らなければならない。それは戦争マラリアと呼ばれた悲劇であった。アメリカ軍が沖縄本島に上陸作戦を開始する直前の、昭和二〇年三月末。石垣島の八重山守備軍は、波照間島の全島民一五九〇人に西表島への強制疎開命令を出す。波照間島に米軍が上陸するというのがその理由であったが、島民たちは、その時すでにアメリカ軍は慶良間《けらま》諸島に侵攻していること、しかも疎開先に指定された西表島の南風見田《はえみだ》はマラリアの猖獗地で、大正時代に廃村になった場所であったことから猛反対をする。だが軍の命令にやむをえず、従わざるをえなかった。生き残った島人の証言によると、その時命令を伝えた酒井某という特務機関の軍曹は、日本刀で島民たちを威嚇し、「従わなければ全員の首を斬る、井戸に毒を入れすべての家を焼き払う」と言ったという。さらに軍は、上陸した米兵の食糧になるからとの理由で、島の牛馬、豚、ヤギ、鶏などの家畜を残らず屠殺するよう命令を下す。だがそれらは後に日本軍の食糧として秘かに石垣島へ運ばれたという。こうして軍は、有病地であることを知りながら、波照間島民を西表島へ強制的に送り込んだのである。

西表島豊原で売店を営む保久盛康さんは、十六歳だった娘時代、父と三人の兄弟と共に南風見田へ疎開をした。「マラリアのある島だと皆知っていたけど、あの頃は皆、お国のため、天皇陛下のためと言って、軍の言うことを聞くしかなかった」と康さんは話す。人々は南風見田の浜に集落ごとに分かれて住むことになった。山から伐ってきた木で粗末な小屋を建て、アダンの葉を編んだ筵で屋根を覆った。波照間島から持ってきた米や粟などの食糧は一カ月足らずで底をつき、山のソテツの実を採ってきて飢えをしのいだ。五月に入って雨が降り続き、マラリア蚊が大発生し、猛威を振るいはじめた。康さんもマラリアにかかって発病し、高熱が出て髪が抜け落ちた。薬もなく、ヨモギの葉を煎じて飲んだという。南風見田の浜からは、波照間島が目の前に見える。「マラリアを発病した人たちは皆、とても苦しがって、そして、どうせ死ぬなら波照間島に帰って死にたいと言って……」、そう康さんは話す。

八重山諸島には米軍は上陸せず、沖縄本島での激戦では、一二万人以上の住民が犠牲となった。六月二三日、沖縄戦は事実上終結したが、波照間の人々が島に戻ったのは、それから一カ月以上も過ぎた八月七日のことだった。康さんは自分がどうやって島に帰ったのか覚えていないという。だが、やっとの思いで島に戻った人々もマラリアを罹患していて、次々と発病する。薬も満足な食糧もなかった。生き残った人々は毎日のように、家族たちの遺体の処理に追われた。康さんの父親も島に帰って亡くなったという。結局、島民一五九〇人のほとんど全員がマラリアに感染し、その三分の一、四八八人の命が奪われたのである。西表島でのマラリアの記憶、それは波照間の人々にとって決して忘れることのできない日本の戦争の記憶なのである。

保久盛康さんは、生死の境をさ迷った娘時代の戦争体験を、淡々と語ってくれた。そのなかに、こころに残るエピソードがあった。撮影中に南風見田の浜に通じる森のなかの道で、島の天然記念物のセマルハコガメを見つけた。康さんは思わず足を止め、少しの沈黙の後に話し出した。「疎開に入ったばかりの頃、空襲があるといって、皆で島の洞窟に逃げた。そうしたらそこに、このセマルハコガメがいたの。大人たちは、オジィやオバァたちは、これは体にいいからと言って捕まえて食べる人もいた。でも私と小さい妹は、このカメがもう可愛くってね……、小さい妹はどうしても持って帰るって聞かないから、私は妹に竜宮城の、浦島太郎の話をしてやって、それで逃がしてやることにしたの」

康さんの話を聞いていて私は、何とも言葉にならない感情を覚えた。戦争の島の小さな姉妹の、微笑ましく無垢で、心根優しい姿。小さな生命。「命《ぬち》どぅ宝《たから》」という沖縄の言葉を私は思い出した。日本軍が犯した明らかな戦争犯罪に、私たち日本人はどれだけ向き合ってきただろうか。戦争など預かり知らない小さき世界、島人たちが永く最も大事にしてきたものを、私たち日本人は、踏みにじり、差別し、ことごとく奪い去ってきたのではなかったか。

世ば直れ――「月ぬ美しゃ」ふたたび

唐ぬ世から大和ぬ世、大和ぬ世からアメリカ世――、琉球処分以来、沖縄の人々はヤマトと琉球の間に引き裂かれた自己を抱えて生きてきた。戦後、沖縄本島は基地の島となり、それは今も続く。辺野古の海では、新たな基地建設のために埋め立て工事が強行されている。さらに日本政府は与那国島に、次いで宮古島、奄美大島に自衛隊のミサイル基地の建設を進めようとしている。沖縄は日本なのかと、私は前に述べた。だが、あえて言おう、沖縄は日本のものではないと。様々な現実的制約があることを承知で言えば、戦争など預かり知らない、日本など預かり知らない、それが沖縄の人々の本音ではないだろうか。人々の〝肝苦しき(チムグルシイ)〟世は終わらない。

南島の世界を映し出すうたを追って、島人たちの歴史を辿ってきた。あの懐かしい、「月ぬ美しゃ」のメロディーがふたたび聞こえてくる。「月ぬ美しゃ十三夜、美童美しゃ十七つ、ホーイーチョーガー、弥勒世ば給らり、神ぬ世ば給らり、ホーイーチョーガー」。遥かな南の海の彼方から、世ば直れの、変わらぬ祈りの唄声が聞こえてくる。

さて人々は戦後の時代をどのように生きていったのか、次章では奄美大島出身で、戦中戦後を旅に生きた、ある放浪の唄者の生涯を追ってみたい。それは南の島の白い大道に、陽炎のように立ち上がるひとりの男の物語である。

第4章

奄美・流浪の唄者 里《さと》国《くに》隆《たか》を探して

ある映像シナリオの旅

「白い大道―流浪の唄者　里国隆を探して」2005年

「パラランと琴がなる。野太い声が立ち上がる。するともうそれだけで、強い日射しに浮かび上がった白い道が見えてくる……、まるで生きた地蔵のように、路傍に蹲り、竪琴を弾く男がいる。その声は、いつも大道から聞こえてくる……」

（「白い大道―流浪の唄者　里国隆を探して」NHK-BS、二〇〇五年一一月二四日より）

奄美大島最北端、笠利町崎原《さきばる》。いちめんのサトウキビ畑の向こうに海が見える。白昼。眩い夏の光。畑のなかのどこまでも続く一本道を、ひとりの男が歩いてくる。白い開襟シャツに黒いサングラス。肩に竪琴を背負い、風呂敷包みを下げ、ときおり陽炎のなかにゆらめきながら、黙々と歩いてくる。――盲目の樟脳売りで竪琴弾き、里国隆。昭和一一（一九三六）年夏。十七歳になった国隆は、生まれジマ、崎原を後にして、長い流浪の旅に出た。

現存する、国隆の唄声と竪琴の演奏のテープ、「ヨイスラー節」が聞こえてくる。

「舟のそとども（艫）にヨイスラー、白鳥ぬ居しゅるスラヨイスラー、おなり神かなしゃヨイスラー」

その声はまるで地底から湧き上がるような、野太い、しわがれた、黒い声である。

「船の舳先に白鳥が止まっている、あれは白鳥ではない、妹の化身、守り神だ」。奄美では、〃おなり神〃とは、古代から信仰されてきた〃姉妹神〃のことである。

奄美大島では、自分の生まれ育った村を〃シマ〃と呼ぶ。深い入り江の続く海に囲まれ、昔は隣村へ出かけるにも、行き来はすべて舟だったという。

国隆のいとこにあたる、笠利町崎原の野崎タツさん。タツさんは、子どもの頃一緒に遊んだ国隆のことをよく覚えていた。国隆の祖父は、里赤坊と言って唄三線の名手だった。生後八カ月で熱病のため失明した国隆に、祖父はいつも唄や三味線を聴かせていたという。村には時々、内地から行商人や芸人たちがやってきた。そのなかに、男と女の樟脳売りがいた。男は上手に竪琴を弾き、女は踊って、樟脳を売り歩いたという。タツさんの記憶では、国隆は、その樟脳売りの芸人について歩き、村を出奔したのだった。昭和一一年、日中戦争の始まった年、故郷の村を出立した里国隆は、戦中戦後の激動の時代、樟脳売りをしながら、奄美群島・沖縄など南の島々をさすらい、往還し、大道でうたい続けたのである。一九八五年、最後の旅となった沖縄・宜野座で病死。旅に生き、旅に死んだ、六十六年の生涯だった。

昭和三〇年代の初め、偶然に撮影された国隆の一枚のモノクロ写真がある。場所は沖縄県那覇市、国際通りに近い平和通り商店街。未だ舗装も、アーケードもない道端に、サングラスをかけ竪琴を構えた国隆が、カメラを睨みつけるようにして座っている。人々が行き交う。すぐ目の前を、花柄のワンピース、ハイヒールサンダルを履いた、若い娘の白い足が見える。戦後復興する那覇の街の路上で、国隆はうたい続けた。

録音機を肩に、現在の平和通り商店街、市場通りを歩く宮里千里さん。宮里さんは長く那覇市役所に勤務し、沖縄の島唄の紹介者としても知られる。一九八〇年頃、宮里さんは、この平和通り商店街で、偶然、里国隆に出会う。アーケードのなかから、竪琴をかき鳴らす音が聞こえてきた。宮里さんは、自宅に取って返し、ドイツ製の高級録音機・ナグラを持って、路上の国隆の演奏と唄を録音する。この時、国隆は、店先に座って樟脳を並べ、四ツ竹を持ち、竪琴を弾いて、日本の民謡や流行歌を五〜六曲うたった。国隆を見かけたその路上で、録音機を再生する。竪琴の独特哀切な響き、強烈なリズム、そして聞こえてきたのは、戦前の日本の流行歌、股旅物のヒット曲「流転」のメロディー。それは、聞いたこともないような、得も言われぬ、腹の底に響くような唄声だった。

男いのちを　みすじの糸に　かけて三七　二十一目《さいのめ》くずれ
浮世かるたの　浮世かるたの　浮き沈み
どうせ一度は　あの世とやらへ　落ちて流れて　ゆく身じゃないか
泣くな夜明けの　鳴くな夜明けの　渡り鳥

（作詞・藤田まさと、一九三七年）

青い海――。波濤の先に島影が見える。奄美大島名瀬港。港に近い名瀬市街の永田橋市場。豚肉や野菜を売る店、てんぷらを揚げる食堂、食料品や衣料などを商う、古びた小さな店が並ぶ。赤褐色の風景。橋の上では小学生の男の子たちが歓声を上げて遊び回っている。里国隆と同じ笠利町の出身で、奄美大島を代表する唄者のひとり、築地俊造さん。築地さんは昭和四〇年代、この永田橋市場の路上で、三味線を弾き、竪琴を弾いてうたう国隆の姿をよく見かけた。一九七九年、日本民謡大賞全国大会で大賞に輝き、唄者として注目された築地さんは、国隆の三味線の独特な、激しい、速いテンポのリズム、そしてそのどす黒いだみ声に衝撃を受けたという。国隆は旅から奄美大島に戻ると、いつもこの永田橋市場界隈で、樟脳を売り、歌をうたった。市場の路地を歩く築地さん。

「すぐそこのお茶屋さんの前に、茣蓙を敷いて座り、樟脳を並べて歌をうたっていた。私がすぐそばで何時間も聴いていても、国隆オジは一言もしゃべらず、樟脳を買えとも言わない、ただひたすら黙って、三味線や竪琴を弾いて、うたい続けていた。疲れると、傍らのカセットテープをかけてね……、その三味線の音色に私は吃驚した。何ていうか、私らが子どもの頃から聴いていたおとなしい音色じゃなく、島で荒撥《あらばち》という、叩きつけるような、激しいリズムでね――。その後、私が仕事で喜界島に出かけた時、港のそばの旅館のなかから、あの国隆オジの、聴き覚えのある三線の音が響いてきた。思わずなかに入れてもらってね、国隆オジの、〝六調〟の三味線を聴かせてもらった。それは凄いものでね……、興に乗ると国隆オジは撥を握る右手に太鼓のばちも持って、そばに置いたチジン(大島の小太鼓)を同時に打ち鳴らす。それは激しい、島のリズムというか、島の人々に流れる血というか、まあ島のリズムを弾かせたら、後にも先にも、国隆オジをおいてほかにはなかったね」、築地さんは興奮気味に語った。

市場通りに夏の西日が射す。風が止まった。子どもたちが家に帰るのか、通りを走り抜けていく——。突如、国隆の「六調」の三味線が聞こえてくる。それは次第に激しく、高く鳴りわたって、響いてくる——。

黒声《くるぐい》——里国隆の島唄と放浪芸

永田橋市場に近い市街の一角。楽器店と民謡教室を経営する阿世知《あせち》幸雄さんの店先。阿世知さんもまた、晩年の国隆をよく知る人物のひとりである。店内で、中学生の女の子に奄美民謡の「あさばな節」の稽古をつける阿世知さん。子どもの頃、竪琴をかついで村々を回る国隆の姿をよく見かけたという阿世知さんは、今では数少なくなった竪琴の奏者でもある。手作りの竪琴を取り出す阿世知さん。奄美の島唄の名曲、「行きゅんにゃ加那」の演奏。そのメロディーは切々と、懐かしく、島の風を運ぶようで、心に迫ってくる。

「あの人はね、こう左手で四ツ竹を鳴らしてリズムを取りながら、竪琴を弾いてうたう。やっぱり、あの声だね、何て言ったらいいのか、だみ声で唸るような、どす黒い、地面から噴き出してくるような声、地元では黒声《くるぐい》と呼ぶけどね。最初聴いた時は、そんな三味線も唄も上手だとは思わなかったけど、亡くなってから国隆さんのテープをあらためてよく聞いてみると、本当に上手、名人だね

往来の里国隆。
左手に四ツ竹を打ち鳴らし、竪琴を奏で、喉からは黒い声が通りに響く。
即興をきかせた島唄から流行歌までこなして米兵や女性たち、労働者らの間で人気となった。

……、やっぱり、名人」

里国隆の残された音源を聴いてみると、北大島の「行きゅんにゃ加那」「野茶坊節」「くるだんど節」や、南大島の「ヨイスラー節」「かんつめ節」、そして「あさばな節」や「六調」などをよくうたい、演奏している。それに加え、戦前から戦後までの日本の流行歌や軍国歌謡、炭坑節や安来節などの新民謡、さらに座敷唄や、巷で流行る小唄・俗謡まで、実にそのジャンルは幅広い。国隆は、おそらく祖父から伝え聞いたであろう、〝カサン（笠利）歌〟の唄三線と、内地の樟脳売りから聞き覚えた、四ツ竹と竪琴の放浪芸のエッセンスを昇華させつつ、それらの歌を、大道でうたい続けたのである。そこには日々、旅の先々ですれ違う、無名の大道芸人や行商人との多くの出会いがあったに違いない。

奄美大島の南端に浮かぶ加計呂麻《かけろま》島。作家・島尾敏雄の妻、島尾ミホさんが生まれ育った島である。ミホさんの名作、『海辺の生と死』（中央公論社、一九八七年）のなかに、海峡を越え、遥々《はるばる》島にやってきた「旅の人々」の記録がある。様々な旅芸人や行商人、子ども時代に出会った彼らの思い出をミホさんは、生き生きと綴っている。国隆の旅のはじまりに、ミホさんの文章の一部を、少し長いが紹介してみよう。

その頃奄美大島の港には、間遠に日本本土から蒸気船がやって来て、そちらからの客や積荷をおろし、こちらからは黒砂糖の樽や大島紬などを積み込んでは帰って行きましたが、その大島から海峡ひとつへだてた私の故郷の加計呂麻島では、遠い処へ行くのにも丸木を刳り貫いた丸木舟か、板を接ぎ合わせて造った小さな板つけ舟しかなく、それを櫂で前掻きに漕いで往き来をしていました。それなのにそんな不自由な海の旅を重ねながらも、いろいろな旅人たちが、この南の小さな島陰の、入江奥の集落までも渡って来ては去っていくのでした。〔略〕旅の人たちはさまざまの思いや翳りを落として去って行きました。子供らは今まで聞いたこともなかった歌を覚えていつのまにか自分たちのものにし、人妻は豚の脂身から取った髪油よりもずっと匂いのいい椿油を黒髪に撫でつけるようになり、美しい娘には、生涯ひとり身でふしあわせに暮さなければならないような、悲しい出来事が残されることもありました。

その旅の人々は、沖縄芝居をする役者衆、支那手妻をしてみせる人たち、親子連れの踊り子、講釈師、浪花節語りなどの旅芸人や、立琴を巧みに弾いて歌い歩く樟脳売りの伊達男、それぞれ身体のどこかに障害を持った「征露丸」売りの日露戦争廃兵の一団、それに帝政時代には貴族将校だったという白系ロシア人のラシャ売り、辮髪を残した「支那人」の小間物売り、紺風呂敷の包みを背中に負った越中富山の薬売りなどでした。

（『海辺の生と死』「旅の人たち　沖縄芝居の役者衆」より）

実に様々な〝旅の人々〟――、彼らは島のひそやかな日常にひとときの潤いと、異次元の風をもたらす〝マレビト〟たちだった。だが、南の島々に日本の戦争が押し寄せてくる時代、盲目の流浪の唄者、里国隆はどのような旅の時間を生き過ぎていったのだろうか。ふたたび昭和一〇年代の、国隆の旅の足取りを追ってみることにしよう。

南の島の戦争——国隆の流浪の旅

「舟のそどもにヨイスラー　白鳥ぬ居しゅるスラヨイスラー　白鳥やあらぬヨイスラー、おなり神がなしスラヨイスラー　スラヨイスラー」（「ヨイスラー節」）

岬の入り江の渚に、一艘の漁船サバニが戻ってきた。沖縄北部、国頭村《くにがみそん》・楚須《そす》の浜。静かな波が打ち寄せる。舟から降りる漁人たち。ブダイが豊漁だ。砂浜に獲れた魚を並べ、丁寧にウロコをとる。浜辺の県道の道端に座って、もはや百歳近いだろう、老人がひとり、じっとその作業を見つめている。陽に灼けた赤黒い顔。カメラに振り向いて、老人は問わず語りに話し出す——。「わしら若い頃は、遠くに出かける時はいつも、地下足袋、地下足袋を持って。村を出たら地下足袋履いて歩いて、戻ってきたら脱いで、大切にして……。与論《よろん》や沖永良部《おきのえらぶ》、大島から、昔は色んな人が渡ってきたよ。大島からはアコーディオン持ってきて、歌をうたう人もいた。奄美大島は近いよ、昔は機械のついた舟なかったから、皆、サバニで渡ってきたさ……」

昭和一五年の春だった。故郷、崎原を出奔した里国隆は、奄美大島から喜界島《きかい》へ、そして南の加計呂麻島、さらに徳之島から沖永良部・与論と島伝いに旅を続け、沖縄北部、国頭村にやってくる。与論島から乗せてもらった牛の運搬船が嵐で流され、最北端の、奥の集落に漂着したのである。奥から楚須へ、海辺の道なき道を、村の女書記に手を引かれ辿り着いたのは、安田《あだ》という名の集落だった。

国頭村安田、人口二〇〇人ほどの半農半漁の集落。村の家々の築地に、赤いデイゴの花が咲いていた。ヤンバルの森から時おり黒雲が流れてきて、雨がぱらつく。安田に住む宮里ツヤ子さん。戦争中、小学生だったツヤ子さんは、村にやってきた国隆のことをよく覚えていた。家の縁先、国隆の演奏のテープにじっと聴き入るツヤ子さん。六十数年ぶりに聴く国隆の唄声――。当時、国隆は、この安田の村に数日間滞在し、出征兵士の壮行会の集まりで歌をうたったという。「ああ懐かしい、懐かしい……、この声……、〝歓呼の声に旗の波、後は頼むのあの声よ、これが最後の戦地の便り〟」、思わず一緒になって、口ずさむツヤ子さん。村人たちの前で国隆がうたったのは軍国歌謡の「皇国《みくに》の母」だった。新聞もラジオもなかった村で、国隆がうたったこの歌は、村の流行歌になったという。「もう子どもたちも皆、覚えてうたっていた、戦争中ずっと、この唄をうたっていたよ」

六五年ぶりの遠い記憶のなかから甦る声。それはツヤ子さんにとって、忘れられない戦争の体験と重なり合う。ツヤ子さんの父親は、昭和二〇年四月、アメリカ軍が沖縄に上陸すると、守備隊に召集され、糸満で戦死した。母親のナツさんは、敗戦の混乱のなかで、八人の子どもを抱えて生きのびた。ツヤ子さんが話す。「もう日本兵が、アメリカ兵より怖かったよ、敗残兵が。村に逃げてきた日本兵が、命令だ、食糧出せって、お前らのために戦ったのだから弁当持ってこいって、命令だから仕方なく森へ弁当持っていくと、傷病兵がたくさんいた。怖かったよ」

腸《はらわた》に突き刺さるような国隆の唄声——、それは安田の村人たちにとって、子ども時代の忌まわしい戦争の記憶とひとつとなって残り続けていた。

歓呼の声や旗の波　あとはたのむの　あの声よ
これが最後の戦地の便り　今日も遠くでラッパの音《ね》

思えばあの日は雨だった　坊やは背《せな》で　すやすやと
旗を枕に眠っていたが　頰に涙が光ってた

ご無事の凱旋《おかえり》待ちますと　言えばあなたは　雄々しくも
こんど逢う日は来年四月　靖国神社の花の下

（「皇国の母」作詞・深草三郎、一九三八年）

安田の集落を出立した国隆は、三年間ほど沖縄を放浪して、商売を続けた。やがて太平洋戦争が始まり、南の島にも戦時色が濃くなった昭和一七年頃、国隆は故郷、奄美大島に戻っている。その間の国隆の足取りは不明だが、戦争中の国隆の生活ぶりを彷彿とさせる貴重な音源が残されている。戦後、一九七九年、ラジオ日本で制作されたドキュメンタリー番組の録音テープである。当時の放浪生活が、国隆自身の肉声で生々しく語られている。

転々、転々として奄美本島、それから離島、喜界島まで延ばして、与論、永良部、そして沖縄にわたって、それで沖縄には約三年間もいたかな……、それから奄美へ戻って、転々転々として。……兵隊の慰問とかね、戦争で商売、やりにくくなったことはなかったんだ、かえって私にはよかったんだ、あたしには。……もう戦どころの騒ぎじゃなかったですよ、部隊のなかを転々と空襲に追われながら歩きよったです。夜はずっと、慰問、慰問で。兵隊なんか集めおってね、慰めて歩きよったですよ。世渡りのため、唄をうたったのはね。これじゃなきゃ、世渡りできないわけですよ、もちろん世渡りのためじゃなければうたうはずないでしょ。世渡りというよりもこういうふうにして、一般民の心に、身に、しみるようなことをしていかなければ私の取り分がないんですよ……。すずしく渡れないというわけですね。

（ラジオ日本「奄美ホウレモン――琴弾き国隆の戦後史」）

戦争という時代もまた、国隆にとっては生きんがための世渡りだった。奄美大島・龍郷町で農業と畜産を営む吉井信雄さんは、国隆の義理の弟にあたる。吉井さんは、戦争中、奄美で商売をしていた国隆のことを話してくれた。吉井さんによれば、国隆は日本軍の駐留していた南の古仁屋《こにや》で、憲兵隊に捕まったことがあったという。

「戦争中は、樟脳が少なくなって、売る品物がなくなったけど、ずっと軍隊の慰問をして歩いていたらしい。ある時、軍港になっていた古仁屋で、慰問をして唄をうたって捕まった。〝人の嫌がる軍隊に志願で入る馬鹿もいる……〟、そんな唄うたって、非国民だと。で、ある人に知恵つけられて、愛国心を示せってね。国隆オジは目が見えなかったし、稼いだ金を軍に寄付して、釈放されたって話をしていたね」

六五年も前の国隆の思い出話を、吉井さんは、のんびりとした調子で語った。肉牛を一五〜六頭も飼育し、雌牛には一頭ずつ、織江、道子、和美と、女性の名前がつけられていた。島唄をこよなく愛する吉井さんの家の居間には、国隆が軍からもらったという感謝状が額に入れられ飾られていた。

里国隆が空襲に追われながら、転々と放浪して歩いていた頃、南の島々の戦局は、刻々と悪化していった。昭和二〇年四月、米軍が沖縄に上陸し、沖縄戦が始まると、奄美大島は本土防衛に向けた最前線となっていく。加計呂麻島呑《のみ》ノ浦《うら》には、魚雷艇・震洋特攻部隊一九〇人が配備され、出撃命令を待っていた。特攻隊長は若干二十八歳の中尉、後の作家・島尾敏雄だった。島尾は当時、加計呂麻島で分校の教師をしていた大平ミホと出会い、島の果ての濃密な時間のなかで運命的に結ばれていく。さらに、本土決戦への最後の戦略拠点とされたのが、奄美大島の北東二〇キロの海上に浮かぶ喜界島だった。震洋艇五〇機の特攻部隊をはじめ、島には陸・海軍合わせて二〇〇〇名を超える部隊が相次いで駐屯し、もし沖縄が制圧されれば、島民を巻き込んで米軍の上陸に備えようとしたのである。

舟で島を渡り、サトウキビ畑の路地を抜け、路上から路上へうたい歩いた里国隆。
戦前・戦中・戦後と、国隆は南の島の大道を歩き続けた。

喜界島——シマにやってきた震洋特攻部隊

砂糖キビの葉陰に青い海。沖合にうっすらと平たい島影が見える。さんざめく陽光、風。喜界島である。黒砂糖と、馬の産地として知られた。平安時代の僧、俊寛僧都《しゅんかんそうず》が流されたという鬼界ヶ島伝説。古代からの伝説や歴史が見え隠れする。ここは日本の南の果て——。現在の喜界島空港、港の近くに残る旧日本軍の戦闘指揮所。石の亡霊。戦闘機の格納庫跡。喜界島は知覧《ちらん》から飛び立った特攻機の中継地点でもあった。

喜界島・小野津の集落をバイクで案内する区長の上山満則さん。上山さんは、終戦直後、島に来た里国隆のことをよく覚えていた。時には片足のない若い男と二人連れのこともあった。その人はハブに咬まれたと話していた。娯楽のなかった時代、国隆の唄と演奏は島人たちに歓迎されて、国隆は島人たちから先生と呼ばれていたという。

昭和二〇年、敗戦間近、小学生だった上山さんは連日、米軍機の猛烈な空襲に見舞われた。五月一九日、日本軍は全島に強制避難命令を出し、島民たち全員を山中に集める。命令に従わないものは銃殺するという通告だった。上山さんたち小野津の集落の人々は、坂嶺のマンヌ山というところに集められた。

「ここが防空壕の跡です。家族皆で避難していました。五月、命令が出て私たちもマンヌ山に集められました。軍は集団自決をさせるという話でした。でも、助かりました。終戦がもし、一週間遅れていたら、私たちも命がありませんでした」

上山さんが集落にある小さな紬工場に案内してくれた。年配の二人の女性が紬を織っていた。機織りの手を休めて一人の老女が話しかける。

「私らもマンヌ山に集められて……、きっと米兵が上陸してきたら自決させるつもりだったでしょうね。その時ちょうど、私は妊娠していて……」、死を覚悟したが、母子共に命拾いをしたと老女は話した。

上山さん一家が隠れていたという防空壕の跡。鬱蒼とした樹木に覆われて、その脇にはバナナ畑が広がっていた。「このバナナ畑の向こうにベニヤで作ったような特攻艇が隠されていました。特攻部隊は敗戦間際にやってきたのを覚えています。その頃は空襲が最も激しく、学校も焼けてしまいました」。小野津の集落には震洋特攻部隊三二人が配属された。「でも特攻部隊の人々は住民たちにとても親切でした。小学生だった私には、彼らの姿がまぶしくて、何か誇らしい気分になったものです。ある日、特攻部隊の二人が村人たちにあいさつにきました。敬礼し、行きます——、その言葉が最後でした」

結局、喜界島の震洋特攻部隊には、最終的な出撃命令は下されず、敗戦を迎えた。だが上山さんは、今も、その特攻隊員のことが忘れられないという。——特攻隊員を真似て、敬礼のポーズをとる上山さん。突如、空襲警報のサイレンが鳴り渡る。激しい機銃掃射の音、炸裂する爆弾の音——。

〝勝ちゅんどと思うたる大東亜戦争や負けて〟

南の島々をかつてない過酷な運命に陥れた日本の戦争。本土防衛の名のもとに、沖縄本島は修羅の戦場と化し、島民の四人に一人、一二万人以上の貴い命が奪われた。報われぬ犠牲を残したまま、理不尽な戦いが終わった。敗戦の二年後、一九四七年四月、国隆はふたたび沖縄に渡る。台湾に向かう密貿易のポンポン船で、沖縄中部の平安座《へんざ》島に着いたのである。米軍の艦船が入港して賑わう金武湾《きんわん》沿いに、平安座から石川へ、そして金武、普天間《ふてんま》、コザ、辺野古《へのこ》と基地が建設されていく街の路上を転々としながら、国隆はうたい続けた。その頃、国隆自身が作詞し、戦後うたい続けた曲がある。奄美の「くるだんど節」の替え歌である。

戦争や負けて
勝ちゅんどと思うたる　大東亜戦争や負けて
負けたんや当たり前　科学の戦に　竹槍持っちょって
負けたんや当たり前

（「くるだんど節――戦争や負けて」作詞・里国隆）

敗戦の翌一九四六年二月、奄美群島は、沖縄と同じく米軍の統治下に置かれた。ＧＨＱの政策により、北緯三〇度、トカラ列島の口之島以南が、日本と分離されたのである。本土との行き来は禁止され、貿易も制限されて、島の人々は恒常的な食糧難と、生活物資の不足にあえいだ。一九五三年、念願かなって奄美大島が本土に復帰するまでの八年間、台湾への黒糖などの密貿易や、生きんがために、闇船と呼ばれた密航船で日本本土へ職を求めて渡る人々も後を絶たなかった。

そんななか、焦土と化した沖縄の、戦後の復興を底辺で支えていったのは奄美群島や八重山諸島からの出稼ぎ者たちだった。彼らの多くは、基地が作られていく街の建設現場や飲食業で働いた。国隆はその後、昭和三〇年代の後半まで沖縄各地に滞在する。奄美大島や徳之島など、沖縄に働きにきていた〝アマミンチュー〟のネットワークを頼っての放浪の旅だったが、時には路上で寝起きすることもあったらしい。とにかく基地のゲート前や路上が国隆の仕事場だった。米兵相手に、耳で聴き覚えたGI英語を操りながら、多い時には当時の金で、一日に二〇ドル近くも稼ぐこともあったという。

白い大道――普天間・嘉手納・辺野古

嘉手納基地から発進したF-15戦闘機の、耳をつんざくような爆音が通り過ぎていく。普天間《ふてんま》飛行場の上空には、米海兵隊の戦闘用ヘリが滞空する。沖縄・宜野湾《ぎのわん》市。戦後ながく普天間基地の近くで暮らしてきた、山城ヤス子さんと武次さん夫婦。ヤス子さんは徳之島、武次さんは喜界島の出身。二人は戦後、沖縄で知り合い結婚した。

一九五〇年、ヤス子さんは故郷・徳之島から牛の運搬船に乗り込んで沖縄にやってきた。基地の雑用婦、洗濯屋、飲食業、何でもして働いた。昭和三〇年代の初め、ヤス子さんは偶然、普天間の街の路上で国隆と〝再会〟する。徳之島によく来ていた国隆とは、戦前からの顔見知りだった。「はげぇーヤス子って、国隆ウジ、道端で寝とったの。同じ奄美の島の者だから、こっちも食うものなくたって、ほっとくわけにもいかんでしょ。それから何度も家に来るようになって、よく面倒見た。ある時はシャツが泥だらけだったから、家の下の川に水汲みに行って、洗濯してあげて、アイロンかけて糊までつけて。そしたら国隆ウジ、すごく喜んでね……。あの人は、また女が好きで……、(おい、余計なこと、話すなよ、夫の武次さんが、傍でたしなめる)、こんなこと言ってもいいかわからんけど、ある時は国隆ウジが、商売している姐さんの家に上がり込んでね、あの頃は、ワンタイムがいくら、オールナイトがいくらって決まってるでしょ、国隆ウジは、ちょっとお金払ってい続けて帰らないの。そしたら姐さんが来て、ヤス子、この兄さん連れてって。ハイ、国隆ウジ、もう夜中の一二時だぞって、行ってみたら、畳の上に裸で座り込んでいたの。そんなこともあったね。

あの頃はね、そーめん、油ぞうめん、野菜と炒めて……、米は外米でおいしくないからね、いつも油ぞうめんばかり食べてた。ヤス子の作る油ぞうめんは絶品だって、国隆ウジも、喜んで食べたよ」

ヤス子さんと武次さんの二人は、親身になって何くれとなく、同じ奄美出身の国隆の面倒を見た。おそらく国隆のうたう島唄も懐かしかったことだろう。というよりはむしろ、島の果てから運ばれてくる、地の底から湧き上がるようなその唄声に、その黒声《くるぐい》に、我とわが身の境遇を重ね合わせていたことだろう。ぶっきらぼうで、口の悪いヤス子さんだが、その語る言葉の端々に、漂泊の国隆への深い愛情がにじみ出ていたのだった。

行きゅんにゃ加那　吾《わ》きゃ事忘れて　行きゅんにゃ加那
うったちやうったちゃが　行き苦しゃ
ソラ行き苦しゃ　（ソラ　イキグルシャ）
〔略〕
目ぬ覚めてぃ　夜や夜ながとぅ目ぬ覚めてぃ
汝《な》きゃ事思めばや　眠ぶららぬ　（ソラ　ネブララヌ）

鳴きゅん鳥くゎ　立神沖なんてぃ　鳴きゅん鳥くゎ
吾きゃ加那やくめが生き魂《いまぶり》
ソラ生き魂

（「行きゅんにゃ加那節」）

米艦船が停泊する金武湾。岬の白い一本道を、真っ黒に日灼けした国隆が、竪琴を肩に歩いてくる。国隆の演奏する奄美民謡「行きゅんにゃ加那節」のメロディーが聞こえてくる。この唄をうたう時は国隆はいつも、女性の相方と一緒だった。人々の情けに助けられ、普天間から嘉手納《かでな》へ、そして辺野古へ、国隆は沖縄でのながい放浪生活を続ける。例によって、その細かな足取りは定かではないが、一九五七年頃、国隆は、米海兵隊基地、キャンプ・シュワブの建設工事が始まった名護市辺野古の街に、一年半ほど滞在している。

「あの頃は凄かったですよ、ドルの雨が降るようだった。竪琴を弾いてうたってた人、目が不自由で、大島の唄歌ってた。ああ、かすかに覚えていますよ……」。今は往年の賑わいもなく、はげ落ちた横文字のBARの看板が目につく辺野古の街で、出会った初老の男性はそう語った。現在、新たなヘリポート基地の建設が強行される辺野古は、戦後、基地と共に歩んできた。隣の宜野座村にまたがる広大な山林土地に、海兵隊キャンプ、実弾射撃訓練場、弾薬庫などが、町を取り囲むようにひしめいている。わずかに林業で生計を立ててきた、この辺鄙な町に、基地が完成したのは一九五九年のことだった。

〝戦争や負けて、勝ちゅんどと思うたる大東亜戦争や負けて――〟、基地の街の路上で国隆は、沖縄の戦後を体を張って生きた、多くの女たちや男たちと出会っていったことだろう。嘉手納空軍基地のゲート通りを突きあたったコザ十字路に近い、銀天街商店街。今は寂れたシャッター通りになっているが、ベトナム戦争の頃には、この界隈には黒人兵専門の飲食店が立ち並んだ。ここも沖縄での国隆の主要な仕事場のひとつだった。そして米兵相手に商売をする女たちのなかには、沖縄の離島や、奄美の島々から働きにきた人々もいた。おそらく国隆は日夜、彼女たちと親しく言葉を交わしながら、彼女たちの戦争体験や身の上話に耳を傾けたことだろう。

人々の心に沁み入るような歌を唄わなくては、すずしい世渡りはできない――、昼は軍用トラックが砂塵を巻き上げる路傍で、夜はAサインバーのネオンが瞬く盛り場で、国隆はうたい続けた。

そして、時代が通り過ぎていった。

奄美大島名瀬市——国隆の帰郷

沖縄の米軍基地の建設ラッシュが一段落した一九六〇年代、国隆は奄美大島に戻った。名瀬市の市営アパートを借りて、初めて籍を入れた妻・イノさんと暮らすことになった。もっとも、国隆によればイノさんは八番目の妻だったという。そこは、ひどく老朽化した古い鉄筋アパートで、目の前は墓地だった。その最上階に住むことになった国隆は、名瀬市でいちばん天国に近い場所と人々に冗談で話していた。大正七（一九一八）年生まれ、すでに四十五歳を過ぎていた国隆だったが、収入源は相変わらず、大道での生業《なりわい》だった。近くの永田橋市場で、樟脳を売って歌をうたい、名瀬の夜の盛り場を流して歩いた。時には、自宅で、民謡教室を開くこともあったという。だが、ベトナム戦争が激化していった一九六〇年代末から七〇年代にかけて、国隆はふたたび沖縄の街へ足繁く通うようになる。なかでも、嘉手納空軍基地のあるコザの街は、明日知れぬベトナムの戦場へと向かう若い米兵たちで連夜、狂躁にも近い賑わいが繰り広げられていた。

この頃、戦後の沖縄歌謡界の大立者にしてエンターテイナー、照屋林助《てるやりんすけ》はコザの街の路上で国隆と出会う。この一風変わった竪琴弾きの島唄うたいに、ことのほか興味を惹かれた照屋林助は、国隆を自宅に案内して、その唄と演奏を数曲録音している。この照屋コレクションが縁で国隆は、当時沖縄の島唄を本土に紹介しようとしていたルポライターの竹中労と知り合い、一九七五年、日本本土で初めてのレコーディングを行っている。さらにこの年に行われた「琉球フェスティバル」の日本ツアーに、嘉手苅林昌や登川誠仁ら、沖縄島唄の錚々たるメンバーと共に参加することにもなった。放浪の奄美の唄者、里国隆の新たな伝説（レジェンド）が生まれていったのである。

「コザ暴動」と「琉球フェスティバル」――知名定男さんと国隆

沖縄県コザ市（現・沖縄市）、嘉手納基地のゲート通りを歩く、知名定男さん。沖縄現代音楽を代表する島唄歌手で、人気グループ、ネーネーズなどを世に送り出した著名な音楽プロデューサーでもある。沖縄民謡界の大家、知名定繁を父に持ち、大阪で育った知名さんは、幼い頃から島唄の天才少年と注目された。十一歳の時、父の故郷である沖縄に戻って民謡歌手としてデビュー以来、自ら作詞・作曲した、「うんじゅが情けど頼まりる」（一九七一年）など数々のヒット曲を発表してきた。

基地の街・コザの盛り場、中の町は知名さんの青春の場所だった。民謡酒場でうたい、居酒屋で仲間たちと連夜、酒を酌み交わした。嘉手納空軍基地からは、輸送機や爆撃機が連日、ベトナムの戦場へと飛び立っていった。

一九七〇年一二月二〇日、その夜も、知名さんは仲間たちと中の町で飲んでいた。真夜中過ぎ、知名さんは、ただならぬ町の気配を感じて街路に飛び出した。殺気立ったように大勢の群衆が、コザ十字路のある二四号線、メインストリートへと駆け出していく。けたたましいサイレンの音が鳴り響く。道路に火の手が上がる。群衆たちは次々と、アメリカ人のYナンバーの車を引きずり出し、火を放った――。コザ暴動の夜である。駆けつけた警官隊やアメリカの憲兵隊（ＭＰ）に投石を繰り返し、群衆たちはゲート通りを突っ切って基地内へもなだれ込んだ。集まった人々は数千人以上に膨れ上がり、騒ぎは夜明けまで続いた。

きっかけはこの日、午後一時過ぎ、沖縄人の基地労働者が米兵の運転する車にはねられて怪我を負い、それをＭＰが放置したことだった。ちょうどその二日前、この年の九月に糸満で米兵が起こした交通死亡事故に、無罪判決が出たばかりだった。酒酔いでスピード違反の米兵の車が歩道に乗り上げ、沖縄人女性を死亡させた事件だった。繰り返される米兵の犯罪、さらに、コザ市に近い知念弾薬庫で、毒ガス漏れの重大事故が起きていたことも報道されていた。この夜、抑えに抑えていた沖縄の人々の怒りや不満が爆発したのである。

現場を歩く知名さん。まるで昨日のことのように目撃談を語る。「もう、爆発したんでしょうね、それまで、植民地のように抑えられていた沖縄の人たちの怒りが、ついに爆発したんでしょうね。コザ十字路から七〇〇メートルぐらい群衆が詰めかけて、米兵の車を焼き払っていた。何て言うか微妙な気持ちでした、やればできるじゃないかというのと、ここまでやって大丈夫なのかというおそれと。そうこうしているうちに、燃え上がる車を取り囲んでオバァたちが、カチャーシーを踊り出しましたよ、よくやった、よくやったってね。悔しかったんでしょうね……、嬉しかったんでしょうね……、まあ僕も胸が詰まるっていうか、魂が震えるような思いだった」。一語一語、言葉を噛みしめるように、知名さんは当日の様子を語った。

当日夜の様子を撮影した記録フィルムの映像――。道路に数台の車が仰向けにされて、炎が燃え上がる。ガスマスクをしたMPたちが制止する。手拍子を打って、そのまわりを取り巻く群衆たち。燃えさかる炎にかぶさって、里国隆の「六調」の三味線と唄声が流れ込んでくる。テンポの速い「六調」の炸裂するリズム、そして振り絞るような国隆の声――。

知名さんの自宅。知名定男さんは、一九七五年、日本全国でツアーが行われた「琉球フェスティバル」に出演したメンバーのひとりだった。その時一緒に参加した里国隆のステージでの様子を、知名さんは衝撃を込めて語る。「衝撃的でしたね、あの声がね、決して美声ではない、どちらかと言えば悪声でね……、何て言うか、叫ぶような、叫んでいるのか、怒っているのか、泣いているのか、それらをひとつに合わせたような声。あれだけ力いっぱいうたうから、顔を真っ赤にしてね、それでいて絞り込んでくるような、ぐさりぐさりと胸に突き刺さるような唄声でしたよ。完全に奄美のうたい方をぶち壊している、真っ向から正々堂々と、真っ正直に自分の気持ちをぶつけてくる、それだけ苦労してきたんでしょうね……。決して彼は、芸能人でも、芸術家でもない、根っからの芸人だった。出し惜しみをしないというか、呼ばれたらあの人は、どこへでも行ってうたったと思いますよ」

多くの島唄歌手を育ててきた知名さんにとっても、その時、初めて聴いた国隆の唄声は、ずっと記憶に残り続ける強烈な印象を残している。それは島唄の常識を超えて、長い流浪の旅のなかで、大道で鍛え上げられていった声だった。南の島のブルースといってもいいかもしれない。真っ黒に日焼けした顔に黒いサングラスの風貌、そして、泣いているのか、怒っているのか、叫ぶようにぶつけてくるその唱法は、例えば、戦前からアメリカ南部を放浪してうたい歩いた黒人のカントリーブルースマン、ロバート・ジョンソンやビッグ・ジョー・ウィリアムス、スリーピー・ジョン・エスティスらのうたい方に何と近いことだろう。

ところで国隆は、錚々たる沖縄島唄の歌手たちに交じって、奄美からただひとり「琉球フェスティバル」に参加した。東京や京都などの異国の地で、国隆は何を思い、うたい続けただろうか。それは知名さんが言うように、国隆の芸人魂だったろう。日本公演では、東京に住む叔母・栄タダや、尼崎で暮らしていた、やはり同郷の萩原君江が相方を務めた。タダさんは笠利にいた頃、幼い国隆を背におぶって、島唄を聴かせていたという。国隆はやはり、日本の聴衆に奄美の、島の心を伝えたかったのではないだろうか。

かずみさんの「製糸小唄」――奄美の戦後

奄美大島名瀬、永田橋市場。野球帽かぶった小学生たちが、市場の路地を走り抜けていく。いつか見た風景である。一九七三年、沖縄は本土に復帰し、奄美大島では、復帰後の奄美群島振興開発事業によって、「本土並み」をめざした開発・振興が進められていく。島は土木建設ブームに沸き、海浜の整備などが行われて、白い砂のアダンの浜に防波堤が作られたりもした。何百年の伝統を持つ島唄の風景が少しずつ変貌していった。

一九八〇年代、晩年を迎えた国隆は、変わらず名瀬の市営アパートに妻・イノさんと暮らしていた。新しいレコードを作ったからと言って、自分の唄は変わらない……、脚光を浴びたが、国隆は生涯、路上の人であった。相変わらず大道で樟脳を売り、唄をうたった。だが、時折、持病の心臓病が悪化し、入退院を繰り返すこともあった。

永田橋の近くで、島唄と郷土料理の店を営む、西和美さん。兵庫・尼崎での生活を切り上げ、奄美に帰郷して店を開いた八〇年代の初め、近所に住む国隆は、よく和美さんの店にやってきた。昼飯だと言っていつもうどんを注文し、気分が乗ると一～二時間、唄をうたって帰ることもあった。和美さん自身、奄美に帰郷したのは、大好きだった島唄の世界に帰りたかったからだという。和美さんが、晩年の国隆と一緒に演奏したテープを聴かせてくれる。奄美に戻って本格的に島唄を勉強し、時には、国隆のアパートに出かけては、三味線の手ほどきを受けることもあった。八五年に奄美民謡大賞を受賞し、今では島唄の第一人者として、皆に認められるようになった。

和美さんは、昭和一七年、奄美大島の最西端、瀬戸内町西古見に生まれた。かつてはカツオ漁で賑わった漁村だった。父は南方戦線で戦死、戦後に再婚した母は、和美さんときょうだいたちを連れて、トカラ列島の口之島に移り住んだ。まだ本土復帰前だった口之島は、奄美大島からの黒糖と、本土・鹿児島からの食料品や衣料など生活物資とを取り引きする密貿易で賑わっていた。だが開拓民として口之島に入った和美さん一家を襲ったのは、厳しい食糧難だった。小学生だった和美さんは、幼い弟と二人で、島の農家の畑へ行く。裁縫が得意だった母が編んだねんねこを持って、背かごいっぱいのサツマイモと交換してもらうのである。一九五七年、島の中学校を卒業すると集団就職で、愛知県一宮市にある、下請けの紡績工場で働くことになった。就職といえば聞こえは良いが、それは前時代まがいの女工労働、年季奉公のようなものだった。和美さんによれば、仕事を紹介してくれた口入れ業者へ、七年間、前借金をわずかな給料のなかから支払い続けたのだという。

「もう、今思えば人買いのようなもの。十四歳の少女が、徹夜させられてね。保険もない、食事も満足になくて、おかずはトマトだけ。今じゃ考えられないけど。工場では納期というのがあって、納期に間に合わせるために一人で機械を二台持たされて、一晩中走って、働き詰めだった。あかぎれができてね。給料は三千円で、そのうちの千円を毎月、仕事を紹介してくれた人に払ってた」

和美さんは、この紡績工場で七年間、辛抱して働いた。朝鮮戦争の軍需景気が終わり、六〇年安保を経て、やがて東京オリンピックへ、日本は戦後復興を成し遂げ、所得倍増の掛け声のもと、高度成長期に入りつつある時代だった。当時はまだ、繊維工業は主要な輸出産業だった。そんななか、繁栄の夢を貪る日本社会の底辺で、和美さんのような地方から働きにきた若年労働者が、あまりに過酷で犠牲的な労働を強いられていたのである。

里国隆がよくうたっていた歌のひとつに、昭和初期、おそらく昭和大恐慌の後、巷で流行した「製糸小唄」がある。国隆は、年季奉公で働く紡績女工の哀切な恋心を、竪琴の演奏で共感を込めてうたう。遺された音源を聴く限り、国隆がうたった戦前の流行歌のなかでは、「流転」や「皇国の母」

と並んで出色のものと言っていいだろう。それは次のような歌詞である。

一年三百六十五日　長い月日のその間
辛抱しました　製糸場で
早く女房にしておくれ

昨日も今日もおとといも　主さんの帰りを待つけれど
音するものは　製糸場の
転るシャフトの音ばかり

辛抱せよ辛抱せよ辛抱せよ
長らく工場に置きはせぬ　今年の一年　来年は
天下晴れての僕の妻

大事な大事な両親《ふたおや》を
見捨てて貴方と結うからは
義理という字はいつまでも　忘れず見捨ててくださるな〔以下略〕

（「製糸小唄」作詞・作曲・植中文春、一九三一年）

紡績工場を退職した西和美さんは、結婚して兵庫県の尼崎市に移り住む。日本での生活で、つらいことや悲しいことがあった時はいつも、故郷・西古見の浜で祖母がうたってくれた島唄を思い出したと和美さんは言う。「それはもう、本当にきれいな海でね、白い砂浜……、西に向いてるから夕陽が落ちてね……、一度でいいから、あの西古見の浜で、思う存分うたってみたいって、ずっと思い続けていました」。故郷・奄美のうたは、島の女の多難な人生にいつも生きる力を与えてくれた。そんな和美さんが好きな唄が、瀬戸内町に伝わる「雨ぐるみ節」だという。「西の海に、西の管鈍《くだどん》に、雨雲が降りてくる、あれは雨雲ではない、あれは愛する人を思う私の涙だ……（西ぬ管鈍なんてぃ　雨ぐるみ下がてぃ　ヨーハレ　下がってぃ　雨ぐるみやあらぬ　吾ん加那志ぬ目涙どぅ……）」。

名瀬・永田橋の和美さんの店、昼下がり、塩豚や豚足を煮る、夜の仕込みの手を休めて、和美さんは自分の人生の長い旅路を、そして島唄への尽きせぬ思いを語ってくれたのだった。

国隆、最期の旅――「沖縄ジァンジァン」への出演

一九八五年五月、名瀬で暮らしていた里国隆のもとに、二つの公演依頼が舞い込む。ひとつは尼崎の奄美郷友会からの誘い、もうひとつは那覇の「沖縄ジァンジァン」からの出演依頼だった。いまひとつ体調がすぐれなかったが、国隆はふたたび旅に出る決意をした。それは最晩年の国隆の、

〃うた〃にかける執念だった。

六月二二日、二三日の二日間、国隆の最期の公演となった「沖縄ジァンジァン」でのステージ。相方を務めたのは、名瀬市の盛り場、屋仁川で民謡酒場を経営する唄者の松山美枝子さんだった。美枝子さんは同じ笠利町の出身で、国隆とは親戚筋にあたる。店には国隆が美枝子さんの母親に贈ったという、手作りの太鼓が置かれていた。

「おじさん、手先も器用で、太鼓も自分で作っていました。とてもいい音がするんです。あの時は、一日目のステージであいさつをして、「あさばな節」をうたい終わった後、今日はあまり体調が良くないので、少しうたってくれと言われて数曲、私がうたった覚えがあります。夜は同じホテルの隣の部屋だったので、おじさん、もし具合が悪くなった時は、壁をトントンして下さいって言ったの、そしたら明け方に、トントンという音がしたから慌てて行ってみたら、おじさん、もうシャワーも浴びて、すっかり着替えて、元気そうでした」

美枝子さんの心配をよそに国隆は、二日間のステージを無事にうたい終えた。公演終了後、皆でカラオケバーに行った。「おじさん、自分もうたいたいといって、確か「大利根月夜」と「流転」の二曲をうたいました。なぜかとても懐かしくってね」、そう言って美枝子さんは、国隆がうたったという「流転」の一節を思い出しうたってくれた。「男いのちを　みすじの糸に　かけて三七二十一目《さいのめ》くずれ　浮世かるたの　浮世かるたの　浮き沈み……」

「そして帰る時、おじさんが琴を奄美に持って帰ってくれと言うの。でも私は、おじさん、琴が

沖縄・金武の路上。
里国隆は、基地建設工事がはじまった 1957 年頃に辺野古を訪れたという。
聞き覚えの GI 英語を使い、米兵を相手にうたった。
基地ができ、町にはドルが雨のように降った。
朝、子どもが路地を歩けばドル札が落ちていた。

なかったら淋しいでしょって言って。それが最期の会話でした……」

この夜、国隆と最後に出会った人物がいる。沖縄中部・宜野座村《ぎのざ》で特別養護老人ホームを経営する浜田添孝さんである。浜田さんも、国隆と同じ奄美・笠利町の出身。子どもの頃から、国隆の顔を知っていたという。

「突然、電話がかかってきたのよ、もう何十年ぶりに。びっくりした。那覇の国際通りのホテルにいるから迎えにきてくれって。それで、那覇まで車を飛ばした」

浜田さんはカラオケバーに国隆を迎えに行く。国隆は、あまり酒も飲まず、肴にも箸をつけていなかったという。しばらくして、もう帰ろうという国隆を助手席に乗せて、浜田さんは、深夜の国道五八号線を引き返した。帰り道、五八号線の嘉手納基地のあたりにさしかかった時、国隆が急に車を止めてくれと言う。

「ゲートの前通ったら、ここは嘉手納基地だろうって国隆さんが言うのよ。少しは目が見えたのかな、昔はここで随分と稼がせてもらったってね、それで、ここにアメリカのハンバーガー屋があるはずだって国隆さんが言う。ハンバーガー食べたいって言うんで、私は車止めて買いに行った。アメリカの特大のハンバーガー二つ、それにビッグサイズのオレンジジュース。国隆さん、車のなかで全部平らげてしまったさ。そして私の老人ホームに戻ったら、今度は味噌汁にご飯が食べたいと言うから、おかゆにしたらどうだって作ってあげた。国隆さん、おかゆもおいしそうに食べたよ」

自分の体の異変に気づいていたのだろう。国隆は浜田さんの老人ホームで、一週間ほど休養し奄美へ帰るつもりだった。だがその四日後、体調が急変する。持病の心臓発作を起こしたのだった。その日の昼、国隆のベッドに食事を運んだ職員が、異変に気づく。浜田さんと医師が駆けつけた時には、すでに国隆は、息を引き取っていたという。亡くなる前日、浜田さんによれば国隆はホームの廊下で竪琴を弾いて、入所者や職員の前で奄美の島唄を一曲うたったたという。

ホームの遺体安置室に案内する浜田さん。「ここで皆でお別れしてね。それから霊柩車を呼んで石川へ行って、茶毘に付した」

那覇での公演から四日後、あまりに突然の、国隆の死だった。遺体は石川で茶毘に付され、遺骨は奄美大島に帰った。一九八五年六月二七日、享年六十六。唄者、里国隆は沖縄・宜野座村で、旅の途上で、その放浪の生涯を閉じた。愛用の竪琴と三味線、そして財布には、名瀬の家を出る時、妻イノさんが渡した三万円の現金が手つかずに残されていた。

老人ホームの廊下。職員と入所者の老人たちが、島唄のテープに合わせて踊っている。車イスの老人の、思わず揺れている節くれだった、皺だらけの手がアップになる――。

海辺、宜野座の浜。波打ち際で遊ぶ子どもたちの声。カメラはゆっくりと白い砂浜、青い海をPANしていく――。

奄美笠利町崎原。白昼の砂糖キビ畑。真っ青な空、誰もいない。風が吹く。白い一本道。流浪の唄者、里国隆の幻が陽炎のように揺らめいている。ふたたび、国隆のヨイスラー節の絶唱が聞こえてくる――。

舟ぬそとどもにヨイスラー　舟ぬそとどもにヨイスラー
白鳥ぬ居しゅるスラヨイスラー　スラヨイスラー
白鳥やあらぬヨイスラー　白鳥やあらぬスラヨイスラー
おなり神かなしゃヨイスラー　スラヨイスラー

第5章

大阪・河内音頭行

辺界から押し寄せる〝うた〟

「熱狂！　河内音頭—ヤンレー節 鳴門家寿美若の夏」2006年

釜ヶ崎・三角公園、二〇〇六年夏

ドドンガドンドン、ドドンガドン――、さてもこの場の皆様へ、ちょいと出ましたわたくしは、お見かけどおりの若輩で――、うだるような大阪の夏の夜を彩る河内音頭のリズム。

頃は平成中の頃、二〇〇六年の八月一五日、場所は大阪・西成、釜ヶ崎の三角公園。この日のために設えられた特別の櫓を取り囲んで、盆踊りを楽しむ労働者たち。頭にタオルの鉢巻きをし、思い思いに手足を振り上げて、どこか不揃いの踊りの輪が続く。お盆にどこにも帰省先がない日雇い労働者のために、支援グループの実行委員会が毎年実施している、恒例の釜ヶ崎夏祭りの夜である。櫓の壇上で音頭を取るのは、河内松原から乗り込んだ、浅照社中の面々。浅照《あさてる》さんは、かつて河内で絶大な人気を誇った音頭取り、三音家《みつねや》浅丸のバックで太鼓を務め、その名を轟かせた。だが音頭に入れ込むあまり、家業の牛乳店をつぶしてしまったというから、さぞかし「河内のとっぱもん」だったことだろう。この日は、太鼓に息子の永田充康《みちやす》、そして三味線は若手女流の第一人者、虹友《にじとも》美《み》の切れのよい撥さばきにのって、ドスのきいたしわがれ声で、自ら音頭をとった。演じた外題は侠気《おとこぎ》いっぱいの、「阿部松之助出世相撲」の一場面。いやが応にも、踊りの輪が熱気で盛り上がる。会場となった三角公園には、この一年間に、野宿や路上生活のなかで行き倒れ、命を落とした労働者たちの遺影が飾られ、線香や花が手向けられている。この夜はまさに、釜ヶ崎の人々にとって仲間たちの無念の死を追悼する、仏供養の盆踊りの一夜であった。

櫓からは打って変わって哀調を帯びた、河内音頭ヤンレー節が聞こえてくる。うたうのは八尾市植松の音頭取り、鳴門家寿美若《なるとやすみわか》。独学で音頭を学び、一門を成した寿美若さんは、三味線、太鼓、エレキギターの現代河内音頭に、地元に古くから伝わる盆踊り唄、ヤンレー節を取り入れた独自の音頭で人気を博してきた。浮き浮きとリズミカルなアップテンポな踊りの音頭に、物語の場面に合わせて挿入される、心に沁みるヤンレー節。切々として艶のあるその唄声が、物語の襞を震わせ、憂き世の人情をホロリと穿つ。寿美若さんは、このヤンレー節河内音頭にのせて、噺家・桂春団治や万才師・砂川捨丸《すながわすてまる》の一代記や、長谷川伸の名作を自ら脚色した「一本刀土俵入り」の、女郎・お蔦と駒形茂兵衛の交歓を謳い上げるのだ。この夜も三角公園の観衆の前で演じた「一本刀土俵入り」、しがない相撲取りでやくざになった茂兵衛と、利根川・取手の宿の女郎お蔦、互いに下積みの二人の哀感溢れるやりとりに、踊る労働者たちが思わず足を止め、じっと聴き入っていた。

親方から愛想をつかされ、一文無しで腹を空かせて、取手の宿を通りかかった取的《とりてき》の茂兵衛に、女郎宿の二階から声を懸けたお蔦。身の上話を聞くと、自らの櫛かんざしと財布を投げ与える。「姐さん、そんなことをしちゃあ、お前さんが困りゃあしないかい」、「何言ってんだい、あたしもお前さんと一緒で、年がら年じゅう裸だよ……」。寿美若さんの「ヤンレー節」の熱演は、後ほどゆっくりと紹介することにするが、心をくすぐる懐かしき語り物の世界が、河内の風に運ばれて、寄せ場・釜ヶ崎の一夜を通り過ぎていった。

河内音頭——大阪の闇に響くリズム

『路上の映像論』、辺境の歴史の時間に折り畳まれたうたや芸能を訪ねて旅を続けてきた。この章では、大阪の南、都市の周縁部に生成していった盆踊り唄・河内音頭を入り口に、都市と芸能というテーマを歩いてみたい。そこでは、大阪というすぐれて〝近代的〟な大都市に流れ込み、生活してきた人間たちの歴史的情動が、〝うた〟と踊り——身体性を媒介として浮かび上がってくる。

大阪は、かつて私がＮＨＫのディレクター時代、最も愛着を持って何度も取材に訪れた場所だ。なかでも、日雇い労働者の寄せ場である西成区の釜ヶ崎、能や説経節など中世からの宗教芸能的な記憶を今に伝える四天王寺や小栗（熊野）街道、近世の芝居町の悪所に端を発し、近代の風圧のなかで庶民・細民の盛り場として発展してきた千日前や新世界、ジャンジャン横丁や飛田新地、さらに環状線の鶴橋駅から、在日コリアンたちが多く暮らす生野区の旧猪飼野《いかいの》あたり——。思えば私は、暑い夏が巡りくると、毎年のように、大阪ミナミのディープサウスの路上をあてどなく歩き回っていた。そこかしこの大阪の土地の匂い、そこに棲みつき、暮らしを立てていった人々の独特の生活文化やざわめき、声、物音、裸形の言葉と〝うた〟——。人々の無数の夢や情念、差別や恨みつらみの感情、それらが凝縮し、溶け合い、変容しつつ、抗い難い魅力を持った強力な社会的磁場が存在した。そこには、東京などではついぞ出会うことのない濃密な、どこかディアスポラな空気が流れていた。そんな空気を身にまとわりつかせながら、私は、その異国的風土の底に地下水脈のごとく流れる、うたの世界に思いを馳せていたのである。そう、裸形の言葉――〝うた〟の側から、そこに生きる人間たちを見つめたいという衝動にかられたのである。

盆踊りの河内音頭は、河内平野の農村部の辺界から、歴史の古層を忍ばせて逆流していった都市近代の大衆芸能である。もともとは村々の口説節音頭が、近代に入って浪曲の節回しを取り入れ、三味線やギターが加わって（時には寄席の舞台などを経由して）、現代の語り物芸能として発展していく。現在の河内音頭は鉄砲節を基調としながら、それぞれの土地の会派が独自に工夫して作り上げている。盆踊りの場ではそこに、江州《ごうしゅう》音頭も加わる（速いリズム、激しいビート、もともとは山伏の錫杖を用いた近江地方の祭文音頭だったという）。櫓を主催するのは、多くがかつての農村共同体を基盤とした村――町会単位だが、大阪の芦原《あしはら》橋や、河内松原など、部落解放同盟が主催する大きな櫓もあった。さらに、有名な八尾・常光寺の「流し音頭」や南河内の「切り音頭」、泉州・和泉市の「信太《しのだ》の口説節音頭」など、地元に古くから伝わる伝承音頭も残る。音頭取りたちのほとんどは、ふだんは稼業を持っていて、一年をひと夏の櫓に賭けるセミプロで、プロで活躍しているのはわずかである。そんななかから、出身職業を問わず、毎年いくつもの櫓を掛け持ちする音頭のローカル・スターが生まれていった。そして今も、夏の夜ともなれば、大阪南部から河内地方一帯にかけて無数の盆踊りの櫓が立つ。町内の路地のあちこちから櫓太鼓が響き、赤い盆提灯が夜風に揺れる。そのリズムに身を引かれ、その向こうの闇に吸い寄せられるように、いつしか私は東大阪の布施、松原市、八尾、藤井寺と、河内の最奥部に向かって取材の旅を続けることになった。

そうして二〇〇六年八月私は、鳴門家寿美若を主人公に、ひと夏の河内音頭の熱狂を追ったドキュメンタリー番組を制作した（NHK－BSハイビジョン特集「熱狂！　河内音頭─ヤンレー節 鳴門家寿美若の夏」二〇〇六年九月二六日）。冒頭に紹介した三角公園の櫓も、実のところ、この番組の取材の一環として、釜ヶ崎夏祭りの実行委員会と交渉の末、初めて実現したものである。私の目論見は、河内音頭の物語世界が、河内の最奥部、金剛山の麓の千早赤阪村《ちはやあかさか》から、山を下り、平野を走り、大都会大阪の周縁の、現代の寄せ場・釜ヶ崎へと〝逆流〟する――、そのイメージだった。

それにしても河内音頭の世界を、まとまった形でドキュメンタリー番組にしたのは、おそらくテレビでは初めてのことだったろう。何しろ人気《じんき》の荒いことで知られる河内に、百派千人と呼ばれる会派があり、互いにしのぎを削り、競い合っている。ヤクザの組の親分衆が主催する大盆踊り大会もある。在阪の民放テレビ局ですら、河内音頭の世界はヤヤコシイと敬遠していたほどだ。私も以前、NHKの看板番組だった「NHK特集」に河内音頭の企画（「河内音頭─とっぱもんの夏」）を提案したことがあった。だがその企画は最終段階でボツとなった。その時は〝民謡〟河内音頭を主張するNHKに対し、「民謡鉄砲節」のレコードを出していた鉄砲光三郎《てっぽうみつさぶろう》が著作権を主張して、訴訟沙汰になっていたのである。

それが晴れて日の目を見たのは、一九七〇年代後半以降、ルポライターの朝倉喬司氏や音楽評論家の平岡正明氏らが、三音家浅丸らの河内音頭を現代に生きる最高の語り物芸能として〝再発見〟

し、さらにジャズやマンボやサンバに匹敵する都市のダンスミュージックと称揚して、その魅力を関東にも広めていったおかげもあったかもしれない。いずれにしても私は河内音頭の持つ土着芸能性や、地縁・結縁に生きる河内の人々の、その生き様を描いてみたかったのである。

現役最長老・鉄砲博三郎《ひろさぶろう》

ところで先に私は、三角公園での初めての河内音頭の櫓と書いたが、正確に言えばそれは〝復活〟であった。何故なら、太平洋戦争の空襲で焼け跡と化した大阪ミナミの街が、ようやく復興していった昭和二〇年代末、初めて大々的な盆踊り大会が開かれたのが、この三角公園だったからだ。それは戦前から西成・今池一帯を縄張りとした、博徒のS組の肝いりで開催され、昭和三〇年代まで毎年夏に盛大に執り行われたという。豪勢な櫓に登場したのは、戦後の河内音頭の創成者たち――、一九六一年テイチクレコードから発売した「民謡鉄砲節」が大ヒットし、河内音頭を全国に知らしめた鉄砲光三郎、戦前から勢力を誇った初音節の初音家《はつねや》賢次、セミプロの渡世稼業だが、「唄入り観音経」など絶妙な浪曲音頭を聴かせた先代の井筒家小石丸、さらに光三郎の従弟で、現在も活躍する鉄砲博三郎ら、錚々たる音頭界のスターたちが芸を競い合ったのである。一九二九年生まれ、現役最長老の鉄砲博三郎師匠は、盆踊り場の控室で当時の様子を語ってくれた。

「戦後しばらくの間、天王寺駅から阿倍野にかけて、もうズラーっと闇市が並んでね、食うや食わずで盆踊りどころの騒ぎじゃなかった。私らの子ども時分の盆踊りと言えば、ギターはもちろん三味線の伴奏もない、太鼓ひとつで、数え唄や口説節で朝まで踊ったもんでした。生まれは中河内、今の大阪市平野区。七歳の頃からウチのおばあちゃんに連れられて櫓に行きよったね。その祖母がよくうたってくれた数え唄の音頭が、古い交野《かたの》節という。それから本格的に音頭を取るようになった十七、八の頃に、初めて上がった大きな櫓が、あの三角公園。そぅらあ、おっきな櫓でしたわ、三階建てでね、何しろ、地元の親分の肝いりやから、誰も文句も言わん。うちの光三郎や、戦前から活躍した初音家の太三郎さんやその弟子の賢次さん、井筒家小石丸ら、もうそぅらあ、皆、真剣勝負やった。踊り子さんたちもようけ詰めかけてね、皆、音頭とって、踊れるのがうれしかったんちゃうやろか」

博三郎さんは戦後、吉本興業や松竹にも所属し、大阪や神戸の寄席の舞台でも音頭をうたった。芸歴すでに七十有余年、八十歳を超えてなお、地元の大阪・平野区や、河内のあちこちの盆踊りの櫓で活躍を続けてきた。私も一度、櫓で聴かせてもらったが、十八番の「仲乗り新三」「河内十人斬り」など、自在にして軽妙、何よりもスウィング感溢れるその音頭は、現代的で、今聴いてもいささかも古びていない。すでに伝説的な存在の博三郎師だが、最近、河内音頭の愛好家たちによって、ふたたび熱い注目を集めているのがうなずける。

さて前段がずいぶんとながくなってしまった。いよいよ本題に入ろう。巡りくる夏、老いも若きも人々を熱狂させてやまない河内音頭の魅力——、今では全国津々浦々、どこもかしこも「東京音頭」や「炭抗節」のテープをかけてかりそめの、しかも郊外のショッピングモールの駐車場あたりの片隅で行われる盆踊りと違って、河内音頭こそは本来の、数少ない、地熱を感じさせる、民衆のなかに生きた芸能と言っていいだろう。さてもこの辺で、お見かけ通りの若輩者、とても上手くは詠めないけれど――、ドキュメンタリー「熱狂！　河内音頭」の番組を振り返りつつ、その奥深き世界に分け入っていくことにしよう。

「河内十人斬り」行――辺境から都市へ

一口に河内といっても奥が深い。奈良と大阪、堺の間に広がる河内地方は、大別するなら、枚方《ひらかた》、交野、寝屋川《ねやがわ》などの北河内、八尾市を中心とする中河内、さらに富田林《とんだばやし》、河内長野、千早赤阪村などの南河内と分かれる。生まれも育ちも関東者である私には、いまだにその地理交通がよく呑み込めないのだが、大阪の天王寺、阿倍野、上本町、難波などの各駅からは河内平野を放射状に、JR関西本線、さらに近鉄奈良線、近鉄南大阪線、南海高野線などの私鉄各線が走る。かつて農村地帯、今は大阪のベッドタウンとして急速に都市化が進む町々を通り過ぎれば、やがて、生駒《いこま》、信貴《しぎ》、二《に》上《じょう》、葛城《かつらぎ》、金剛山系と、大和河内の国境の山襞へと分け入っていく。修験道の開祖役行者ゆかりの、善も一言、悪も一言まつろわぬ神、一言主《ひとことぬし》神が鎮座する葛城山、万葉の悲劇の皇子、大津皇子《おおつのみこ》が眠る二上山、その二上山のあわいに落ちる夕陽に、西方極楽浄土を夢見て、かそけき佛びとの面影を追った中将姫の美しき曼荼羅、さらに『太平記』にその名を残す楠木正成《くすのきまさしげ》が、鎌倉幕府の大軍を相手に立てこもった金剛山・千早城址。そして下へ下れば五里三丁、流れも清き大和川、その流域に遺る天皇陵の古墳や遺跡の数々、大和・飛鳥へと続く日本で最初の官道ともいわれる竹内《たけのうち》街道、熊野三山への参詣道として賑わった小栗街道などなど……、古代から河内の国はそれら多くの伝説の山に囲まれ、信仰の道に彩られた場所だった。ところ変われば人の心も音頭も変わる、いささか大仰にすぎたけれど、そのような地勢歴史のなかで生まれ育ち、進化を遂げていったのが現在の河内音頭だと言ってもいいだろう。

さて明治の初め、その金剛山の山麓にある千早赤阪村で、近隣の村々をも騒がせ、後の世までもうたい継がれることになった一大事件が起きたのである。

〝河内の十人殺し〟……欄内にも記したる如く、河内国石川郡赤坂村における此度の殺人事件は実に近年稀なる凶悪事件にて、警察にても夫《そ》れ夫《ぞ》れ手を廻し何とか探り出さんものと夜も碌々《ろくろく》眠らずにおりしが、天道何《いか》でか、かかる極悪非道の者を生かし置くべき漸くにし之を探りたり、此の大悪人は同村大字水分木戸熊太郎と同村同字、谷弥五郎の両人にして、……直ちに何《いず》れかへ影を隠したれど警察署にては其の加害者を知れり探し出で置くべきかと、昨日の如きは布令を下し土地案内に詳しき者八十余名を連れ、渓谷幽山深く分けあたり隈なく捜索せしが、憲兵巡査殆ど失望の体にして……

（「赤坂村十人殺しの余聞」『大阪朝日新聞』、明治二六年五月二六日）

河内音頭のスタンダードナンバーとして今もうたい継がれる「河内十人斬り」。人々を震撼させたその事件が起きたのは、明治二六年五月二五日の未明のことだった。南河内、金剛山の山麓にある赤坂村水分《すいぶん》（現・千早赤阪村）の博打打ち、城戸熊太郎と弟分の谷弥五郎の二人が、熊太郎の妻・おぬいの浮気を発端に、密通相手の松永寅次郎の一家を襲い、家族、親類、幼児を含む村人一一人を殺害したのである。音頭によれば、そもそもの始まりは村の神社の年に一度の盆踊りの晩、おぬいはそこで、村の顔役、松永傳次郎の弟、寅次郎と出会う。妻の浮気を知った熊太郎は松永一家に乗り込むが相手にされず、そこに居合わせたおぬいの母親、おとらに日頃の不行跡をなじられた上、半殺しの目に遭って、傳次郎に博奕で貸した金も踏み倒されてしまう。いよいよ恨みをつのらせ覚悟を決めた熊太郎は、弟分の弥五郎と謀って、日本刀や猟銃を買い込み、翌年五月、ついに決行に及んだ。だが当日、浮気相手の寅次郎は京都に出かけて不在、目的を果たせなかった二人は、傳次郎宅に放火し、金剛山中へと逃げ込んだのである。

事件はすぐに発覚した。大阪府警の応援を得て富田林警察署は、大々的に金剛山中の山狩りを行ったが、二人の行方は杳として知れない。よほど山の地理を熟知していたものか、山中を転々と居場所を変え、時おり、村に降りてきては食料を調達し、二人は逃亡を続けた。そして犯行から半月あまりたった六月半ば、金剛山の奥深く、猟銃で心中し果てた二人の遺体が発見されたのであった。事件の顚末は、当時、富田林の警察署長のお抱え人力車夫で音頭取りだった岩井梅吉によって、すぐさま音頭に唄われ、人々の間に広がっていく。字が読めなかった梅吉は、音頭仲間の松本吉三郎と相談して、現場での見聞を基に、河内音頭改良節の「実録・河内十人斬り」を発表する。そして梅吉は早くも未だ事件の渦中にあった、というか興奮の冷めやらぬ六月に、大阪・道頓堀の中座にかかった芝居「河内音頭 恨白鞘《うらみのしらさや》」の幕間でこの音頭を口演し、以後四五日間のロングランという大あたりをとったのである。

「河内十人斬り」の故郷、南河内に取材に入った。現在、その岩井梅吉の八代目を継ぐのが、河内長野市で音頭の会、岩井会を主催する竹田妙子さんである。梅吉の音頭仲間だった松本吉三郎は、竹田さんの祖父にあたる。盆踊りシーズンの最中の八月初め、河内長野の稽古場を訪ねた。地元の男女、岩井会のメンバー七~八人が集まっている。竹田さんがこれは門外不出のものと取り出して見せてくれたのは、今から一二〇年以上前、祖父が初代・岩井梅吉と共に書き残したという古い台本だった。和綴じの台本で、表紙には墨痕鮮やかに、「城戸熊太郎、谷弥五郎『河内十人斬』」と題名が書かれ、裏表紙には、「事件直後、初代岩井梅吉、松本吉三郎共演、道頓堀、浪花座、中座、角座」と記されている。おそらく当時、初代梅吉は、中座のほかにも大阪道頓堀の劇場で興行を打ったのだろう。竹田さんに、太鼓と囃子を交えて当時そのままの改良節「河内十人斬り」の一節を演じていただいた。地元に古くから伝わる「切り音頭」と「江州（祭文）音頭」をベースにしたものので、八代目の竹田さんの若く張りのある声で唄われるその音頭は、実に軽快、リズミカルでしかも味わい深いものだった。囃子との掛け合いで、音頭が始まる。

イヤ　ドッコイショ　イヤ　ナンジャイナ

アラ　男持つなら熊太郎　弥五郎さんかいな　(チョコザイ)
唄の文句をそのままに　コレ　残る河内の伊達男
コレ　城戸熊太郎　谷弥五郎　コレ　何故に人をば十人も
斬ったりはつったり　したかと　コレ
申してみるなら　お客さん　(チョコザイ)
そりゃそのはずです　一生添うかい　二生添うかい
三升鍋の　ケンケツまでも　真っ黒々に　焦がすかと　(チョコザイ)
かたい条約　さらして　コレ　舌も乾かぬそのうちに
浮気の虫にゃ　とりつかれ　コレ
どえらい　フイゴを　横っちょに　(チョコザイ)
曲げて　くねった　そのために　こりゃ　水分村にゃ時ならぬ
コレ　血の雨がぱっと降る　コレ　恨みの白鞘《しらさや》水分の　(チョコザイ)
十人斬りのお話の　幕明けよ
ソーラ　ヨイトヨイヤマッカ　ドッコイサノセ

『太平記』と「河内十人斬り」の世界

千早赤阪村水分、金剛山中・千早城址へと至る山麓に、建水分《たけみくまり》神社(水分神社)がある。古い石段、鬱蒼とした森に囲まれた風格ある社殿。金剛山鎮守、楠木正成の氏神と伝えられる由緒ある神社である。ここで毎年八月、村の盆踊り大会が開かれるが、この神社の裏手の山に、城戸熊太郎の墓が残っている。熊太郎が生前、凶行の前に自ら建てたものだという。墓は金剛山頂を見晴らす一角にあり、墓石の表面の一部が削り取られていた。案内してくれた氏子代表の竹田さんたち（八代目とは同姓）によれば、当初は関係者も生存しており、村内では熊太郎や弥五郎、事件のことについては口を閉ざし、誰も多くは語らないできた。だが盆踊りの時期になると、村人たちの間に事件の記憶が甦るのだという。参道の石段を下った街道に竹田さんの家があった。その街道はかつて、大阪堺方面から吉野大峯へと向かう修験者や参拝客が行き交う道だった。竹田さんの家はここで旅館を営んでいた。明治二六年の事件の際は警官隊の詰め所として使われたという。

取材当時、ゆうに八十歳を超えておられただろう竹田さんのお母さんに、熊太郎と弥五郎の話をうかがうことができた。

「私がこの家にお嫁に来た時分、もう七〇年近くも前のことですけど、水分神社の宮司さんのおばあちゃんに熊太郎と弥五郎のことは聞いておりました。当時すでに九十歳は超えておられて、でもとても元気な方でした。神社の裏手の山道はすぐ金剛山への道で、熊太郎と弥五郎の二人が山から下りてくると、自分の家の風呂場にかくまって握り飯も作ってあげたとか……。神社にも大勢、警察の見張りがいたのに、ずいぶん度胸のあるお人だったんでっしゃろなあ」

神社もまた警官隊と山狩りの一隊の集合場所になっていた。何とも剛毅なおばあさんだったと想像がつくが、それにしても、いかに怨恨のこととはいえ、女房のおぬいと母親も殺害し、無関係な幼な子まで手にかけたという、この凶悪非道極まる事件を、当時の村人たちはどんな思いで見つめていたのか。もちろん松永一家に苛め抜かれていた熊太郎への、そしてふがいない兄貴分を援《たす》けて死地へと赴く弥五郎の義侠心に、少なからぬ同情心もあっただろう。だがそれよりもむしろ、村人たちの心をとらえたのは、熊太郎と弥五郎の二人が金剛山中へと姿をくらまし、二〇〇人近い警官隊を向こうに回して翻弄し続けた、その逃亡劇ではなかっただろうか。さらに言えば二人が、金剛、葛城、二上といった聖なる山の力に包まれて鬼神と化したその姿に、人々は底知れぬ畏怖の念を持ったのではないだろうか。そしてそこがながい間、村人たちの崇拝を集めてきた大楠公、楠木正成の一党の怨念ひそむ山塊であったとすれば、なおさらのことであった。

『太平記』によれば南北朝時代、鎌倉幕府打倒に立ち上がった後醍醐天皇に味方して、楠木正成は金剛山に雲霞の如く押し寄せる幕府の大軍を、火攻め、水攻め、石攻め、あらゆる奇策を弄して蹴散らしたとある。わずかな手勢による山岳ゲリラ戦であった。明治以降は、天皇に忠誠を尽くした忠君の鏡として大楠公と顕彰されもしたが、その実態は謎多き人物である。近年の研究では、正成は金剛・葛城山系の修験者や山の民に強い影響力を持った土豪で、職能的武士集団の頭だったという説が有力だ。たたらや水銀の精錬技術を持った山の民や、山岳修験の呪術的宗教性を背景に中央権力に反抗したいわゆる〝悪党〟的リーダーであった（野間宏・沖浦和光『日本の聖と賤　近世篇』人文書院、一九八六年参考）。

『太平記』の世界と楠木正成伝説は、南河内の人々の間に、今も土地の誇りとして生き続けている。おそらく明治初めの文明開化の頃、楠木党の末裔たる山村の村人たちは、中世の情念そのままに、その自然的霊性のなかで暮らしていただろう。そして降って湧いた「十人斬り」の事件、人々は畏れ、怯えながらも、その感情とはうらはらに、彼らの遠《とお》つ祖《おや》への記憶の糸を、その奇縁結縁を、思い出さずにはいられなかったに違いない。いずれにしても、初代・岩井梅吉がうたい広めた、〝新《しん》聞《もん》詠み〟の改良節音頭、「河内十人斬り」は河内音頭の大きなエポックになっていく。そしてそれが、大阪道頓堀の寄席の舞台を経由してふたたび河内の農村地帯へ、仏供養の盆踊りの場へと還流していったことはとても刺激的で暗示的だ。

ちょうどその頃、明治初めから二〇年代にかけて、村々で唄われていた音頭は大きく変わりつつあった。それまでの狭い村落共同体の枠を逸脱して、新たな音頭が辻へ、街道へ、そして都市へと踊り出していく。例えば北河内では、初代梅吉に先駆けて、河内茨田《まった》郡野口村（現・大阪府門真市）に生まれた歌亀なる人物が、地元の古い交野節を自己流にアレンジして、歌亀節という新しい音頭を作って人気を博していた。それは従来の七・七調、七・五調の口説き、数え唄の定型を崩した自由な語り口を身上としていた。おそらく開化の時代となって、矢継ぎ早に流れ込んでくる新奇な情報や出来事を、その音頭にうたい込んでいったものと思われる。歌亀は「亀一流」と書いた幟を立てて村々をうたって回った。そこではチョンガレや浮かれ節など、近世末期の漂泊の大道芸が、葭簀《よしず》張りの小屋掛けの〝ヒラキ〟や、やがて寄席の舞台へと進出して、浪花節という新たな都市芸能を作り出していった道筋と重なり合う。

近代の幕明け、大阪では造幣局に全国初のガス灯がともり、群馬の富岡製糸場と並行して、渋沢栄一らによる初めての紡績工場が建設された。明治二二年には大阪難波・天王寺から、平野、八尾を経由して南河内の柏原まで、鉄道、関西線が開通する。河内の人々も近代という得体のしれない風圧にさらされていた。仇討、義兄弟の絆、山の呪術性などといった前近代的土着的な世界は、片すみに追いやられようとしていた。だが民衆の心はそう簡単には変わらない。「河内十人斬り」の爆発的なヒットは、そのように押し寄せてくる近代文明への、民衆自身の無意識の心的作用（あるいは反作用）だったのかもしれない。そしてその心的現象は、河内びとにはすぐさま身体的律動、炸裂する〝うた〟と踊りのリズムとして現出した。いわば〝踊る百姓一揆〟である。それは西洋文明の物質的な速度とは対極的な、人間の心的速度であり、芸能の底を流れる強靭な復元力であった。

河内音頭は疾走する――。

と、ここまで書いてきて、私は河内音頭でその後に演じられた「十人斬り」の、ひとつの印象的な名演を思い出す。それは大正時代から戦後にかけて活躍し、現代の音頭の基礎を築いたと言われる初音節の、初音家太三郎（大阪平野出身、本名倉山太三郎）が晩年に残した貴重な録音である。ちなみに太三郎は、大正三（一九一四）年、大阪電気軌道（近鉄の前身）の生駒トンネル開通式の、工事犠牲者供養の大盆踊り大会にも参加している。この時の盆踊りは、河内中の音頭取りが集まって、数日間ぶっ続けで行われたという。

さて、初音家太三郎の「河内十人斬り」の録音だが、その音頭のマクラでは、いわく地元の「早口音頭」、――アリャリャン、コリャリャン、ドッコイサノセと、巧みな節回しを取り入れながら軽妙に、水分神社の盆踊りの夜、美貌のおぬいに手をかけようとする村の若い衆、そこに通りかかった寅次郎、そもそものことの始まりを述べていく。やがて二人の関係が村中の噂になって痺れを切らした弥五郎が、兄貴分の熊太郎に知恵を出し、熊太郎はおぬいに、大阪道頓堀に大きな博奕ができたと偽って家を留守にする。案の定、そこへノコノコとやってきた寅次郎、深夜二人の寝間へと忍び込んで、現場を押さえた弥五郎が一刻も早く兄貴に知らせんものと思案をするのだ――このまま夜が明けたら、柏原のステンショから一番の汽車で兄貴に知らせたろか、いやそれでは遅すぎるわい――、ええい、ままよと外へと飛びだした弥五郎、河内の夜の闇紛れ、一路、赤坂村から大阪道頓堀へと走り抜けるのである。ここからの太三郎の弥五郎駆けつけのくだりが圧巻である。疾駆する弥五郎の息づかい、やがて白々と夜が明けてきて遠くにかすむ国境いの山々、河内平野の名所旧跡、寺社や地名、情景が次々と、パノラマのように繰り出されていく。それは説経節の道行きの、お急ぎあれば程もなく、例えば照手姫の車引きの段のフシや、さらに浪曲の駆けつけの（堀部安兵衛の高田馬場など）セメの節遣い・唱法が、音頭のなかに踏襲されているのである。

水分村から富田林、菅原道真ゆかりの道明寺から藤井寺観世音、狒々《ひひ》退治の豪傑・岩見重太郎の伝説織り交ぜ、菊水の流れも清き大和川へ、堤防を西へ西へとまっしぐら、その頃できた明治橋を渡って一路北上、大阪めざして駆け抜ける弥五郎、やがて平野の大念仏寺を横目に見て、四天王寺の石舞台、坂道を西に下って今の恵美須町《えびすちょう》を右に折れ、左手にその頃悪名高き長町スラム通り過ぎ、日本橋筋ひた走り、熊太郎の逗留する道頓堀の河内屋旅館へと駆けつける、夜はすっかり明けそめて、東の空に夜明鴉がカァー、カァー、カァーと、ここまで息もつかせず一気に詠み上げる太三郎の至芸は到底紙面に再現することはかなわないが、それにしても、この眩いばかりの疾走感と躍動感は、一体何と表現すればいいだろう。太三郎師の音頭はひとまず、ここで終わっているが、音頭「十人斬り」では、この後道頓堀の芝居小屋に繰り出した、熊太郎と弥五郎の二人が、芝居の「吉原百人斬り」を観て奮い立つという、すこぶるつきのオチまで用意されている。河内音頭は止まらない——。

八代目岩井梅吉——千早赤阪吉年《よどし》の盆踊り

つい、調子に乗ってしまったが、取材の現場に戻ることにしよう。南河内の八代目岩井梅吉、竹田妙子さんの一行は、建水分神社よりもさらに金剛山の奥深く、山中へと分け入った千早赤阪村・吉年の集落へと向かっていた。竹田さんは毎年、この吉年の集落の盆踊りで音頭を取る。吉年は五十世帯余りの集落だが、盆踊りの会場に着いてみて仰天した。櫓の高さは七〜八メートルもあるだろうか、二階立てで、見上げるばかりの威容を誇っていた。櫓の足元には直径五尺（約一・五メートル）に足る大太鼓が据えられている。櫓のてっぺんには、八代目岩井梅吉の社中が陣取り、下では村人たちが音頭に合わせて、替わる替わる、その巨大な太鼓を打ち鳴らすのである。

この吉年の盆踊りで、竹田さんがうたったのはお家芸の伝承音頭、「切り音頭」。外題は、これも初代梅吉の作になる「大楠公」。古戦場のひとつ、赤坂城跡にも近く、背後には黒々と、紀州山脈へと連なる金剛の山々が聳えている。これ以上の演目は考えられないような気もした。ドドーンと地を揺るがすような大太鼓が鳴り渡る。櫓の壇上では囃子を従えた八代目梅吉、竹田さんが「切り音頭」のゆったりとした節にのせて、手振り身振りも愛嬌たっぷりに、朗々とした声で音頭を取る。

アーリャリャン　アーヨイヨイ
めでためでたの　コラ　下赤坂城址
上赤坂城址に　千早の城高く
イヤードッコイサノサ　コラ　ヨーイヨイ
エー上がる菊水　ヨイヤレ　金剛連峰
湧く勝鬨《かちどき》に　太鼓踊りのこの晴れ姿
ソーラ　ヤーレサッサ　ドッコイサーノ　ドッコイサーノセ
幼少楠の　ヨイヤレ　多聞丸さんが
俊足鬼人の　コラ　あの神童でまた
イヤードッコイサノサ　コラ　ヨーイヨイ
河内のド根性　コラ　知ったかいな　高時

金剛山中、吉年の由緒ある盆踊りでうたう8代目岩井梅吉さん。
櫓の下の大太鼓を村人たちが代わる代わる叩いて拍子を取る。

どん百姓にもエー　コラ　ちょっと骨筋がある
時の帝は　ヨイヤレ　後醍醐天皇　護良親王
仕え奉りて　あの　大楠公
ソーラ　ヤーレサッサ　ドッコイサーノ　ドッコイサーノセ

櫓の頂上には菊水の幟に紅白の幔幕、飾りつけられた笹竹青竹がめぐらされて、さながら楠木一党が立てこもる山城の風情。してみれば音頭を取る八代目梅吉は、初陣高らかに鬨の声を上げる女武将といったところか。『太平記』の世界そのままに、時の執権、北条高時が差し向けた数十万の大軍を迎え撃つ、楠木軍の気概が誇らしげに語られていく。

普段は金剛山中の、何事もない静まり返った山村だろう。だが村人たちは七〇〇年もの長い間、往古の山の戦《いくさ》の記憶を毎年の盆踊りの場に育んできた。私は、屈託のない笑顔を見せて踊り続ける村人たちの姿に、彼らこそ南北朝の時代、元弘の日、血を滾らせ山中を疾駆した山の民の軍勢、あの楠木党の末裔にちがいないと想像した。私たちがたまさか紛れ込んだのは、まごうことなく、河内最奥部の、輝ける闇の境界であった。

ドドーン、ドドーン、強者どもが夢の跡、村人たちが打ち鳴らす大太鼓の野太い音が、闇を震わせて、どこまでも響き渡っていく。

金剛山に響く「河内十人斬り」——甦るスタンダードナンバー

さて河内音頭の定番中の定番、「河内十人斬り」は前述の初音家太三郎をはじめ、浪曲師の京山《きょうやま》幸枝若《こうしわか》や、鉄砲光三郎ら数多の音頭取りによって現在までもうたい継がれている。だが〝本場〟の千早赤阪村では、ことに建水分神社の盆踊りでは、事件以降一度も櫓にかかったことはなく、半ばタブー視されてきた。

そもそも仏供養の盆踊りの場とは、閉ざされた村落共同体の、年に一度のハレの空間であり、同時に死者と生者が出会いする場所であった。彼岸と此岸、この世とあの世の境界、その境界に古来、〝物狂い〟としての芸能が踊り立つ。この時の取材では、私たちは氏子の方々との相談の上、許可をいただいて、この「河内十人斬り」の外題を、実際の事件から一二〇年の時を経て盆踊りの櫓で初演することにした。演じていただいたのは、鉄砲節河内音頭の本格派、「忠臣蔵」や「勧進帳」など講談ネタの重厚な音頭もよくする鉄砲光丸師匠である。光丸さんは河内音頭連合会の会長も務め、東京錦糸町《きんしちょう》の「すみだ錦糸町河内音頭大盆踊り」でも大きな人気を博してきた。

金剛山の麓、建水分神社の年に一度の盆踊りの夜、今夜はあの「十人斬り」がかかるわいと村人たちが集まったかどうか、老若男女の盆踊りの場には、心なしか張り詰めた空気が流れていた。撮影をする私たちも少しく緊張した。それもそのはず目と鼻の先のすぐ近くに、あの名にし負う熊太郎と弥五郎の二人がたたずんでいるかもしれぬのだ。

楠木の古木だろうか、鬱蒼とした樹々に囲まれた鎮守の森に、櫓太鼓が鳴り響いて音頭が始まる。

「イヤコラセー　ドッコイセー」。櫓中央、浴衣の着流しに下駄を履き、両足しっかと構えた光丸さんが、お馴染みのギターのイントロにのせてうたい出す――。

エー　縁《ゆかり》も深き古戦場
闇に轟く銃声は　ヨオホーイホイホイ
こらえこらえた胸のうち　引くに引けない男の意地と
頃は明治の二〇と六年　五月二五日の嵐の夜
水分村にすまいする　松永傳次郎はじめとして
十人殺した大事件　ヨオーホーイホイ
里の童の子守唄　男持つなら熊太郎弥五郎
唄の文句に残ります　十人斬りの　お話よ
サーノヨイ　ドッコイセ　サノヨイヤーサッサー

盆提灯にほの紅く、照らし出された櫓の上で、三味線、太鼓、ギターのリズムセクションを従えて、光丸さんの精魂込めた熱演が続く。最初は遠巻きに見ていた見物客も、いつしか一心不乱に踊り出している。やがてクライマックス、金剛山の奥深く、熊太郎と弥五郎の心中場面へとさしかかる。巻き上げていた一陣の風が、さっと止む――。村人たちはまるで一二〇年前の盆踊りの場にタイムスリップしたかのように、櫓を見上げ息をひそめて、その成り行きを見守っている。決行前に自分の墓を建てた熊太郎と弥五郎の二人は、もとより死覚悟であった。山を下りて、捕縛の手にかかるなど考えようもなかった。もちろん彼らの山中での行動も、その心情も誰も知る由はない。だが、恨みを呑んだ二人の凶徒の、その数奇な義兄弟の魂は、山の霊性に殉ずるほかに救われる方途はなかった。そしてただひとえに人々は、仏供養の盆踊りの場の、束の間の空間に、二人の消息を、冥界からの声なき声を聴くのであった。

音頭が聞こえてくる。おそらく最期に及んで弥五郎がその口火を切ったことだろう、——死ぬも生きるも兄貴ィ、地獄の底まで二人連れやでェー、猟銃を取り出した熊太郎が弟分の弥五郎を手にかける、弥五郎が言う、——兄貴ィ……、もう目が見えんようになってきた……、兄貴の墓も、ワイの墓も、身分に過ぎる立派な墓を建てた、もうこの世に思い残すことはない、ああ……、兄貴がよう唄うてくれた、あの河内音頭が、耳に聞こえてくるような気がする……、兄貴ィ——、弥五郎オォ——、声をかぎりの熊太郎の絶叫が、夜の闇に吸い込まれていく——。

名状しがたい、言葉にならない感情が鎮守の森の境内を覆っていた。人々はしばし踊りの手を休めて、「河内十人斬り」のその余韻のなかに立ち尽くしていた。やがて櫓に地元の音頭取り、浮連《うかれ》家音駒《やおとこま》の社中が上がり、打って変わった軽快な音頭が始まると、ふたたび息を吹き返したように踊りの輪が動き始める。この夜、年に一度の水分神社の仏供養の盆踊りは、いつになく夜が更けるまで続いたのであった。

東京・錦糸町「河内音頭大盆踊り」

「大楠公」「河内十人斬り」、南河内を舞台に現代河内音頭の源流を辿ってきた。ここで、東京錦糸町で毎年開かれている河内音頭大盆踊りについて触れておこう。東京で本場の河内音頭を聴いて踊れるというこの画期的な盆踊りは、そもそも一九八〇年代半ば、朝倉喬司氏を〝隊長〟とする「全関東河内音頭振興隊」の〝音頭狂い〟のメンバーたちの尽力によって、実現したものだった。その前哨戦は、当時河内で絶大な人気を惜しまれつつ早世した、三音家浅丸（一九八一年没）の追悼の意を込めて、同じ錦糸町の北口商店街にあったパチンコ店、銀星ホールの二階の劇場で朝倉らが、「いてまえ！」と企画したライブコンサート「河内音頭・東京殴り込みライブ」であった。以来この墨東の河内音頭大会は、墨田区の後援も受けて、年々大勢のファンが詰めかける一大イヴェントとして成長し、現在に至っている。

私が初めて、鳴門家寿美若さんのヤンレー節河内音頭を聴いたのも、この錦糸町の櫓だった。当初、河内から遥々《はるばる》錦糸町に乗り込んできたのは、河内音頭親睦会の各会派の音頭取りたち――、浅丸さんとは親友でライバル同士だったという日乃出家《ひのでや》小源丸《こげんまる》、三音家の家元と呼ばれていた三音家勝子《かつこ》、浅丸の跡を継いだ三音家浅王丸、浅丸のバックで名三味線を務めた浅司こと司家征嗣、鉄砲節の河洲（鉄砲）光丸、さらに初音家寅若、鳴門家寿美若、五月家一若ら若手の実力者たちだった。当時私は、日本の語り物芸能に興味を持って、NHKの教育テレビ（現・Eテレ）で浪花節を取材した「浪曲と日本人」や、朝倉さんの感化を受けて、門司《もじ》や九州のテキヤさんたちのバナナの叩き売りの唄を追ったドキュメンタリー番組などを制作していた。そんな時、河内音頭の精鋭、個性的な実力派が勢揃いした錦糸町での櫓を目のあたりにして大きな衝撃を受けたのである。頃はバブル華やかなりし時代、もはや過去のものになりつつあると思えた語り物の世界、意地と人情の世界が、そこではアクの強い河内の唄い手たちによって生き生きと演じられていく。芸能が生き続けている。そしてそれは強烈な踊りのリズムに乗っていやが応にも、場に増幅されていく。何より、演者たちが次第に物語の主人公に成りきっていく高揚感と迫力、大げさに言うなら、彼らが何ものかに〝化身〟していくその姿に瞠目したのである。

そもそも河内音頭で演じられるのは、講談や浪曲、映画などで、繰り返し大衆の心に沁みついていった物語が多い。例えば国定忠治や吉良の仁吉や、赤穂浪士の堀部安兵衛やミカン船の紀伊國屋文左衛門、お馴染みの八尾の朝吉「悪名」伝や「王将」坂田三吉物語、さらに土地にゆかりの「石童丸」や「俊徳丸」といった中世以来の説経節の演目、そして定番の「河内十人斬り」をはじめ時事ネタを取り入れた「新聞詠み」等——。

ついでに言うと、この錦糸町の盆踊りで、当時若手の五月家一若が演じた新作音頭「サチコ」には度肝を抜かれた。広島の被爆乙女を主人公にしたもので、原爆で廃墟と化した死の町を、我が子の名を絶叫しながら捜し回る母親の姿——、河内音頭の芸能的領域は実に豊かで、奥深いのである。

そんななか、ひときわ土地の匂いを運んでくるようで、心に残り続けたのが鳴門家寿美若の演ずる「ヤンレー節河内音頭」だった。

鳴門家寿美若の「ヤンレー節」

ヤンレー　河内平野のただ中で
生駒　葛城　信貴　二上
下へ下れば五里三丁　清き流れの　あの大和川
ヤンレー　ヨイトサンセノ　ドッコイショ

ヤンレー　秋は芝生の枯草の
花の司の牡丹でさえも　冬は菰《こも》着て寒忍ぶ
梅の花とて　散りそめて
ヤンレー　春爛漫の花盛り
手拍子揃えて歌ったのも　青葉若葉の五月も過ぎて
六、七月は　あの田植え時
ヤンレー　巡り来ました八月の
仏供養の盆踊り　老いも若きも手を取って
松も植えねど　植松の
イーヤンレー　ヨイトサンセノ　ドッコイショ

（「ヤンレー植松」作詞・鳴門家寿美若）

河内平野をゆったりと流れる大和川、八尾市植松、吹き渡る風のように「ヤンレー節」が聞こえてくる。ドキュメンタリー番組「熱狂！　河内音頭」は、河内平野の各地に音頭の源流を訪ねながら、八尾市に住む鳴門家寿美若一門のひと夏の櫓にかける日々を追ったものだ。

鳴門家寿美若、本名・北沢幾夫さんは一九四六年、中河内の農家に七人兄弟の末っ子として生まれる。十五歳の時、八尾市の親類の家に養子に出されたが、夏になると実家の兄たちに連れられて、毎晩のように盆踊りを見て歩いたという。兄たちは皆、芸事が好きで、なかでも三番目の兄、実さんは兄弟のなかでも一番河内音頭が上手で、近隣のあちこちの櫓で自ら音頭を取った。お盆の一日、亡くなった兄たちの墓参りに同行させていただいたが、寿美若さんは、その実さんの面影を、自転車の後ろに乗せられて盆踊りに通った夜の思い出を、まるで昨日のことのように懐かし気に話してくれた。おそらく肉親と離れ、ひとり、養子に出された寂しさもあったことだろう。盆踊りのシーズンこそは兄たちと再会し、好きな音頭を思う存分聴くことができる。そんな兄の影響もあってか、寿美若さんは十八歳になると地元の櫓に飛び入りでうたうまでになったという。以来四十有余年、今に続く寿美若さんの芸の底には、その頃、少年時代の夏の日の、切なくも熱い盆踊りの記憶が沁みついているような気がする。

高校卒業後、大阪市の職員として働きながら、寿美若さんは独力で河内音頭の会派を立ち上げる。芸事の才能は生まれ持ってのものだった。余談だが、寿美若さんは若い頃、音頭が途絶える冬の間、地元で行われるのど自慢歌謡大会に出演し、いつも賞をさらっていたという。だが、その寿美若さんもかなわぬほど唄の上手いひとりの天才少女がいた。それが、後の演歌歌手、天童よしみだったという。

「ヤンレー節」は、地元の八尾市植松で江戸時代から大正時代までよく唄われていたという古い盆踊り唄だった。寿美若さんは、地元の古老で、音頭の上手だった池永末吉翁から、この「ヤンレー節」をはじめ、近隣の村々の盆踊りで唄われたという「半九郎節」や「ジャイナ節」など、伝承音頭を習い覚える。「何や知らん、年寄りの唄を聴いていると、河内の土地の匂いっていうんか、懐かしさがこみ上げてくるようだった」と、寿美若さんは述懐する。それらの伝承音頭のルーツは定かではないが、ことに「ヤンレー節」など短音階のマイナー調で歌われるその哀調ある節回しは、流しの瞽女《ごぜ》たちがうたった「ヤンレー口説き」とも似通っているように思える。さらに池永翁の話では、昔の盆踊りは、暗闇で男女が提灯を持って踊る、何とも幻想的なものだったという。いずれにしても、寿美若さんはその古い「ヤンレー節」を、テンポの速い現代河内音頭に取り入れて、独特の風情と哀感を醸し出す、ほかにはない河内の音頭を作り出していったのである。

いざ出陣！　鳴門会の夏――「桂春団治・道頓堀情話」

鬱陶しい梅雨の明けるのを待ちかねたように、河内音頭の夏は始まる。七月から九月の初めにかけて、ほぼ二カ月の間、大阪以南、河内平野の北から南まで千以上の盆踊りの櫓が立つ。前に述べたように主流の河内音頭をはじめ、錫杖片手にデロレン、デロレンと古色豊かな江州音頭、泉州音頭や切り音頭、あまた取り交ぜて、音頭取りも踊り子も、老若男女が、地縁結縁の土地の匂い湧きたつ、盆踊りの季節に酔いしれるのだ。

二〇〇六年、私たちが初めて取材に訪れたのは、まだ梅雨の明け切らぬ七月の中旬、鳴門家一門の初櫓の日だった。場所は大阪住吉区我孫子の小学校の校庭。寿美若さんの一行は、毎年この櫓の盆踊りで音頭を取る。贔屓の地元の人々も心待ちにする「ヤンレー節」、出陣式を済ませて乗り込んだ初櫓は、この日のために練習を積んできた一門の弟子たちにとっても緊張する晴舞台である。ちなみに鳴門会の副会長で、ギターを担当する秀若《ひでわか》さんは寿美若師匠の小・中学校時代の同級生、さらに職場のかつての後輩で、三味線を務める文若《ふみわか》さんをはじめ、当時一三人の弟子たちは、それぞれ会社員、公務員、植木業、精肉店、主婦など職業は様々。だが皆、師匠の技倆と人柄に惹かれて集った音頭の仲間たちである。幼い頃から父の河内音頭を聴いて育った長女の美佳さんと、長男の弘則さんも、今はそれぞれ結婚して家庭を持っているが、鳴門会のメンバーに加わって活動を共にしてきた。

朝から降っていた雨も午後にはあがって盆踊りが始まった。初櫓の一番手を務めたのは植木職人の源ちゃんこと鳴門家源寿一《げんすい》さん。もう年配で、少し頭も禿げ上がって口ひげをたくわえ、いかにも植木屋の大将といった風情。根っからの音頭好きで芸能好き、寿美若師匠を慕って弟子となった。八尾市の駅前でカラオケスナックの副業も営んでいた。演し物は十八番の「木曽節仲乗り新三」。

続いて鳴門会の中堅で精肉店を営む美若《よしわか》さんが、「紀伊國屋文左衛門」の一席を男気いっぱいに堂々と演じる。さらに平成天皇に風貌がそっくりな鳴門家天寿さん、演じたのは「上州やくざちびの大三郎」。時おり笑みを作って鷹揚に、片手を振り上げる仕草が笑いを呼んでいた。天寿さんは江州音頭もよくする芸達者である。そして櫓に登場したのは、寿美若さんの長女の美佳さん、芸名は鳴門家寿々佳《すずか》。寿々佳さんがこの夜演じた外題は、説経節の題材を寿美若さんが脚色した「石童丸」。高野山を舞台にしたこの物語は、高野山へ発心出家した高名な武士である父親を探して、その子、石童丸と母の御台所の二人が、遥々九州、筑前の国から訪ねてくる。だが女人禁制の掟に阻まれて、母親は山には入れず、ひとり幼い石童丸が高野山に上って父を捜すが、父の刈萱《かるかや》同心は我が子と知りつつ、名のりを上げず、麓に残した母も長旅の疲れで病に臥してこの世を去ってしまう。家族の情愛と葛藤の果てに、やがて成長した石童丸は仏門に帰依していく。この説話は、高野聖たちが民衆の間に語り広めたとも言われる。寿々佳さんは、この古い説経節の愛別離苦の物語を、父親ゆずりの艶のある美声で、切々と、「ヤンレー節」にのせてうたい上げていく。

さて盆踊りもたけなわ、トリを務める寿美若師匠が、櫓の壇上に上がった。会場からは、ひときわ大きな拍手が沸き起こる。すらりとした長身、紺地に艶やかな猪鹿蝶と桜の絵柄を染め抜いた浴衣に博多の帯をきりりと締めて、寿美若さんの得意ネタのひとつ「道頓堀情話・桂春団治」が始まった。

エー雨の大阪道頓堀は　雲母《きらら》舞い散るネオン花　ヨーホーホイホイ
河原柳に戯れりゃ　色も香りも花町の　一夜の夢と知りながら
濡れて靡《なび》いた恋柳　イヤコラセー　ドッコイセ

男の命を高座にかけて　わいは噺家春団治
扇子一本口先三寸　行くが一筋　この芸の道よ
ヤンレー　時は移ろい　日はまた暮れて
道頓堀に灯がともりゃ　変わらぬ町の賑わいに
今日も出囃子　あの寄席太鼓
イーヤンレー　ヨイトサンセノ　ドッコイショ

芸のためなら女房も泣かす――、御存知、浪花の噺家、あの桂春団治の物語である。寿美若さんの音頭には、この春団治ともうひとつ、河内生まれで、かつて一世を風靡した万才師、砂川捨丸の演目もある。貧乏で差別された境遇から、おのれの器量と才覚ひとつで這い上がっていく芸人魂、そこでは河内男の熱い血と、うらぶれた芸人の悲哀が同居する。寿美若さんの河内音頭「桂春団治」では、病に倒れた春団治が、命をかけた芸人人生を回想して一人娘のおふみに語って聴かせる、その構成が秀逸である。いまわの際の春団治の耳に、あの世から寄席太鼓が響いてくる――。浮き浮きとした河内音頭のリズムが、やがていつしか、哀感こもる「ヤンレー節」の旋律へと乗り移っていく。女道楽も芸のうち、だが恋女房おとみに心底支えられ、日本一の噺家めざす春団治――。寿美若さんの心を込めた唄声が、あの世とこの世のあわいを行きつ戻りつ、男と女の情景の、その深い心の襞に分け入っていく。「この春団治のこっちゃ、あの世へ行ったらなァ、別嬪はんの後家さんもぎょうさんいてはるし、うまい酒飲んで、地獄の閻魔さんに、おもろい落語聞かしてやるんや」。そんな精いっぱいの芸人の生き様は、音頭にかける寿美若さんの芸の道にも一脈通じ合ったことだろう。限りない愛着込めて寿美若さんは熱演する。盆踊りの一座の聴衆も酔いしれて、夏の初めの初櫓の一夜は、熱く、静かに更けていく。

寿美若と音頭の仲間たち

八尾市植松。夏の盆踊りシーズンに向けて、鳴門家一門の稽古は、新年早々正月明けから週に一度、寿美若さんの自宅で行われてきた。鳴門会の受け持つ盆櫓は、前述の住吉区我孫子の盆踊りを手始めに、大阪生野区巽、寿美若さんの生家に近い堺市美原区の黒山、八尾市河内音頭祭り、さらにこの時の取材が縁で、地元植松で途絶えていた盆踊りを復活させた、渋川神社の奉納盆踊りなど、九月初めまでほぼ毎週開かれている。稽古は毎週火曜日の夜、それぞれの仕事を終えた弟子たちが、三々五々集まってくる。自宅の一室には櫓太鼓が置かれ、壁には毎年夏の鳴門会の盆踊りのポスターが張られ、スケジュール表が張り出されている。ギターは副会長の秀若さんと長男の広則さんが担当、三味線は文若さん、太鼓は清若《きよわか》さん、ひろしさんの二人、そして音頭も取るが、ヤンレー節の囃子を務める寿々佳、寿恵美《すえみ》、喜久美の女性陣。寿美若師匠によれば、弟子たちには細かい節回しやリズム、間の取り方など、手取り足取り教えるのは春先までのことで、夏が近くなってくると本番を意識した通し稽古になるという。たまたま私たちが訪れた日は、寿美若さんはまだ入門したばかりの若い弟子、加寿若《かずわか》さんに細かい稽古をつけていた。加寿若さんは長男、広則さんの高校の同級生で、音頭取りに憧れて入門したという。師匠の一節一節、口移しの厳しい指導に、加寿若さんは先輩たちに見守られながら、息を切らして、一生懸命応えていた。

一通り弟子たちの持ちネタが終わり、じっと聴き入っていた寿美若師匠が口を開いた。「皆、自分だけ上手く唄おうと思って縮こまったらあかん。櫓上がったら下向かんと、まっすぐお客さんの方を見て、ことにマクラは、ツカミといって、にっこりと笑顔を作って始めるんや、特に女性は愛嬌たっぷりにな。寿恵美、わかっとるんかい」

弟子のひとり、鳴門家寿恵美さんは、慶尚南道《キョンサンナムド》出身の在日韓国人の女性だ。河内に暮らして三〇年になる。釜山《プサン》に住んでいた日本人の男性と知り合って結婚し、一緒に大阪へやってきた。夫は現在、長男と共に八尾市内で下請けの鉄工所を経営する。寿恵美さんは何より歌が好きで、慣れぬ異国暮らしの日々、生まれ故郷の釜山の沖合の島に一人残した老母を思って、よく自分で歌をうたったという。やがて日本人の友人もできて、河内の盆踊りに連れていってもらった。最初は櫓太鼓の響きに惹かれた。そのうちに音頭も覚えたのだという。そんな寿恵美さんに、寿美若師匠が伝授したネタは何と「岸壁の母」であった。敗戦後、粉雪舞い散る舞鶴の港に引揚げ船が帰ってくる、もしや今日こそは我が子がのってはしないかと、来る日も来る日も岸壁にたたずむ母一人……、二葉百合子の浪曲演歌で、日本中の感涙をしぼった物語だ。寿美若さんが言う。「自分もこの曲が何故か大好きで、知り合いの音頭取りに台本借りて、自分なりに彼女のために脚色した。最初に寿恵美の唄を聴いて、何と唄の上手い奴ちゃと思ってね、音頭うたったらどうだろうかと。エライっていうんか、はるばる韓国から国境越えて、海峡越えてね、そしてこの河内の芸能というか、音頭を習いたいというのが、何やとてもうれしくてね」

この「岸壁の母」をうたう時、寿恵美さんは息子の新二が母を呼ぶ場面で、いつも胸が詰まって、涙が込み上げてくるのだという。「櫓の上で、おかあさーんと絶叫するシーンがあるんですけど、その時私はいつも上を向いて、夜空を見上げて演じてるんです。その場面にくると、夜空に向かって精いっぱい声出してね、故郷《くに》のオモニに、この声届かないかと思って……。あまりに思い入れて、次のセリフを忘れちゃうこともある」

寿美若師匠を慕って集った弟子たち、稽古場でのやりとりを聞いていて私は、音頭の仲間たちのその深い絆、優しさに心を打たれるような思いがした。いつもぶっきらぼうで、鷹揚に構えている寿美若さんだが、この日はいつになく饒舌に語ってくれた。

「我々は素人だから、素人ということはつまり土地の匂い、この河内の風景をうたう。それからやっぱり一番大事にしてきたんは、一緒に音頭やってきたメンバーたちやね。この寿美若の音頭もひとりで作ったんやない、皆で作ってきた。こんなしょうもない自分に寄ってきてくれて、ホンマは皆に感謝しとるんや。それこそ自分の生涯の、かけがえない財産やと思うとるわけや」。寿美若さんはそう語った。それは師匠も持たず一代の芸を作り上げてきた寿美若さんの、偽りのない言葉だったろう。それにしてもそんな師匠の一言を、弟子たちは初めて聞いたかもしれない。皆、じっと黙って噛みしめるように、寿美若さんの話に耳を傾けていた。それぞれに皆、自分の人生があり、境遇がある。家族を支え、つらい仕事や家業をこなしてきた。彼ら弟子たちにとっても、河内の風土に奥深く根ざした音頭の世界は、そんな日常や現世のしがらみを忘れて血が騒ぐ、特別な時間、何ものにも代え難い時間なのであった。

寿美若さんと二人、夏の夕暮れの大和川の堤防を歩いた。ゆったりとした流れの向こうに二上、葛城の山並みが見える。寿美若さんは、十六、七の頃、この河原で河内音頭の練習に励んだという。「自転車に太鼓くくりつけてね、友達と二〜三人でここに来て、冬なんか吹きっさらしで、寒くってね、浪曲師なんか声を涸らすまで稽古するって聞いてたから自分らも真似してね。ある時、巡査が来て、お前ら何してるんだと言うから、音頭の稽古だって言ったら、そうか、がんばれよって帰っていった。やっぱり、自分にとって一番大切やったんは、ヤンレー節との出会いだね、この河内の土地や人情っていうんか、自分で音頭取ってても、「ヤンレー節」のくだりをうたうと、何やホッとしてくる」

大和川の流れを見つめて寿美若さんが、「ヤンレー節」の一節を口ずさむ。耳に聴き覚えたその哀切なメロディーが、きらきらと夏の夕陽に照らされた川面を流れていく。

奇跡の音頭、「俊徳丸」――被差別と芸能

さてここでふたたび、河内音頭の歴史的、芸能的水脈に戻ってみることにしよう。ひときわ貴重な音源が残されている。戦後、河内音頭の代表的な会派である初音会の会長を務め、プロとしても活躍した初音家賢次がうたった音頭、「俊徳丸」の録音だ。「俊徳丸」は、地元・河内にゆかりのある古い説経節の題材で、吹き込まれたのは昭和三〇年代、場所は八尾市の、櫓ではなく、座敷音頭で語られたとある（河内音頭宗家初音家顕彰記念CD『甦る！伝説の名調子〜俊徳丸〜』）。もともとは師匠、初音家太三郎の作らしいが、三味線を使わず、太鼓と囃子だけでうたい切る初音家賢次の音頭の迫力は、芸能の古層から突き上げてくるような語り、フシ回し、リズム、息遣い、ことごとく圧巻で、物語の深奥へぐいぐいと引き込まれていくような、まさに奇跡的な録音と言っていい。物語は、河内の国、高安（現・八尾市山畑辺り）の二代長者、信吉の子・俊徳丸が、継母の呪いを受けて盲目の病者となり果て、神仏にすがって流浪と差別の果てに、許嫁の乙姫の愛の力、そして清水観世音の霊験によって甦るというものだが、初音家賢次師は一時間近い長丁場の演目を、七・七調の語りを連ねて正確無比に一分の狂いもなく、主人公、俊徳丸の境遇をリアルに、一気呵成に詠み上げていく。一聴して私は、初めて聴くその音頭に計り知れない衝撃を受けながら、河内音頭という芸能の持つ底深さ、その根源的な力に感じ入っていたのである。

さて説経節から能の「弱法師」、浄瑠璃、そして音頭へと流れ込む「俊徳丸」の説話の究極の舞台は、

大阪・天王寺、アジールとしての寺社、四天王寺であった。説経節では信吉長者は清水寺の観音を信仰しているが、信貴山の学僧のもとに預けられた俊徳丸は、幼い頃から眉目秀麗で、学門にも音曲にも秀でている。その俊徳丸が、目にも彩な稚児の舞を演じるのが、天王寺の石舞台である。それを見染めたのが、同じ河内の蔭山長者の娘、乙姫だった。そして継母が自分の息子を長者の跡継ぎにしたいがために、俊徳丸を亡き者にしようと、おどろおどろしい丑の刻参りの呪い釘で、あわれ病者の身となった俊徳丸は、天王寺の念仏堂に捨てられる。熊野権現の救いを求めて俊徳丸は旅立つが、やがて流浪の末に、自分を探し求める乙姫と再会するのもまた、天王寺の引声堂《いんぜいどう》なのであった。この場面、説経節の描写では、乙姫は人のきらいし三病者（らい病＝ハンセン病）と変わり果てた俊徳丸を、ひしとかき抱き、〝信徳取って肩に掛け〟、二人は清水観世音めざして旅立つのである。

初音家賢次の音頭では、西国巡礼三十三観音をうたい込みながら、家郷を追われた俊徳丸が乞丐人《こつがい》の身となって野を宿をさすらうさまを、差別され、虐待され、打ち捨てられる、その不幸な道行きを、これでもかとリアルに語り継いでいく。それは物語というよりはむしろ、当時の下層民衆の率直な目線そのものだったのだ。

四天王寺は、聖徳太子の建立した和宗の総本山で、古くから貴賤を問わず民衆たちの篤い信仰を集めてきた場所だ。特に四天王寺の西門は、西方浄土の入口として衆生の崇敬を集め続けてきた。中世、その西門のすぐ目の前は難波津《なにわつ》の海へと続いていて、人々はその海原に沈む落日に手を合わせ、阿弥陀如来を懸想して、極楽往生を願ったのである。天王寺の西門は、浄土の東門へと続いていた。この「日想観《にっそうかん》」の信仰は、途中途絶えもしたが、現在でも春と秋の彼岸の日に法要行事が執り行われている。西門――極楽門の門前には往時、中世の時代から近世にかけて、仏の慈悲にすがり、その霊験を求める多くの人々が集まってきた。そもそも四天王寺は宗派を問わず、聖徳太子が悲田院を設立するなど衆生の救済に尽くした寺院である。物乞いの人々、乞丐人、施餓鬼《せがき》を受ける貧者たち、さらに不治の病とされたらい病や、身体に障害を持つ人――、現世の辛苦を生きざるをえなかった者たちが皆、最期の救いと甦りを求めて、そしてあの世での幸せな成仏を願ってここへやってきたのである。多くの参拝者たちもまた、それらの人々に施しを与えることが仏の功徳にかなうと感じたことだろう。そして参道には、あるき巫女や鉦《かね》叩き、弱法師や念仏聖、盲僧琵琶、説経語りなど、様々な漂泊の宗教芸能者たちがいた。説経師たちは、四天王寺に残る「俊徳丸」や「山椒太夫」などの説話を人々に語って聴かせていたことだろう。ところで四天王寺の南門は、熊野へと続く熊野街道（小栗街道）への起点となっていて、説経節の俊徳丸は、この道を人々に手を引かれ、あるいは土車にのせられて、南門へと辿り着いたのである。

八月のお盆、四天王寺で行われる荘厳な盂蘭盆会《うらぼんえ》の万灯供養《まんどうくよう》を訪れた。身内の新盆の供養のために、そして先祖の供養のために、人々は大きなろうそくに故人の名を記して霊を弔う。金堂と五重塔を取り囲む壮大な伽藍の回廊の闇に、夥しい数のろうそくの炎が揺らめき、その赤々とした光に照らし出されて、老若男女が一心に祈る姿が見える。やがて僧侶たちが般若心経を唱えながら、ゆっくりと回廊を巡っていく。その後を信者たちの行列が続く。炎の向こうにうごめく行列がシルエ

四天王寺の盂蘭盆会。
多くの人たちが供養に訪れる。

ットとなって、まるであの世の三途の川か、二河白道《にこうびゃくどう》を渉っていく亡者の群れのように続いている。四天王寺の夜空に般若心経の読経の声がこだまする——。その聲《こえ》に折り重なるように、初音家賢次師の音頭、「俊徳丸」の一節が聞こえてくる——。

エー河内の　アノ讃良郡《ささらごおり》　ヨーホーホイホイ
下にこそあれど上中村で　二代長者と謳われし
家に生まれし俊徳丸がサァ　後妻おスワが邪険が為に
己が連れ子の音五郎に　三代長者を譲りたさ
俊徳あっては邪魔になる　いのち取らねば相成らんサァ
刀で殺せば傷がつく　というて毒薬飲ませたら　色が変わってすぐ知れる
祈り殺すが上分別と　サーノヨイ　ドッコイセ　サノヨイヤーサッサ

エー世にも恐ろしい　アノ丑の時参り　ヨーホーホイホイ
急所急所に打つ釘がサァ　堪えましてか俊徳はサァ　一夜に変わる顔形
人に千人　仏に千体嫌われる　サーノヨイ　ドッコイセ　サノヨイヤーサッサ

何とも凄まじい継母もあったものだが、ある夜、西国四国巡れよとの清水観世音の夢のお告げに覚悟定めた俊徳丸は、遍路姿に身をやつし、生まれ故郷を後にする。自分も連れていっておくれと、継母とは打って変わった心根優しい義弟の音五郎が取り縋る、どこで死ぬやら果てるやら、今日が自分の命日、折れた線香の半分も手向けておくれと涙で別れた俊徳丸、そのいでたちは、白の手覆《おお》いに白脚絆《きゃはん》、背中に笈摺《おいづる》負って六字の名号《みょうごう》、南無阿弥陀仏と書き記し、首に掛けしは頭陀《ずだ》袋、慣れぬ草鞋を履きしめて、力と頼む金剛杖、目深に被る仏御免の菅の笠——。

エーさても哀れな　アノ俊徳丸が　ヨーホーホイホイ
生まれ故郷の　ふるさとのサァ　河内の国を後にする
山で臥したり　野で寝たり　人の軒端《のきば》で寝る夜さはサァ
犬に咎められ　吠えつかれサァ
怖い恐ろし　憂き思い　苦労艱難《かんなん》　数重ね
巡り巡りて出でたる先はサァ　熊野那智山　アノ青岸渡寺よ
サーノヨイ　ドッコイセ　サノヨイヤーサッサ

初音家賢次の音頭はこの後、西国第一番札所の那智・青岸渡寺から第三十三番満願の華厳寺まで、三十三所すべてを詠み込みながら、なおも救いを求めてさすらう俊徳丸の道行きを語っていく。人に疎んじられ、犬に吠えつかれ、里の童にすらも石もて追われる俊徳丸の苦難の姿——、そこに人々のらい病患者に対する無知や偏見、差別が色濃く表れているのは否めない。いわく、業病、前世の因縁、遺伝病――。だが音頭の、延々と繰り返され続いていく、語りの律動の内に、演者はいつしか俊徳丸になりきって、その身の上の苦悩、身もだえするような切々たる思いを聴く者に伝えていくのだ。最後は、ついに俊徳丸が二生を誓った乙姫（初菊）と再会する場面で音頭は終わるが、同行二人、大悲大慈の観世音、信仰と芸能の底を浚うようなこの語りの威力は、差別される者の苦悩を浮き彫りにして、一方でほかならぬ民衆自身にとっても身につまされる、救済の物語として語り継がれていったに違いない。

ハンセン病患者たちは長く社会的差別のなかで苦しめられてきた。近世以降まで、その偏見のゆえに、生まれ在所を追い払われ、神仏にすがり、人々の功徳をたよって流浪の人生を送るほかに生きるすべはなかった。近代に入って、医学が発達し、それが完治する病だと知れても、根強い差別は現代まで残り続ける。ことに戦争中は、戦争目的と民族浄化が叫ばれ、らい病患者たちへの国家権力による徹底した隔離政策が推し進められた。全国各地で患者たちの強制収容が行われ、そこでは患者たちの断種や不妊が強制された。それは医学衛生思想に名を借りた、らい病患者たちの撲滅政策にほかならなかった。そして戦後の時代になっても、一九五三年に、患者を隔離することを定めた「らい予防法」が制定され、それが患者たちの裁判闘争を経て、ようやく廃止されたのは一九九六年のことだったのである。

境界《きょうがい》の街――四天王寺から飛田新地へ

ところで、聖と俗をあわせ持った信仰の場としての四天王寺は、時を超えて現代までも、善男善女に受け継がれ、息づいている。寺では毎日のように法要行事が執り行われ、境内では毎月、縁日が開かれて骨董市などの露店で賑わっている。かつては覗きからくりや見世物など大道芸も盛んだった。覗きからくり（覗機関）は、大道に設えた大きな木の装置にレンズの覗き穴が取りつけられていて、見物客がそこから覗き込むと、一段高いところに立った演者がなかの絵を動かしながら、撥で拍子を取りつつ、調子の良い節をつけて物語を聴かせたのである。小沢昭一氏の『ドキュメント日本の放浪芸』（ビクター、一九七一年）のレコードには、この四天王寺の覗きからくりの実演が採録されていて、その演目は「地獄極楽」、明治の文豪・徳富蘆花のベストセラー「不如帰」なども ある。おそらく寺社の縁起絵巻や曼荼羅をわかりやすく語って聴かせた「絵解き」や、「節談説経」の系譜に連なるものだろう。境内を見回せば、ホームレスの人たちが、気持ちよさそうに日向ぼっこをし、居眠りをしていた。まるで時が止まったかのように〝四天王寺さん〟は、相も変わらず庶民たちの安息の場所なのであった。

この四天王寺の西門を出て、現在の谷町筋を南に十分も歩けば、ＪＲ天王寺駅である。そこから坂道を西に下ると、天王寺動物園、通天閣、新世界界隈に出る。さらに新世界のジャンジャン横丁を抜けて、地下鉄の動物園前駅から、古くうらぶれた商店街をゆるゆると通り抜ければ、飛田新地へと続く。途中の路地には、かつてストリップ劇場、今は大衆演劇の芝居小屋「トビタＯＳ劇場」

が細々と営業を続けている。大正五（一九一六）年に新設された飛田遊郭は、戦前の公娼制度、戦後の赤線時代、さらに昭和三〇年代の売春防止法を経て、その風雪に耐えてというべきか、現在も半ば公然と色街として存続している。そしてこの飛田新地に隣接して紀州街道を渡った西側が、日雇い労働者たちが暮らす西成区の釜ヶ崎である。環状線、新今宮駅の北側には、江戸時代から皮革産業の拠点として発展した大きな都市部落、渡辺村――西浜があった。明治維新以降、ここに仕事を求めて流入する人々によって長町スラムが形成されたが、それは明治三六（一九〇三）年、天王寺・新世界に開催が決まった第五回内国勧業博覧会を契機に一掃されていく。その後、行き場を失った下層の労働者、職人、芸人たちが集まったのが現在の釜ヶ崎地区であった。飛田にしても、近世には刑場（鳶田《とびた》刑場）のあった大きな墓地で、それが千日前墓地と合わせ、明治の初めに阿倍野に移され、その跡地に、難波新地などに代わって新たな遊郭が作られていったのである。そのようにして成り立っていったこの界隈は、近代の盛り場や悪所、被差別部落、そして労働者の寄せ場が隣り合って形作られてきた、まさしく近代都市・大阪のディープサウスであり、辺界であった。それは近代化という光を隈取る闇の領域、その垣外《かいと》に不穏に息づく人間たちの街だったのである。

さて私はと言えば、初音家賢次師の音頭「俊徳丸」に触発されながら、そのような都市の古層に横たわる芸能の在り処を捜し求めて、四天王寺から天王寺・阿倍野界隈、さらに阪堺《はんかい》電車の電車道を渡って、飛田から新世界へと歩き回っていた。現在は天王寺駅のすぐ南側、阿倍野の町は大規模な都市再開発が進み、あべのハルカスなどという超高層ショッピングモールもできたりして全く変貌してしまったが、取材当時は、今は消えてしまった旭通り商店街を通り抜けて坂道を下り、飛田新地へ向かう辺りには（かつて、そこは地獄坂と呼ばれていた）木造の棟割長屋があり、廃業した木賃宿や連れ込み旅館の建物も残っていて、わずかに往時の面影をとどめていた。旧関西線のガード下、今は高速道路の下に隠れるように、かつて芸人村だった「てんのじ村」の石碑があり、飛田の狭い商店街から入った路地奥の小さな祠の傍には、三味線の胴を型どった「猫塚」と書かれた立派な石碑が残っていたりもした。そこは松の木明神といい、桃山学院大学の名誉教授を務め、日本文化と被差別芸能民に関する優れた著作も数多く残した、沖浦和光《かずてる》さんに初めて案内していただいた。猫塚は三味線の皮に使う猫を供養したもので、浪曲師など名の売れた芸人たちや興行主の親分衆が奉納したものだった。石碑の裏側を見ると、もともとは道頓堀に建てられたもので、明治三〇年代にこの場所に移転されたものらしい。

ところで沖浦さんは、小学生時代に釜ヶ崎のすぐ南の天下茶屋に暮らしていて、晩年の著作『「悪所」の民俗誌――色町・芝居町のトポロジー』（文春新書、二〇〇六年）には、少年時代に見聞きした戦前の釜ヶ崎や飛田界隈の様子を、哀惜を込めて書いておられる。その本のなかで沖浦さんは、「悪所」とは伝統的に芝居町と遊郭がセットになっており、またすぐその近くには被差別民の集落があって、芝居や見世物の興行権にも関わっていたと指摘している。そして新世界から飛田界隈にかけての一帯が、現代日本の盛り場で、近世的な「悪所」の面影を残す唯一最後の場所であろうと記している。

飛田交番の前を通って、飛田新地のなかの通りに入る。まるで映画のセットのような顔見世の小さな店が並んでいて、昼間から赤や黄色にライトアップされた店先に、着飾った女の子たちが座っている。その数一五〇軒以上――。戦前の遊郭の面影を色濃く残していると思われるその威容は、もはや飛田新地を除いては、日本全国どこを歩いても見あたらないだろう。ただ周りには小さな組事務所が多くあって、ここで働く女性の境遇は、さほど昔と変わってはいないかもしれないが、通りを歩いていると、その風情溢れるたたずまいや風景は、ぜひ都市遺産か無形文化財にでも残してほしいと思うほどである。

さて、阿倍野から飛田・釜ヶ崎界隈、大阪ディープサウスの取材では、幾度かノンフィクション作家の朝倉喬司さんと同行した。朝倉さんは前にも紹介したように、都市の古層から芸能や犯罪のテーマを追ったすぐれたルポを書いてきた。そもそも朝倉さんがこの界隈に深く足を踏み入れたのは一九七〇年代から八〇年代にかけて世上をにぎわした「イエスの方舟」事件の取材の時だったという。「あの頃、全国を〝漂流〟していた〝イエスの方舟〟が、この界隈に降り立って潜伏しているという情報があってね」、阿倍野の裏路地を歩きながら、朝倉さんは語った。信者の女性たちを連れて、各地を追われるように移動生活していた教祖・千石イエスの、あの〝おっちゃん〟の顔が思い浮かんだ。「最初にこの辺りを歩いた時は、何かもう、都市の最深部に来てるという感じがした。怪しげな、あいまい宿がズラーッと並んでいて、時代から消されようとしているものが、暗がりに蹲っているような……」

冥界と俗界、あの世とこの世の境界の盆踊りの場で河内音頭は唄われてきた。目に見えぬ、耳に聴こえぬ、だが確かなリズムが、境界《きょうがい》の街の底から響いてくる。「この近くにあるのが四天王寺、そこは中世以来、庶民にとってまさに都市のなかの浄土だった。「山椒太夫」や「俊徳丸」など四天王寺にまつわる説経節の物語の、その民衆の情念の世界は、ほぼストレートに河内音頭につながっている気がする。そもそもが仏教説話だが、語り物芸能の説経節の核心を成すものは、恨み、復讐譚。差別され、虐げられ、いじめ抜かれた主人公が、多くの場合それは貴種流離譚の形をとっているが、最後に神仏に導かれ甦り、自分を貶めたものに復讐を果たす。それは現代の感覚では残酷すぎるほどの仕打ち。だが民衆たちにとってはそれが大きな救済、カタルシスだったろう。河内音頭の十人斬りにしても、何かこう、演者たちが土地の底から、身もだえして、今の今までうたい継いできたような気がする」

背後から土地の気配に身を押されるように語る朝倉さんの言葉に、私もうなずく。二人で飛田の商店街を新世界に向かって歩いた。隣接する釜ヶ崎では、一九六一年と八〇年代に労働者たちの大きな騒乱事件があった。六一年の釜ヶ崎騒乱では、交通事故で命を落とした労働者を、現場検証に来た警官が放置したことをきっかけに暴動が起きた。それは一九七〇年の沖縄コザ暴動における米軍MPの行動と全く一緒で、その構造は全く似通っていると言っていい。釜ヶ崎で繰り返されてきた〝暑い夏〟の騒乱事件は、労働者たちの身もだえするような怒りと情念が爆発したのではなかったか……、私はそんなことを思いながら、商店街を歩いていた。限りなくうらぶれてはいるが、一歩中に入れば、地元の人たちの活気ある生鮮食料店や小さなスーパー、旨くて安い酒と飯を出す飲食店もある。そこには、奇妙に明るい生活感が同居していた。——ふと顔を上げると、新世界の方角から賑やかなチンドンの音が聞こえてきた。飛田を本拠に活動する「ちんどん通信社」の一行が、浮き浮きとリズミカルな楽音を撒き散らしながら、私たちの傍を通り過ぎて行った。

寿美若さんの「釜ヶ崎人情」

河内の盆踊りの取材も佳境に入った二〇〇六年八月半ば、鳴門家寿美若さんと阿倍野から新世界界隈を歩く。その日はちょうど、寿美若さんが春に吹き込んだ、ヤンレー節河内音頭のCDの発売日だった。ジャンジャン横丁を抜けて、連れ立って、当時新世界の朝日劇場の向かいにあった浪花レコードに入る。狭い店先に、廣澤虎造、三門博、寿々木米若ら浪曲のカセットテープが並び、上方落語や演歌などのCDが並んでいて、なかに河内音頭のコーナーもあった。あいにく、寿美若さんの新譜は当日発売分が即完売したということで、明日の入荷待ちだという。

「十六、七の頃、兄貴に連れられて、この辺りによく遊びにきたね。ジャンジャン横丁にあった劇場、新花月にもよく通った。当時、平和ラッパや秋田A助・B助、ミス・ワカサなど、有名どころもよく出ていた。ずっと芸人の世界に憧れてたんやろね、芸人のサマっていうか、生き方にね。この新世界というところは、何や知らん、ムチャクチャ好きやねん。ここの空気吸うと落ち着いて、俺もまだ生きてるって感じがする」

賑わう新世界を歩きながら、寿美若さんは懐かし気に語る。今でも気が向けば、時おりこの界隈まで足を運ぶという。寿美若さんが通い詰めたという、ジャンジャン横丁の演芸場、「新花月」は一九八八年にその幕を閉じている。その前身は「温泉劇場」という名のストリップ劇場だった。この界隈も、一九七〇年の大阪万博や、九〇年の花博（国際花と緑の博覧会）を経て大きく様変わりしていったが、それでも今も通天閣脇にある、大阪最古といわれる芝居小屋の「浪速クラブ」や、戦前からのレトロな建物を残す映画館の「新世界国際劇場」などが営業を続けていて、往時の名残をとどめている。立ち飲みの酒場や寿司、ソース二度づけ禁止の串カツ屋に観光客が行列を作る、その横丁の人だかりを通り抜けて、天王寺から阿倍野へと歩いた。現在は都市再開発で姿を消した阿倍野の旭通り商店街にさしかかる。道端に唄本を広げて、初老の二人組のギター演歌師が商売をしている。「おっちゃん、まだ生きとったんかい」。顔なじみだろうか、寿美若さんが気安く声を掛ける。「おう、元気やで、今日も梅田の老人ホーム行ってきたんや」、「一曲歌わせてや、釜ヶ崎人情あるかい……」、「何でもあるでェー、うたっていってや」

道端にしゃがみ込んだ寿美若さんが、街の演歌師の枯れたギターの伴奏に合わせて「釜ヶ崎人情」をうたい出す――。買い物かごを下げたオバサンや、自転車に二人乗りした中学生たちが、物珍しそうに振り返っていく。

通天閣さえ　立ちん坊さ
誰に遠慮がいるじゃなし　じんわり待って　出直そう
ここは天国　ここは天国　釜ヶ崎

命があったら　死にはせぬ
あくせくせんでも　のんびりと
七分五厘で生きられる　人はスラムというけれど
ここは天国　ここは天国　釜ヶ崎

（「釜ヶ崎人情」作詞・もず唱平、一九六七年）

夕暮れの商店街の路上で、心に沁み入ってくるその唄声に私は聴き惚れていた。意地と人情が通い合う、河内音頭に人生賭けた寿美若さんの、ひとつのうたの原点をそこに見た気がした。胸に込み上げるような感動を覚えながら、私はそのうたの余韻のなかに、いつまでも立ち尽くしていた。

釜ヶ崎三角公園ふたたび――辺界に響く河内音頭

横綱目指した駒形は　月に群雲　花に風
人生すごろく賽の目の　いつかはぐれて旅烏
無宿渡世の渡り鳥　足の向くまま　気の向くままに

通りかかった取手の宿　お蔦姐さん今日この頃は
無事でおいでか達者でいてか……
「お蔦姐さん、見てやっておくんなせえ、これがしがねえ、これがしがねえ、駒形の、
一本刀土俵入りでござんす――」
（鳴門家寿美若「ヤンレー節一本刀土俵入り」）

南河内・金剛山から大阪ディープサウスの街の路上へ――。番組のクライマックスは二〇〇六年八月一五日、釜ヶ崎三角公園の盆踊り大会だった。

その年の釜ヶ崎の夏祭りは、三五回目を迎えていた。会場となった三角公園には、どこか祝祭的ムードが漂い、大勢の労働者たちが昼前から詰めかけていた。公園の街頭テレビでは、戦後六一年目の戦没犠牲者追悼式典の中継映像が映し出され、当時の小泉首相の靖国参拝のニュースが流れていた。地べたに座り込んだ労働者たちが、そんなニュースを冷ややかに眺めている。会場には祭壇が置かれ、野宿生活のなかで命を落とした仲間たちの名前と遺影が飾られている。戦後復興から高度成長へ、日本の経済発展を底辺で支えてきた釜ヶ崎の日雇い労働者たちも、年々高齢化して、路上死やドヤでの孤独死、病死が増え続けた。大阪市と市立大学の調査では、二〇〇〇年から二〇〇五年の五年間に、毎年八〇〇人近い路上生活者たちが、満足な援助や治療を受けられぬまま命を落としている。一〇年以上たった現在も、そうした状況は変わってはいない。会場では炊き出しが行われ、公園のステージではボランティアの若者たちのバンドの演奏や、労働者たちの飛び入りの歌

謡大会も開かれて盛り上がっていた。そして夕方六時、釜ヶ崎に暮らす本田哲郎神父を司祭に、亡くなった日雇い労働者たちを追悼する慰霊祭が開かれた。本田神父によるミサが行われ、労働者たちが黙禱を捧げて、死んでいった仲間たちの冥福を祈る。

ここで本田哲郎神父のことを話しておきたい。本田さんは長年、釜ヶ崎の労働者たちと生活を共にし、野宿しながら働く日雇い労働者らの支援を続けてきた。『釜ヶ崎と福音――神は貧しく小さくされた者と共に』（岩波現代文庫、二〇一五年）などの著書も多くあり、労働者たちの尊敬を集め、今では数多ある支援NPOのメンバーたちの精神的支柱と言ってもいい。私も釜ヶ崎に取材に行くと、いつも本田さんを訪ねて、労働者たちの生活や、信仰や福音のことなど、いろいろと話をうかがった。本田さんは一九四二年に台湾に生まれ、両親の故郷奄美大島で育った。大学の神学部を出てカトリック司祭となり、バチカンの聖書研究所に留学して、フランシスコ会の日本管区長も務めた。だが、三〇年近く前、釜ヶ崎での〝夜廻り〟の視察に同行した時、ある野宿労働者の、心底仲間を、他人を思いやる姿に触れて以来、教会での聖職者の立場を捨てて労働者と共に釜ヶ崎で暮らしてきた。三角公園のすぐ前にある、日雇い労働者たちが集う「ふるさとの家」で、週に三回、散髪のボランティアをし、毎週日曜日にミサを行っている。日々、労働者たちの悩みや相談事を聞き、行政にかけ合う「釜ヶ崎反失業連絡会」でも活動してきた。

本田神父が寝起きするのは、三角公園に近い、南海本線萩之茶屋駅のすぐそばの古い二畳間のアパート。部屋にはボンボンベットと寝袋がひとつ。『新共同訳聖書』の編集委員の一人でもあった本田さんは、この狭い部屋でヘブライ語やギリシャ語の原典から、旧約聖書や新約の福音書の再訳を続けてきた。それは、今、ここにある——釜ヶ崎という場所からもう一度、イエスの言葉、福音のメッセージを聞き直していく作業だったという。パレスチナのガリラヤ、ナザレの石切大工の息子として育った人間イエスも、そして一二人の弟子たちもまた、漁師、皮なめし、徴税人など人から差別され、卑しいとされた職業の者たちだった。

部屋には、アメリカ在住の画家が描いたという、ニューヨークのホームレスの炊き出し風景の絵が置かれていた。その行列の一番最後の方に、イエス・キリストらしき人物が描かれている。「神は貧しく小さくされた者と共にある」——施しをする側ではなく受け取る側に、炊き出しの行列に並ぶ人々のなかに、主はおられる——、本田神父は、思い定めたように、そう話してくれた。

その本田神父による慰霊祭もつつがなく終わって、いよいよ河内音頭の盆踊り大会が始まった。冒頭でも紹介したように、櫓では、その夜、トリを務めた鳴門家寿美若さんが、あの長谷川伸の名作、「一本刀土俵入り」の世界を演じる。利根川・取手の宿で、十年前、忘れられない恩を受けた我孫子屋のお蔦に、一途な思いを捧げる駒形茂兵衛——、力士になれずヤクザになったその茂兵衛の心情を、寿美若さんは、並みいる労働者たちの前で切々と謳い上げた。それは口にこそ出さぬが、この三角公園の櫓に込めた、寿美若さんの深い思いと共感がひしひしと伝わってくる、ひときわ熱い舞台だった。

寄せ場、釜ヶ崎の夕闇に響いた河内音頭――。こうしてふたたび、河内音頭の世界を辿ってみれば、一〇年以上も前の取材の記憶がありありと、熱く甦ってくる。それは河内という土地と時間のなかに生きた人間たちの魂のリズムであり、身もだえするような情念の世界だった。物語の根源的な力が、あの世からこの世へ、辺境から都市へと押し寄せてくる。それは地霊のごとく山を駆け下りて、平穏たる都市の日常の、その喉元へと突き刺さってくる。

そのように考える時、私がこの本のなかで取り上げてきた、『大菩薩峠』の世界、福島原発事故、八重山・奄美、沖縄の島唄の歴史――、いずれも皆、中央ではなく周縁、近代という時代の辺境から生々しく発せられた人間たちの声に通い合っている。そのかそけき声に耳を傾ける時、私たちが自明のものとして暮らしてきた、近代のナショナリズムや国民国家的な幻想が、もっと自由でアナーキーな情動と共に見つめ直されていくだろう。辺界に漂う〝うた〟は、どこへ向かっていくのだろうか――。その根源的で、未来的な問いは、次なる最終章でふたたび考えていくことにしよう。

題して「大阪・河内音頭行」、ちょうど時間となりました、お聞き苦しきそのなかを、ようこそご静聴たまわりました、厚く御礼申し上げ、またの御縁と願いましょう――。

第6章

涯《は》ての詩《うた》聲《ごえ》

金時鐘と吉増剛造、言葉果つる路上で

「海鳴りのなかを―詩人・金時鐘の60年」2007年
「詩の傍（そば）で」2018年

地平にこもる／ひとつの／願いのために／多くの歌が鳴っている。／求めあう／金属の／化合のように／干潟を／満ちる／汐がある。／ひとつの石の／渇きのうえに／千もの波が／くずれているのだ。

（金時鐘「緯度が見える」長篇詩『新潟』一九七〇年所収）

〃いや、この遊星の命ハ、尽きたのだ、、、、わたしたち「稲妻ノ種族」も、この水溜りから去っていく、、、、、〃
河童も棲んだ馬足跡《うまざくり》、刳り舟の影《かげ》、、、、古井戸《ウリカー》や窪《くぼ》みたちが、歌を歌う、、、、、。
〃奇麗だったよ、この遊星の折り目よ、惑星の縫い目よ、さようなら、、、、〃

（吉増剛造「稲妻ノ墓」詩集『怪物君』二〇一六年所収）

八重山の子守唄、奄美の流浪の唄者、そして仏供養の盆踊りの河内音頭、二一世紀に入って私は、辺境の路上に陽炎のようにゆらめく〃うた〃と芸能の世界を追い求めて、ドキュメンタリー番組を作ってきた。その間、時代と世界をめぐる状況はドラスティックに変貌を遂げた。グローバルなSNSが浸透し、誰もが同じひとつの情報を共有し、世界はどこでも同じ顔になった。私はそんな時代に半ば背を向けながら、ただひたすら、旅の途上で出会い感応する世界を、未来へとつながる人間たちの声を探し求めていった。以後、手掛けた長編ドキュメンタリーは、写真家・森山大道の「犬の記憶—森山大道・写真への旅」(二〇〇九年放映)、戦争と国家と「在日」のはざまで、数々の日本語による傑作詩編を生み出していった詩人・金時鐘の世界、9・11のニューヨーク同時多発テロの後、アメリカ大陸にマイノリティーの家族たちの運命を追ったロードムービー「アメリカ・家族の風景」(二〇一一年放映)、そして3・11の大震災後、沖縄出身でフクシマに生きる、ある原発技術者の半生(「境界の家 沖縄から福島へ—ある原発技術者の半生」二〇一七年放映)などであった。それらは、先行きの見えない、しかし、もはや後戻りのできない時代の路上で、信ずるに値する自らの生き方を問い、見つめてきた生活者や表現者たちの声なのであった。

金時鐘氏と吉増剛造氏、今、冒頭唐突に、戦後詩における二人の稀有なる詩人の詩句を挙げたのはほかでもなかった。お二人には二〇一一年三月一一日の東日本大震災、福島原発事故を挟んで私の番組に出演していただき、旅をし、多くの啓示に満ちたお話をうかがった。

一九二九年生まれ、七〇年に及ぶ「在日」のひとすみで、自分のなかに巣食った日本語に報復する思いで詩を書き続けてきたという金時鐘さん、一方、一九六〇年代、疾走する前衛詩人としてデビューし、日本と世界の辺境をめぐる旅、詩や映像作品、朗読やパフォーマンスで現代詩の世界をリードしてきた吉増剛造さん。その拠って立つ詩の場所も、活動範囲も異なるが、共にこの世界の支配的、制度的言語に素手で立ち向かい、3・11の原発事故以降も、その文明の大厄災を真正面から見据えて、新たな詩の言葉を紡ぎ出してきた。それは3・11後の時代に立ちつくす私たちの、見えない明日を照らし出すかに思えた。ところで、国民はその身の丈にあった政治家しか持つことができないと言ったのは魯迅だったろうか。今、この国の支配的な政治家は、嘘と偽善と口先ばかりの、アナクロニズムと偏狭なナショナリズムを振りかざし、戦争志向の危険極まりない、矮小で唾棄すべき個人的な野心を臆面もなく露わにして、福島原発事故を忘却・隠蔽し、沖縄・辺野古の新基地建設を強行しようとする。自らヘイトスピーチまがいの言説を繰り返して、弱者を攻撃し、そしてまさに今もう一度、「辺境」を切り捨てようとしているのだ。

辺界に響き合う〝うた〟はどこへ向かっていくのだろうか——。さて、終章に向かって私は、稀有なる二人の詩人の、それぞれの番組のシーンを思い起こしながら、その詩の傍で、その聲に、ふたたび耳を傾けてみようと思う。裸形の世界の、言葉果つる路上から、またひとつの、うたが聞こえてくる——。

「在日」の路上で——詩人・金時鐘の大阪

うた　またひとつ

初めに、金時鐘さんの代表的な詩集のひとつ、『猪飼野詩集』（東京新聞出版局、一九七八年、現在は岩波現代文庫）のなかの一篇を紹介しよう。「うた　またひとつ」と題された詩の一節である。

打ってやる。
打ってやる。
忙しいだけが
おまんまの　あてさ。

かかあに　ちびに
母に　妹だ。
口にたまる　釘を汗を
吐いて　打って
打ちまくる。

日当の五千円
かせぐにゃ
十足打って
四十円。
ひまな奴なら
計算せい！

打って　運んで
積み上げて
家じゅうかかって　生きていく。
日本じゅうの　ヒール底
叩いて　打って
めしにするのだ。

打って　打って
打ちまくる。

あってない　俺らの
逃げる季節に
このうさ　打って
打ちまくる。

（金時鐘「うた　またひとつ」）

「打ってやる　打ってやる」――、まるでフリージャズのドラムソロか、アルトサックスの乱舞のように、叩きつけ、リフレインする詩句のリズム。言葉にならない言葉の、やるせない生活の思いが、腹にずしんとこたえてくる。詩の舞台となっているのは大阪生野《いくの》区、在日朝鮮人たちが多く暮らす、旧猪飼野《いかいの》地区。JRの駅で言えば、桃谷、鶴橋駅からさらに奥に分け入ったあたり。都市運河の平野川の澱んだ流れを取り囲むように密集する路地裏に、家内制手工業の金属プレスやケミカルサンダル（ヘップサンダル）の小さな工場がある。詩は、かつて地場産業とも言われた、そのケミカルサンダル作りを生業《なりわい》にその日を生きる在日朝鮮人一家の姿をうたったものだ。

現在、生野区にはおよそ三万人の在日コリアンたちが暮らす。その八割が済州島《チェジュ》出身者である。後にくわしく触れるが、済州島では朝鮮戦争前夜の一九四八年四月、米軍政下での南朝鮮単独選挙を阻止しようと、島民たちが決起した「済州島四・三事件」が起きる。済州島で育った金時鐘さんは当時、末端の若き活動家として、この四・三事件に関わる。そして軍政警察や右翼反共グループによる虐殺を逃れ、島を脱出し、この大阪・猪飼野へと辿り着いたのである。四・三事件では、虐殺の犠牲者の遺族をはじめ、多くの済州島民が故郷を逃れて「密航者」として日本に渡った。この『猪飼野詩集』で、金時鐘さんは、自らもそんななかのひとりとして、そうしていついて暮らしてきた同郷の同胞たちの、押し込められた怒りや悲しみ、生活の悲哀、悔恨、逡巡、望郷、抵抗、悲喜こもごもの思いを、限りない共感こもった眼差しで描き出している。

なんで　俺らは
こうなのか。
人に踏まれて　めしになる
そんなことで　暮すのか。

足の甲から　押しあてて
打ってやる。
打ってやる。
底のうらまで
打ってやる！

骨が泣くと
母が泣き
おやじはひっそり
棚の上よ。

かえせる土は
どこにあるやら
くにがそんなに　遠いとは
ついぞ誰もが　知らなんだ。

打って　たぐって
打ちまくる。
無念な　おやじを
打ちまくる。

三十年　耐えて
ふた間の　長屋。

死んだ　おやじの
せしめたものさ。

打って　打って
打ちつけて
晴らさないでか
骨の　おもいだ。

打ってやる。
打ってやる。
日本というくにを
打ってやる。
おいてけぼりの
朝鮮もだ。
とどいてゆけと
打ってやる！〔以下略〕

（金時鐘「うた　またひとつ」）

済州島から猪飼野へ――「在日」のはざまで

金時鐘さんが済州島から日本へ渡ったのは、一九四九年六月初めのことだった。その翌年、朝鮮戦争が勃発する。米軍が仁川《インチョン》に上陸し、占領下の日本はその兵站基地と化した。在日米軍の横田、立川、厚木、伊丹、板付など各基地から、連日のようにF-80戦闘機やB-29爆撃機が朝鮮半島に向けて飛び立っていく。時鐘さんは大阪・猪飼野の三軒長屋の、済州島出身者が営む小さなロウソク工場で働きながら、日共（日本共産党）指導下の在日朝鮮人運動に身を投じる。動乱の故郷に〝逃げを打った〟負い目に駆られてのことだった。

一九五二年六月二五日、伊丹米軍基地から前線に運ばれる弾薬の輸送列車を阻止しようとした吹田闘争が起きた。大阪で製造された兵器や弾薬を積んだ列車が集まった旧国鉄の吹田操車場を、在日朝鮮人の若者らを中心としたデモ隊が襲い、一一〇人余りが検挙されたのである。当時、時鐘さんは民戦（在日朝鮮統一民主戦線）の地区のリーダーとして、この闘争に加わった。もしも逮捕されて、本国に強制送還されれば処刑されていただろうという。

だが、時鐘さんの心中は引き裂かれるような思いだった。当時の首相、吉田茂は朝鮮戦争を日本の復興のための〝天祐〟であると言い、日本中が朝鮮特需に沸き返っていた。

大阪の町も例外ではなかった。猪飼野に暮らす同胞たちの二次・三次下請けの小さな町工場にも、兵器や弾薬の部品を製造する仕事が回ってくる。同胞たちはそれと知らず、新型親子爆弾などに使われる信管のピンやネジを作ったのだった。時鐘さんは祖国防衛青年行動隊のメンバーとして、それら普段は飯を食わせてもらい、限りなく世話になっている工場主の家を、仕事を請け負わないようにと説得に回る。

ある日のことだった。時鐘さんは母と子で小さな工場を営む一家のもとへ説得に行った。だがどうしても聞き入れてはもらえない。仕方なく時鐘さんたちは実力行使に出た。潰れかかったような工場から、古びたろくろを引きずり出した。何がどうあれ、その日を生きなければならない一家の主は、背の高い中年男で、度の強い近眼眼鏡をかけ、顔中が真っ黒にバフ（鉄粉と潤滑油）にまみれていた。オモニが悲壮な面持ちで奥から駆け出してくる。寡黙そうな主は沈黙に震えていたが、突然、時鐘さんに向かって、罵倒するように大声で叫んだ――。「チョウセン、ヤメヤァ、チョウセン、ヤメヤァ――」

その言葉は耳にこびりついて、今も忘れられないと時鐘さんは言う。そのような生活の底で、祖国の命運に歯噛みしながら、時鐘さんは、宿命の日本語で詩を書き続けていく。第一詩集『地平線』（ヂンダレ発行所、一九五五年）、『日本風土記』（国文社、一九五七年）、『長篇詩集　新潟』（構造社、一九七〇年）、『猪飼野詩集』、『光州詩片』（福武書店、一九八三年）、『化石の夏』（海風社、一九九八年）――。

南北分断の悲劇は在日社会にも持ち込まれた。一九五〇年代末からは北朝鮮への帰還運動が盛り上がっていく。「自分はまだ、純度の共和国公民にも成りきっていないのだ」と、かつて時鐘さんは書いたが、その詩作のなかで、やがて北の共和国の画一的・教条主義的思想からも、国内の総連組織とも訣別していく。それは朝鮮と日本、捻じれた戦後のはざまで、北でも南でもない、自らの

旧猪飼野地区の路上。
金時鐘さんは、自分に飯を食わせてくれる労働者に対して、
武器の部品を作るのをやめるよう説得に回った。
時には、機械を破壊する実力行使にさえ及んだ。
一方で時鐘さんらは、兵站として朝鮮半島に輸送される物資を襲った。
まさに命を賭けたたたかいであった。

「在日」の証を追い求めたひとりの詩人の、ながい道のりだったのである。

金時鐘と吉増剛造の対話

金時鐘さんはながく、文壇や詩壇の権威からは遠く離れて、「在日」という大阪のひとすみで詩を書き続けてきた。いわゆる文学賞にも無縁を通してきた。その時鐘さんが二〇一一年、その前年に出版した詩集『金時鐘四時詩集　失くした季節』（藤原書店、二〇一〇年）で、初めて詩の賞である「高見順賞」を受賞することになった。時鐘さんのそれまでの、偉業とも言っていい傑出した作品群からすれば、受賞は全く遅きに失した感があるが、一〇年の沈黙を破り八十歳を超えて発表したその新詩集を強く推薦したのは、選考者でもあった現代詩人の吉増剛造さんだった。授賞式の予定は奇しくも三月一一日、翌年に延期とはなったが、東日本大震災の当日のことだった。

金時鐘と吉増剛造、二人の詩人は日本の戦後詩の地平からすれば両極端に立つイメージすらある。だが吉増さんは、もはや伝説と言ってもいい時鐘さんの長篇詩『新潟』などの、日本語による詩のただならぬ世界に早くから注目していた詩人のひとりだった。長篇詩『新潟』は、一九五九年には書き上げられていたもので、一五〇ページ、一五〇〇行をゆうに超す長篇連作だ。地表をミミズのごとく這いずり回って、異郷の日々を生きるひとりの男が、この日本という国で、越えられなかった三八度線の境界線を越えようとする。その内容についてはもう一度くわしく辿ってみたいが、ひとつひとつの発語そのものが、そのままモノとして結晶していくような、難解だが、奇跡的な詩句が延々と連なっていく。吉増さんは、〝世界の亀裂としかいいようのない〟その途方もない詩語の世界に驚愕し、瞠目する。二〇一〇年、二人は、季刊誌『環』（藤原書店）の誌上で、初めて対談を行っている。その対談のなかで、吉増さんはこの長篇詩『新潟』について、この詩の呼吸のリズムは、「詩人金時鐘の隠された声の、ほとんど無意識の露呈だと思う」と述べ、また「俯いて、短い鶴嘴で地面を掘っていくような詩の声」だと語っている。そしてそれが、いわゆる「政治」や「国境」や「言論」を、砕いていってしまうと述べている。一方、金時鐘さんは、吉増剛造の詩はこれまで深く読んだことがなかったと正直に告白しながら、二〇〇一年のアメリカの同時多発テロの後に、吉増さんが発表した『長篇詩　ごろごろ』（毎日新聞社、二〇〇四年）を、今度深く読み入ってみて、大変な感動を受けたと述べる。詩人の並外れた想像力、吉増剛造の詩は、〝何か奔放な大きなうねりのように〟、〝文字で書いたというよりは音韻、音調の波が、この詩集を波打たしているんだというふうにみえる〟と言う。そして、それは〝吉増の母語であって、すっかり整いすぎてしまっている日本語への不足感が、吉増剛造には生理、怨念のようにあるように思う〟と語っている。

『ごろごろ』という名の詩篇は、二〇〇四年、吉増さんが日本列島の南の島々へ旅し、遥か〝海上の道〟を辿っていった、その旅の体験から生み出されたものだ。長年、交友をあたためてきた島尾敏雄・ミホ夫妻の世界に誘われて、と吉増さんは言うが、鹿児島からフェリーに乗って、トカラ列島の口之島から島伝いに南下し、奄美大島、加計呂麻《かけろま》島、さらに徳之島、沖永良部《おきのえらぶ》島を経て沖縄本島へ、一カ月以上にわたる、「格別の……、決死の詩作行」だった。

ところで吉増さんは一九九〇年代、詩を教えるために二年間、ブラジル・サンパウロの大学に滞在する。日本に帰ってから、アイヌモシリの北の聖地である石狩川の河口へと赴き、廃船や、夥しい産業廃棄物や文明の芥が散乱する無人の原野で、〃言葉を溷らして〃銅板彫刻を打ち続ける日々を送っていたという。異形なる詩魂が世界を、そして日本列島の北から南へと浮遊していた。――「ごろごろ」と響く常世の波の音、大潮の日、南の島人たちは、八重千瀬《やびじ》の浜へと降りていく。海底《うなそこ》から浮かび上がる大自然の、無数の生き物たち。太古の地鳴り、地球の音――。ごろごろ、ごろごろ、ごろごろ……。

「「ごろごろ」という名の詩篇をかいた。一息に（……といっても三十日以上、奄美、沖縄、移動しながら）綴り終えてから、詩篇のもっとふかいところから、「ごろごろ」がひびいてきて、こころを怖《おそ》れさせる。かみなりさまばかりではない。砲弾が転がっているのも、ごろごろ……。〔略〕もしも傍に、まったくちがう耳がこれを聞いていたら……と想像しているときの心中の怯えのようなものも、これもすこーし遠いところでなっているごろごろ……。」（吉増剛造『静かなアメリカ』書肆山田、二〇〇九年）

対談のなかで金時鐘さんは、この吉増さんの文章に、詩人のゆたかな直観を湛えた語り口で言及している。

ごろごろという擬音が、砲弾という具体的な物と結びつくと、いのちのふるえ、物の持つ不気味さにとってかわるんですね。……擬音がその物の内心のふるえているものに、ふるえを抱えたものにかわってしまう。イラク、アフガンでアメリカ軍が使用しているクラスター爆弾の、そこらでころがっている不発弾とも結びついてくる。〔略〕……それはその中でふるえている、恐怖のしずもりでもあるものですね。この「ごろごろ」という擬音一つのはずのものが、今の時代の最も深部の恐怖のふるえみたいなものすら抱える。これはとてつもないなというのが実感でしたね……。

時鐘さんは、「吉増剛造は、詩における絶対純粋者であり、そして詩の牧師かも知らんな」といみじくも仰った。対談では、金時鐘と吉増剛造、類いまれなる二人の詩人の魂が、呼応し合い、照らし出し、そして響き合っていた。

さて、辺界に立ち上がる声のような、二人の言葉のやりとりに、いささか回り道をしてしまったようだ。ここでふたたび詩人・金時鐘の、またとない詩と人生の軌跡に立ち戻ってみることにしよう。

故郷・済州島への鎮魂の旅——四・三事件と金時鐘さん

それは風の強い朝のことだった。

母を捜すのだといって渚へでたが、

おまえはとうとう帰ってこない。
おお愛よ、愛よ、わがいとしのクレメンタインよ、
老いた父ひとりにしておまえは本当に去ったのか。

青く澄んだ五月の済州島の海――、風の海に白波が立っている。ピアノのメロディーが響いている。「ネサランア　ネサランア　ナエサラン　クレメンタイン……（おお愛よ、愛よ。いとしのクレメンタインよ……）」――、故郷の港の突堤を歩きながら、金時鐘さんが朝鮮語でうたう、「クレメンタインの歌」――。二〇〇七年九月二五日に放映されたドキュメンタリー番組「海鳴りのなかを―詩人・金時鐘の六〇年」の冒頭のシーンである。

金時鐘さんは一九二九年釜山に生まれ、日本の植民地支配下の済州島で少年時代を送った。現在の北朝鮮・元山《ウォンサン》の出身だった父、鑽國《チャングッ》さんは済州島に渡って築港工事の現場監督を務めていた。母、蓮春《ヨンチュン》さんは港の近くで食堂を営んでいた。皇国少年として育った時鐘さんは十七歳の夏、思いもよらぬ日本の敗戦を迎えることになる。島中に〝解放〟を祝う歓声がどよめき立っていたが、ひとり時鐘さんだけが取り残されていた。その八月も終わりかけたある日、混乱した心の内にふと口をついて出たのが、父がいつも朝鮮語でうたってくれた「クレメンタインの歌」の歌詞だったという。それは小学校時代から日本語で育ってきた時鐘さんに、〝乾上った土に沁む慈雨のように〟朝鮮の言葉を甦らせ、そして溢れたのであった。

1945年8月15日。

日本の敗戦の報を、当時中学生だった金時鐘さんは信じられない気持ちで聞いたという。

その後、十日ほどは食事も喉を通らなかった。

島から海を見て、自然と口をついて出たのが「クレメンタインの歌」だった。

それからわずか3年たらずで、この海峡を渡ることになった。

父のいない突堤で、ひとりでに口を衝いて出たのが、この歌だった。八月は終りかけていたが、熱気はどこかで夜が更けてもどよめいていた。徐々に記憶が蘇り、とめどもなく込み上がってくる涙をしゃくり上げながら、私は繰り返し繰り返しこの歌を唄った。〔略〕釣り糸を垂れる父の膝で、小さいときから父とともに唄って覚えた朝鮮の歌だった。

（金時鐘『「在日」のはざまで』立風書房、一九八六年）

日本の植民地統治は時鐘さんにとって、情緒溢れる童謡や唱歌、心優しいうたとしてやってきた。徹底した日本語教育のなかで、時鐘さんはいつも「おぼろ月夜」や「夕やけ小やけ」などの歌を愛誦していたという。朝鮮の風土はほど遠かった。だが回天のあわいに降ってきた敗戦、澎湃《ほうはい》と沸き起こった民族運動のなかで、全羅南道での農村工作隊に参加した時鐘さんは、瘡蓋《かさぶた》のような藁屋根の家に暮らす自国の農民達のあまりの貧しさに、「日帝」――植民地支配の実態を知ることになる。そして自ら、〝壁に爪を立てる思いで〟ハングル文字の読み書きを、朝鮮語のイロハを習い覚えたのであった。その三年後、故郷・済州島に戻っていた時鐘さんは、四・三事件に遭遇する。

一九四八年四月、島民たちが蜂起した「済州島四・三事件」――。日本の植民地支配からの〝解放〟から三年足らず、朝鮮人民の悲願の祖国統一・独立運動は、米ソ両大国の〝戦後体制〟への思惑のなかでことごとく押し潰されていった。ここで韓国現代史をくわしく紹介する余裕はないが、戦後、発足した米ソ共同委員会の「信託統治」案を経て、北はソ連の後押しする金日成《キムイルソン》らの朝鮮共産党と、南の米軍政下の李承晩《イスンマン》反共政権が激しく対立し、朝鮮半島の分断化が推し進められていく。

それを決定的にしたのが、一九四八年五月に行われた南朝鮮の単独選挙だった。それに先立つ四月三日、日本軍の残した旧式銃や竹槍、日本刀で武装した済州島民、約三〇〇人の〃山部隊〃が、警察署や右翼要人宅を襲い、次いで投票所に詰めかけて、済州島での選挙を無効としたのである。その背景には、その一年前、済州島で行われた「三・一節独立運動」の記念集会に対する軍政警察の弾圧があった。民衆のデモ隊に軍警察が発砲し、一三人の犠牲者を出し、それに抗議した大ゼネストでは、二〇〇〇人に及ぶ島民たちが検挙され、拷問死者も出たのである。島民たちの怒りは頂点に達しようとしていた。

ともかくも、「四・三事件」以後、済州島はパルゲンイ（アカ＝共産主義者）、共産暴動の島とされ、旧親日派を温存した軍政警察や、本土からの右翼反共グループの手によって、島民たちへの徹底した弾圧・虐殺が繰り返されていく。ことに八月の大韓民国の成立以降は、韓国軍の兵力も投入された〃討伐隊〃（その指揮権はなおも米軍にあった）によって、焦土化作戦と呼ばれた掃討作戦が繰り広げられ、戦闘部隊のみならず、島民・農民たちへの無差別な大虐殺が続いた。翌一九四九年の前半までに、実に三万人以上の島民たちが犠牲となっていったのである（『済州四・三事件真相調査報告書』、二〇〇三年）。

四・三事件当時、若き金時鐘さんは、南労党（南朝鮮労働党）の末端の党員として、蜂起した〝山部隊〟への連絡係を務めた。そしてある事件をきっかけに指名手配を受け、島内で潜伏生活を送ることになる。同志たちや、知り合い、さらに匿ってくれた親戚にまで及んだ虐殺行為、もし軍警察に捕まれば、もちろん自らの命もない。だがそんななか、父・鑽國さんが必死に奔走し手配した密航船で、時鐘さんは四九年五月末、港の沖合に浮かぶ小島、クァンタル島から奇跡的に日本へ脱出したのである。

四・三事件の真相は、その後の軍事独裁政権のなかで、ながく闇に葬り去られた。その全容が明らかになったのは、金大中《キムデジュン》の大統領就任を経て、盧武鉉《ノムヒョン》大統領が済州島民に公式に謝罪した二〇〇三年のことだった。そして犠牲者の遺族たちは風化する時間のなかに、ながくつらい沈黙を強いられてきた。金時鐘さんにとっても、殺戮と血の匂いに塗り込められた四・三事件の記憶、そして島に残してきた父母に対する痛恨の思い、故郷・済州島は「在日」を生きた時鐘さんの意識の内に、二度と〝帰り着けない島〟となっていったのである。

ぼくの春はいつも赤く
花はその中で染まって咲く。
蝶のこない雌蕊《めしべ》に熊ん蜂が飛び

羽音をたてて四月が紅疫《こうえき》のように萌えている。
木の果てるのを待ちかねてもいるのか
鴉《からす》が一羽
ふた股の枝先で身じろぎもしない。

そこでそのまま
木の瘤《こぶ》にでもなっただろう。
世紀はとうに移ったというのに
目をつぶらねば見えてもこない鳥が
記憶を今もってついばんで生きている。

（金時鐘「四月よ、遠い日よ。」『失くした季節』所収）

海鳴りの中で――女巫《シンバン》の〝魂寄せ〟

二〇〇七年五月、私たちは番組の撮影のため、父母の墓参りに帰郷した金時鐘さん夫妻に同行して済州島を訪れた。四・三事件以来、時鐘さんがふたたび済州島の土を踏んだのは一九九八年、実に四九年ぶりのことだった。韓国では、一九五三年の朝鮮戦争の休戦協定以来、南北の分断が続くなかで、朴正熙《パクチョンヒ》・全斗煥《チョンドファン》による維新体制――軍事独裁政権が八〇年代まで続いた。だが一九八〇年五月、全斗煥の軍隊に、学生市民が素手で立ち向かった「光州事件」を契機に、その血の贖いのなかに、民主化闘争の巨大なうねりが結実していく。そして一九九八年、金大中が大統領に就任、その金大中氏の「特例措置」によって、済州島への墓参訪問が認められたのである。最初の墓参で帰郷する時、時鐘さんは墓を守ってくれた親戚たちに罵倒される覚悟でいた。だが親類たちは、よくぞ生きていてくれたと涙を流して喜んでくれたという。

五月の陽光のなか、いくつものオルム（寄生火山）に取り囲まれて、漢羅《ハンラ》（漢拏）山が聳えていた。取材では、金時鐘さんと四・三事件のかつての虐殺現場を歩いた。なかでも最も被害の大きかったのは、漢羅山の中腹の、中山間地域の村々だった。討伐軍に追われた山部隊のメンバーたちは、山中を転々として抵抗を続けていた。中山間地域の村々は焼き払われ、海辺に連れ出された村人たちの多くが虐殺されたのだという。山中の溶岩の洞窟に逃げ込み、息をひそめた村人たちにも討伐隊が追ってきた。そんな〝喪われた村〟のひとつを訪ねた。漢羅山の南西の中腹にあった東広里ムドゥンイワ村の跡に案内してくれたのは、二〇〇〇年の「四・三特別法」の制定以来、犠牲者の遺骨の発掘や生存者の聞き取り調査を続けてきた、「済州四・三研究所」の主任研究員チョン・ヨンスクさんだ。しかし集落の姿は消え、六〇年近く前の四・三事件の記憶を呼び覚ますものは、何ひとつ残されてはいなかった。道端のところどころに朱いカラスウリの花が咲いていた。かつて村人たちが栽培していたカラスウリの種子が、風に飛ばされ、毎年実をつけるのだという。村はずれに唯一、盛り土をしたいくつかの墓があった。それはこの近くで犠牲となった一家九人の墓だった。山中の洞窟に逃げ込んだが、討伐隊に発覚し、滝の前で家族全員が殺された。だがヨンスクさんによ

「常に故郷が海の向こうにある者にとって
もはや海は願いでしかなくなる」（「海鳴りのなかを」）

れば、その墓のなかには遺体はおろか、遺骨も埋められてはいない「虚墓《ホクミョ》」だという。後年、親類たちが遺品を見つけ出し、盛り土のなかに埋葬したのである。報われない歴史の死者たちの墓のまわりに、辺りいちめん、黄色い朝鮮タンポポの小さな花が咲き誇って、風に揺れていた。

この時の済州島への旅では、時鐘さんにはどうしても実現させたいことがあった。それは四・三事件の死者たちの霊のために、島の女巫《シンバン》――シャーマンによる「魂鎮め」の儀式を行うことだった。その土地で起きた災いは、その土地の神によってしか鎮めることはできない、時鐘さんはそう言う。一九四八年、潜伏中だった時鐘さんが海辺で目撃した、忘れられない光景がある。逮捕された島人たちが、四~五人ずつ針金で手首をくくられ数珠つなぎにされ、船で運ばれ海に投げ捨てられる。やがて日をおいて、水死体が砂利浜に打ち上げられる。骨も肉も崩れ落ち、おからのようになって――。そしてその傍らで、女巫が鉦を打ち鳴らし、赤、青、黄の原色の、裳裾を翻して狂ったように踊り、祈り続ける。それは時鐘さんにとって、遠い日の記憶の眼底に、まるでスローモーションの映像のように張りつき、そして〝浜の砂利が夜をついてごうごうと鳴る〟、その海鳴りの音が、ながい歳月のなかに絶えて鳴り止むことはなかったのである。

日が暮れ
日がたち
錘の切れた

水死人が
ゆわえられたまま
浜に
打ち上げられる。
南端の
透けるような
陽射しの
なかで
夏は
見境いをもたぬ
死人の
顔を
おからのように
捏ねあげる。
三三五五に
遺族が
集まり

ずり落ちる
肉体を
無言のうちに
たしかめる。
汐は
満ち
退き
砂でない
浜の
砂利が
夜をついて
ごうごうと
鳴る。

（「新潟II　海鳴りのなかを」）

漢羅山の麓にある一軒家で、女巫による「魂寄せ」のクッ（儀式）が始まった。激しいドラや鉦の音が鳴り渡る。原色の衣裳に身を包んだ、若い女巫がクルクルと舞い踊りながら神占をし、うたうように、祈りの言葉を捧げる。時おり山から吹き下ろす突風に庭の樹々が揺れる。やがて時鐘さんが島を出て、二度と会いまみえることのなかった父母の霊が、女巫に乗り移って言葉が降りてくる。

「ああ、憐れな息子よ、お前と共に日本にいた、お前の倖せを願っていた、ああ、憐れな息子よ、ここでこの父母のことを見守っておくれ、殺されたお前の叔父のことを気に病むことはない、心の恨《ハン》を解き放っておくれ……」

親戚たちに囲まれ、白い朝鮮服に身を固めた時鐘さんが床に両手をつき、首をうなだれて、女巫の言葉に身じろぎもせず聴き入っていた。女巫の踊りと祈禱は五時間余りも続いた。歴史の忍辱の時間に押し込められた、死者たちの魂が呼び寄せられ、生者たちと言葉を交わし、そして浄められていく。最初は張り詰めていた一座の空気も、いつしか打ち解け、解き放たれていった。――ふと風は止み、おだやかな五月の陽光が戻って、軒下に射し込んでいた。

〝流民〟の記憶――宿命の日本語への報復

もはや七〇年も前になるが、密航船に命を揺さぶって、海峡を渡った金時鐘さんが辿り着いたのは、前にも述べたように、大阪・猪飼野の町だった。よんどころなく日本に引き戻された時鐘さんは、ふたたび「日本」と「日本語」に相まみえることになる。だがそこは、時鐘さんにとって、父母のいる朝鮮でも、内なる郷愁の日本でもない、〝遥かな日本の朝鮮の町〟だった。時鐘さんに聞かされた、何気ないが、心に残るエピソードがある。猪飼野に暮らし始めた頃、ちょうど梅雨入りの時期だった。路地の三軒長屋のろうそく工場の二階にいた時鐘さんの耳に、どこか聞き覚えのある男の声が飛び込んできた。それは、傘なおしの行商の声で、「こうもり傘直しーぃィィ」と語尾を長く引っ張って、ひどい済州島方言訛りの日本語だった。時鐘さんが済州島の繁華街である「城内《ソンネ》」に住んでいた頃、よく見かけた初老の男だった。そのおっちゃんは終戦直後、猪飼野から済州島に引き揚げて、何とも耳ざわりな日本語で呼びかけては、傘直しをして歩いていた。どこをどうしたものか、男はふたたび猪飼野に舞い戻って、相も変わらずみすぼらしい姿で、生活の悲哀を漂わせながら、「こうもり傘直しーぃィィ」と声を掛けては、路地の奥へ消えていった。

そんな日本のなかの、遥かな朝鮮の町で、時鐘さんは詩を書き続けていく。それは皇国臣民として育ち、自分のなかに巣食った宿命の「日本語」と対峙し続けることにほかならなかった。一九五〇年代半ば、時鐘さんは大阪で、在日朝鮮人の仲間たちと運動的な詩誌『ヂンダレ』を発行する。その雑誌のなかで時鐘さんは、自分の詩の立場を説明して、〝自分の作品の底流は、流民の記憶である〟と述べている。「私の作品の発想の母体が、私の過去――にまつわる民族的な悲哀と結びついておこされている。私の手は濡れているのだ。水びたしにされた者のみが持つ敏感さで、いかなる微小な電流でさえ、私の手は素通りすることを拒む。……私の手は本能的にそれを察知しておびえる。ここに私の主要な詩の発想の場がある」

故郷・済州島民への差別と迫害、夥しい虐殺の犠牲者たち、暴虐の歴史の水底をかいくぐってきた、若き時鐘さんの濡れた手――、その身体、皮膚感覚。のっぴきならない祖国の命運に身をせかれながらも、詩人・金時鐘は、北でも南でもなく、ましてや日本でもなく、あえてそうした「流民の記憶」

に蹲り、その地平に立って、その濡れた手で、したたかに強靭に、「在日」というディアスポラな詩と生を、生きていくのである。そもそも、「在日を生きる」という言葉自体、時鐘さんが作り上げ、血肉化していったものであった。

ところで日本に渡ってきた時鐘さんが、日本語で詩を書き続けることになったきっかけのひとつに、大阪の詩人、小野十三郎との出会いがある。道頓堀の古本屋でたまたま手に取った小野十三郎の『詩論』のなかの「故郷」という言葉に、時鐘さんは惹きつけられる。

皇国少年として育った時鐘さんには、島崎藤村や北原白秋など日本の近代抒情詩の世界が、生理のように沁みついていた。ことに戦前、金素雲が訳し、日本でもベストセラーとなった『朝鮮詩集・乳色の雲』などは、その宗主国を上回って余りある、流麗闊達な日本語の世界に歓喜したものだった。そんな時鐘さんにとって、小野の言う日本の詠嘆的、短歌的抒情の否定という言葉が胸に突き刺さってきた。『詩論』の小野の言葉は続いた。「故郷とは、熊本だとか信州だとか東北のことだと言った奴がある。私はいつも熊本とか信州とか東北に向って復讐しているつもりだ」。さらに、「人間がその人生のある時期において自己の思想を更新させるような意味をもつ、土地とか風景というものにめぐり合わせたことは羨望に価する」

以来、錬達な日本語に決して狎《な》れ合わない自分であること、それが自分の抱える日本語への自分の報復であると自身に言い聞かせながら、時鐘さんは詩を書き続けてきた。

第一詩集『地平線』から長篇詩『新潟』、そして『猪飼野詩集』『光州詩片』と続く傑作詩篇の数々、それらは、いつ本国に強制送還されるかもしれない不安に怯えながら、いわばアンダーグラウンドな大阪のひとすみで、「在日」としての自分のギリギリの実存を賭けて書き上げた驚嘆すべき作品群だ。その屹立する相貌は、戦後、日本語で書かれた数多くの詩作品のなかで金字塔と言ってもいい、と私は思う。ごつごつとしていて、その底に民族的な悲哀をしずかに漂わせながら、そのようにも張り詰め、緊迫した詩の言葉に私はついぞ出会ったことがない。それでいて、それはどこか未来志向的な場所へ、今、ここからさらに遠くへ、明るい解放感へと私たちを誘っているのだ。

故郷と越境——長篇詩『新潟』の世界

つまるところ、詩とは人間を描くものだと時鐘さんは言う。その詩の世界の全貌をここで紹介することは到底かなわないが、なかでも、一九五九年には書き上げていたという長篇詩『新潟』の世界は、そんな時鐘さんの拠って立つ詩の場所を、見事に凝縮させた作品であるように思う。それはこの日本という国で、三八度線という幻の境界線を越えようとする男の果てもなき旅路だった（その三八度線は、北朝鮮への「帰国センター」があった日本の〝新潟〟を通っている）。

地底の坑道から、海をくり抜いた道から、遥かな海鳴りが聞こえてくる。濡れた水の手の記憶が甦る。泥土のなかにミミズのごとくのたうち回って、未だかつて見たことのない、在日の「地平」が立ち現れてくる——。番組では、長篇詩『新潟』の第Ⅱ部「海鳴りのなかを」の一節を、故郷・済州島の海辺で、時鐘さん自身に朗読していただいた。封印されていた四・三事件の目撃された光景が、少年と海と、還らぬ父の記憶のなかに昇華されていく。

ここでは、第Ⅲ部「緯度が見える」のなかの一節を、少し紹介してみよう。もともとは在日朝鮮人たちの詩誌『カリオン』(一九五九年)に掲載された、「種族検定」という詩の一節である。

角をまがることで
彼と俺との関係は決定的なものとなった。
ふた停留所も先に
バスを捨てたのも
かぎ型にひんまがる
この角度の硬度が知りたかったためだ。
異様なまでの
ねじっこい目が
はがね以上の強靭さで
元の直線に
はねかえったとき
俺はしずかに
歩をとめ

まず右手から
おもむろに四肢獣になっていった。
きゃつが犬であるためには
それ以上の牙を
俺はもたねばならぬ。
少なくとも
犬にしてやられる人間でないことの証左に
俺は何かを
しでかさねばならぬ。
よし、こいつを俺のカスバへ誘い込もう!
それに俺はこのところずっと空腹だし
第一日本へ来てまで追いつめられる青春には
もうこりごりだ。
空腹。
〔略〕
俺は
ゆっくりと

奴との視点を
合わせたまま
せまい通りをよぎりはじめた。
奴の歩行が
止まった。
反りぎみに上体がかがんだ。
疾風にあふられたように
俺はもんどりうって叫んだ
〝犬だア！〟

脂くさい土間が
総立ちになった。
奴は俺に
おおいかぶさるようにして
親愛なる同胞に
しめあげられた。
正真

親愛なる同胞に！
脂とにんにくと
人いきれのなかで
俺は当然の
報酬を待って言った。
〃夏はやはり犬汁《ケジャン》ですなあ……！
鉢を取りかえていた女将《アジュモニ》が
けげんそうに
まじまじと俺を見た。
そしてふり向きざま
〃おっさんこいつも犬やでえ！〃
一切の聴覚が
断ち切られ
一本の杭に
つながれて
奴の執拗な
執念にうずくまった。

どこかイカイノかツルハシあたりの、見えない町の路地奥の〝脂とにんにくと人いきれ〟の匂いが立ちのぼってくる。朝鮮から〝不法入国〟したひとりの男が、私服刑事に付け狙われている。公安刑事かあるいは入国管理局の回し者か。黒いふたつの影が、迷路のような路地をよぎる。男は追ってくる刑事を、〝正真、親愛なる同胞〟たちの根城に誘い込もうとする。そのめくるめくような距離感、そして既視感。だがそこでは、彼もまた異邦人なのである。〝おっさん、こいつも犬やでェ！〟

条件はちっとも変ってはいない。
四肢のほとんどを折られたまま
奴がにじりよっていうのだ
〝外国人登録を見せろ〟
〝登録を出せ〟
〝登録を出せ〟
俺はすなおに答えて云った。
生れは北鮮で
育ちは南鮮だ。
韓国はきらいで

朝鮮が好きだ。
日本へ来たのは
ほんの偶然の出来事なんだ。
つまり韓国からのヤミ船は
日本向けしかなかったからだ。
といって
北鮮へも今あ行きたかあないんだ。
韓国で
たった一人の母が
ミイラのまま待っているからだ。
それにもまして
それにもまして
俺はまだ
純度の共和国公民になりきってないんだ——
おっさんの手ごろな薪が
奴の詰問を終わらせた。
一撃、

二撃、
三撃
めが俺の脳天に喰いこんだ。
囲いのような
裏庭で
青白い日輪が
三つも四つも舞い狂った。
遠い耳鳴りのように甦ってくる
蟬のうなり。

（『新潟』Ⅲ「緯度が見える」）

越境者にとってはまさに非日常こそが日常、日々の出来事である。そんな異郷の日々のなかに投げ込まれたひとりの人間の、のたうち回るような身体感覚、聴覚、嗅覚、触覚、五官の感覚がもろに伝わってくる。一切の観念的修辞がそぎ落とされる。行動そのものが発語だ。戦争と国家の抗えない大状況のなかで、虫けらのような個の尊厳が全身全霊を賭けて立ち向かってくる、と言ってもいい。そこでは他者に叩きのめされることすら「自由」であり、踏みつけられ、這いつくばった路上こそが、「現在」なのである。這い上がるべき〝未来〟は、そこにしかない。鳴かない啞蟬の怒り。地表をミミズのようにのたくって変身を夢見る自分。長篇詩『新潟』には、敗戦直後の浮島丸事件の朝鮮人受難の記憶に始まって、当時はタブーだった済州島四・三事件、さらに日本の同志たちと共に闘った大阪での吹田闘争など、そこかしこに個人的体験と記憶が塗り込められている。それは日本に渡って一〇年、在日の活動家として生きて、詩を書いた時鐘さんの集大成であり、ひとつの記念碑的作品だったと言えるだろう。分断された祖国に未来はあるのか、自分は一体何者なのか——、一九七〇年、満を持して、一切の組織的制約と呪縛をかなぐり捨てて、この詩集を世に問うた時、それは詩人の新たな出発を意味するものでもあった。歴史の重力に押し潰され、苦渋に引き裂かれながらも、そのみずみずしくあたらしい言葉は、半世紀後の現在を生きる私たちに届けられる。そしてその詩の言葉は今、日本や朝鮮であることを超えて、多くのディアスポラな生を生きる、世界の民族の宿命と向き合っているのだと、私には思えるのだ。

さらされるものと、さらすものと——朝鮮語教師の日々

私がこの本のなかで書き進めてきたのは、ドキュメンタリー番組の取材の途上で、芸能やうたの世界を入り口にして、辺境で生きた人々の漂う思い、言葉にならない言葉を追い求めていったものだった。そして今、私は、金時鐘というひとりの稀有なる詩人の詩聲が、その路上の遥か遠くに、重なり合い、響き合っていることを信じて疑わない。

一九六〇年代以降、時鐘さんは、小野十三郎の主催する大阪文学学校で特別講師を務め、詩や文学を志す若い日本人の生徒たちに教えてきた。朝鮮と日本、自分の内に宿命的に居座った日本語の

来歴を語り、自身の詩の在り処を説き、翻ってそこから日本で生きるということの意味を問い掛けていく。授業が終わると近くの谷町空堀商店街で、奥さんの順喜さんが営む朝鮮料理屋に皆が集まった。時には辛辣に、欺瞞や不正義には有無を言わさぬが、誰彼をもつつみ込む金先生の人柄であった。そんななか、猪飼野生まれだが、母親が済州島出身者で、長編小説『火山島』を著した在日作家の金石範《キムソクポム》や同じ文学仲間で後輩だった梁石日《ヤンソギル》たちと交友を深め、さらに詩人の黒田喜夫や作家の中上健次らとも交流を持っていく。ひとりの自由な越境者であり続けること、それは、被差別部落や奄美・沖縄からの移住者など、日本社会の片すみで生きる人々への共感溢れる眼差しともつながっていく。

番組では、時鐘さんが一九七〇年代から十数年にわたって、朝鮮語の教師として勤務した兵庫県立湊川《みなとがわ》高校にも取材に訪れた。当時、解放教育を推し進めていた湊川高校では、正課の授業として朝鮮語を取り入れることになり、公立学校では初の朝鮮人教師として、時鐘さんが夜間学級で教えることになったのである。高校には、学区内にある被差別部落から通う生徒たち、在日朝鮮人の二世・三世、奄美や沖縄にルーツを持つ生徒など、出自の異なる様々な生徒たちが集まっていた。そのなかでも、家庭の事情で昼間の学校に通えない者たちが夜間学級で学んでいたのである。時鐘さんは、そんな世間から底辺校と見做される学校に通う若者たちに、自分が苦労して習い覚えた朝鮮語を教えることに、内心、自負と誇りを感じていたという。だが、出口のない境遇、やり場のない感情のなかで、生徒たちは荒れていた。教師への暴力沙汰も日常のことだった。そして時鐘さんの思い入れと期待は、登校初日から裏切られることになったのである。

湊川高校での就任当日、講堂で新任のあいさつを終えた時鐘さんの前で、思いもかけぬことが起きた。ひとりの被差別部落出身の生徒が、いきなり壇上に駆け上がって、時鐘さんに向かって罵倒の言葉を浴びせた。「――ワシらに何せいって言うんじゃ、何で朝鮮語せなならんのや、そんなエラい先生やったら、何でこんなダボばかり集まった学校に来たんや――」、そして「チョーセン、帰れえー」と絶叫したのである。

予想もしない衝撃だったが、時鐘さんは怯むことはなかった。新しい朝鮮語の授業の場で、自身の存在を賭けて、反抗する生徒に向き合っていったのである。首がへし折られても教壇を降りるわけにはいかないと思ったと、時鐘さんは話した。

「何故なら、私は十七歳の時、日本が戦争に負けて、植民地支配から解放された。だがその時、私は朝鮮語のイロハも書けなかったんだからね。自分の国の言葉を奪われていた。そして本当に悲痛な思いで朝鮮語を勉強して、そうして習い覚えた自分の朝鮮語を、もし分け与える者がいるとすれば、現代日本の最も底辺校であえぐ若者たちしかいないと思った。自分の朝鮮語への思いを分ち合うには、彼らが最適だと思うたんや。だが当初は、彼らはいつも、何で役にも立たん朝鮮語などせなならんのやと喰ってかかる。私は彼らに言った。朝鮮語が役に立たんと君らは言うが、この日本ではな、朝鮮も部落も、最も役に立たないものとして扱われて貶められているんや、朝鮮語を辱めることは、自分自身を辱めることになるんやでェってね。私は彼らに、再度朝鮮語を辱める側の日本人には、なってほしくはなかった。貶められ、出口のない彼らにこそ、真に学ぶことの意味を知ってほしかったんやね」

取材では、当時、苦労を共にした湊川高校の教師たち、そしてかつての教え子たちと再会する。

李成植《イソンシク》さんは、七〇年代半ば、湊川高校を八年かかって卒業した。兄弟たちの学費を稼ぐため、昼間はトラックの運転手をして働き、何度も休学した。当初は「国本」という通名を名のっていたが、時鐘さんの授業に出るようになって、本名を名のる決意をしたという。時鐘さんによれば、当時の李さんは髪を短く刈り上げ、金縁の眼鏡をかけて肩をいからせて歩くような、どう見ても高校生らしからぬ風貌だった。

「最初は反発してね。日本で生まれて、日本の学校へ行って、朝鮮語も話したことがない。行ったことも、見たこともない国や。何で今さら、朝鮮語勉強せなならんかって思ったね。ただ本名かくして、働いている時に、たまたま日本人の同僚が朝鮮人の悪口など言うのを聞くと、内心、複雑な思いだった。金先生の授業に出てみることにした。そしたら、いきなり朝鮮名を名のれって言うんや、何でやねんってね。朝鮮語というのは、いくつかの母音と子音の組み合わせで、最初はむずかしいなって思ったけど、ある時、授業で金先生が、朝鮮語の文字は、空を飛ぶ鳥のさえずりから、海の底の貝の鳴き声まで表すことができると言った。その時、こんなすごい言葉があるのかと思ってね、その言葉はいまだに覚えているんや」

かつての同級生が経営するお好み焼き屋で、時鐘さんを前にして、李さんはそう語った。卒業式の日、李さんは全校生徒の前で答辞を読むことになった。その答辞のなかで、李さんは、「本名を隠して生きることは、酒を飲んでも酔えないのと一緒だ」（『金時鐘コレクションⅦ 在日二世にむけて』藤原書店、二〇一八年所収）と述べている。そんな湊川高校での日々を、時鐘さんは「さらされるものと、さらすものと」という優れたエッセイのなかに記している。「自分の幼少期には、自分の国の言葉はなかった、世界中の子どもたちが持っているだろう『わらべ歌』はなく、あるのは日本のうただった。その押しつけられた、〝やさしいうた〟が今もって自分の幼少期を彩っているのだ……」。朝鮮語の授業は時鐘さん自身にとっても、自分の意識の最も深い場所で日本と向かい合い、自己をさらして生きることにほかならなかっただろう。――自分の何が一体、解放されたのか。

海鳴りの果てに――帰り着けない路上で

一九七〇年代から八〇年代にかけて時鐘さんは、『猪飼野詩集』と『光州詩片』という二つの代表的な詩集を発表している。そこにいついて暮らしてきた「猪飼野」の、在日同胞たちの人間的なぬくもり。一方、一九八〇年五月、全羅南道《チョルラナムド》・光州市で起きた「光州事件」に海を隔てて対峙した『光州詩片』は、不在であるが故の、引き裂かれるような緊迫感に満ちている。この二つの詩集は、ディアスポラな詩人の内と外を映し出して、まぎれもない傑作詩篇である。

当時、繁栄を謳歌しはじめた日本はやがて、バブルの狂乱へと突き進む時代だった。一方、海を隔てた韓国では、日本の「経済支援」のもとで、ながく独裁政権を続けてきた朴正熙大統領が暗殺され、後に座った国軍保安司令官、全斗煥政権の強権政治に対して、国中に民主化闘争のうねりが沸き起こっていた。朴正熙も全斗煥も旧日本軍閥の人脈に連なる親日派——民族反逆者だった。抵抗の火の手は紡績女工、炭坑労働者などの労働争議の現場から上がり、学生市民が呼応する。そんななか、光州では、道庁を占拠し「解放区」を作り上げた市民たちに、軍の空挺部隊が襲いかかり、一斉射撃を繰り返して民間人一六〇人以上が犠牲になるという、大流血事態となったのである。

時鐘さんは、事件の首謀者とされ絞首刑となった五人の若者たちのために、腸《はらわた》をえぐられるような思いで、一篇の詩を書き上げる。

日が経つ。
日日にうすれて
日がくる。
明け方か
日暮れ
パタンと板が落ち
ロープがきしんで
五月が終る。
過ぎ去るだけが歳月であるなら

君、
風だよ
風。
生きることまでが
吹かれているのだよ。
透ける日ざしの光のなかを。

日は経つ。
日日は遠のいて
その日はくる。
ふんづまりの肺気が
延びきった直腸を糞となってずり落ち
検察医はやおら絶命を告げる。
五つの青春が吊り下げられて
抗争は消える。
犯罪は残る。

揺れる
揺れている。
ゆっくりきしんで揺れている。
奈落のくらがりをすり抜ける風に
茶褐色に腐《ふ》れていく肋《あばら》が見えている。
あおずみむくんだ光州の青春が
鉄窓越しにそれを見ている。

誰かを知るか
忘れるはずもないのに
覚えられないものの名だ。
日が経ち
日が行って
その日がきてもうすれたままで
揺れて過ごす人生ならば
君、
風だよ

風。
死ぬことまでも
運ばれているのだよ。
振り仰げない日ざしのなかを
そう、そうとも。
光州は　さんざめく
光の
闇だ。

（「骨」『光州詩片』所収）

朝鮮と日本のはざまで、「在日」というひとつところを唯一の拠り所にして、日本に来てからもはや七〇年という長い歳月を生き過ぎてきた金時鐘さん。遠い記憶が、陽炎のように揺らめいている。かつて、自分を育んでくれた猪飼野という地名もとうに消えてしまった（一九七三年に地名表記消滅）。そこは時鐘さんにとって、たとえ帰り着けない場所だとしても、まごうことなき、もうひとつの家郷だったろう。詩集『失くした季節』には、時鐘さんがもっとも最近、猪飼野の町を歩いて書いた「空隙《つぼくら》」という一篇の詩が収録されている。そこで生きてきた人々のながい歳月、悲哀、情感、陰影に満ちた描写が、そくそくとして胸を打つ。

運河の澱《よど》みに雨が刺さっている。
冬の雨脚に路地の古い甍《いらか》が濡れている。
何時から飾った造り花か
乾いた色をくすませて
簞笥の上でもたれ合っている。
生よ。
連れていかれた人の
嗄《しわが》れた声よ。
海を渡っても在所が切れず
時代が、世代が、移ろうと変わろうと
依ってきたった習わしでとおし
ついにそぐうことなく
半可な国訛りで老いてしまった
集落止まりの日陰の日本語よ。
ホトケェーホトケェー
かまわないでと言ったのか
ホトケさまァ、と叫んでいたのか。

施設の車に乗せられるあいだ
老婆は絶えだえに身もだえたのだ。
そもそもの初めから
言葉は異様な抑揚の反復だった。
居ついた人々の馴れ合わないひびきが
暮らしの底の澱《おり》のように
日々の透き間で粘っていたからだ。
すっかり世代は遠のき
老いのこだわりも裏路地どまりだ。
継いではもらえない老婆の
名残りの部屋の在所を閉ざして
黒く物干しが濡れている。
冬の雨脚は
筋まで見える白い雨だ。
遠目にコリアンタウンのゲートが煙り
仕舞い忘れた風鈴が
かすかにぼくの心で鳴っている。

（「空隙」『失くした季節』所収）

涯ての詩聲——3・11後の世界へ、詩人吉増剛造の旅

詩人・吉増剛造さんと会ったのは二〇一八年の初夏のことだった。私がNHKを退職して以来、時折手掛けてきた、NHKの「こころの時代〜宗教・人生〜」という番組に出演していただくことになったのである（「詩の傍《そば》で」二〇一八年七月八日）。その時の取材は短い時間だったが、福島の浪江町や第一原発のある双葉町、吉増さんの展覧会「涯テノ詩聲」展が開催されていた沖縄・那覇、辺野《への》古《こ》の海、さらに詩人が少年時代を過ごした東京の多摩川、福生《ふっさ》、横田基地などを訪れた。その旅の途上でいろいろとお話をうかがい、そして仕事場である東京・佃《つくだ》の高層アパートで二日間にわたり、ロングインタビューをさせていただいた。それは吉増剛造という天才的詩人のほとばしる、火のような詩魂のほんの一端に触れ得ただけだったが、それでも私には詩人の歩いてきた世界、その言葉のひとつひとつが、ある予兆めいた、黙示的な預言的な言葉に思えたのである。二〇一六年、詩人としては初めて国立近代美術館で開催された大規模な回顧展の「声ノマ　全身詩人、吉増剛造」展、続いて、栃木、沖縄、東京を巡回した「涯テノ詩聲　詩人　吉増剛造」展、展覧会はいずれも、若い世代の間で大きな反響を呼んだ。それらは第一詩集『出発』（新芸術社、一九六四年）、第一回高見順賞を受賞した『黄金詩篇』（思潮社、一九七〇年）以来、詩と朗読、映画、音楽、舞踏など様々な芸術領域、ジャンルを超え、世界と文明に対峙してきた稀代の表現者の、終わらない旅の軌跡であった。

そして3・11の大震災、なかんずく福島第一原発事故を挟んだ、『裸のメモ』（書肆山田、二〇一一年）、『怪物君』（みすず書房、二〇一六年）、『根源乃手／根源乃（亡露ノ）手、……』（響文社、二〇一六年）、そして『火ノ刺繡』（響文社、二〇一八年）へと至る一連の仕事は、前人未踏の未知の表現領域へと踏み込んでいく。そこでは3・11という文明の大厄災に真っ向から立ち向かう詩人の決死の気迫が伝わってくる。3・11の福島原発事故が現前させたものとは、大自然の真の脅威の前では、いつでも統御不能に陥る科学技術文明の脆さであり、もっとも極端な言い方をすれば、原子力という禁断のエネルギーを国是として推進していった、国家・経済システムの死――終焉であった。あえて言おう。故郷の山河は侵され、もはやそこに人間の場所はない。土地の産土神《うぶすながみ》すら、棲みなれた水辺を去っていく。後に残されたのは放射能にまみれた、剝き出しの荒野だ。詩人はただひとり、無力であるがゆえに――、その荒野に立ち尽くして、瓦礫と化した文明言語のその彼方から聞こえてくる、根源の聲に耳を澄ますのである。

「、、、石を一つづつ、あるいは一つかみづつ／うみへ／投じて／わたしは占う、、、／〝吉兆〟をではない／歌のあるかなきかを。」（『裸のメモ』）

河の女神の呼ぶ声――3・11大震災の東北で

二〇一一年三月一一日の東日本大震災から二カ月後、詩人・吉増剛造は、大津波に襲われた北上川の河口に立っていた。幻聴が聴こえた。「私が、ここに立っているのよね……」大海嘯のかそけき、河の女神の呼ぶ声がした。河は文明の発祥の源、吉増さんはかつて、河の女神に捧げる詩篇を書いたこともある（一九八六年）。夥しい瓦礫が遺された、無人の町を歩いた。瓦礫ではない、人々の無数の小さな生活のかけら。コンビニの看板が引きちぎれて青い光を放っている。家の古畳が身をよじらせ、あられもない場所に転がっている。ふと地面から一枚の、濡れた年賀状のハガキを拾い上げる。濡れて判読不能な文字。滲んで、崩れた大地の染み、古畳――。

「北上川に泊まって、気仙川に沿って車を走らせている間もずっと、その女の人の――河の女神の、囁くような声が聴こえていたのね。そして大津波の跡を歩いていると、もう言葉がない。古畳が身をよじらせて道端に転がっている、宙に舞っている、瓦礫なんかじゃない、そんなまのあたりにする光景を、言語化することができない。どうしたらこれを表現することができるのか、どう表現すれば許してもらえるのか、それを表現する自分とは一体何者なのか、詩というのはそんな時、とても不思議な回り道をするんですよ」「自分は常に、世界の瓦礫状態みたいなところで、何か詩を追い求めてきたけれども、しかし、やっぱりこんな途方もないことが起きてしまった。その時、とっさに頭に浮かんだのは、自分はこれに詩人として責任を取らなくちゃならないということだったのね。だから、その後の新聞のインタビューで、アイルランドの詩人、W・B・イェイツの言葉を引用して、〝詩人は自分の見た夢に責任を取り続けなくてはならない〟なんて答えたりした……」

その時、吉増さんの心に浮かんでいたのはもうひとつ、好きなアメリカの女流詩人、エミリー・ディキンソンの詩の言葉だった。エミリーはアメリカ北東部、マサチューセッツ州の田舎町で生涯を暮らした。日常の小さな出来事のなかに、深く、無辺の詩の世界が広がる。道端の石ころひとつの描写に、〝荒野の石ころをパンに変える〟、あの神の子イエスの聖書の事蹟が重なる。吉増さんは、敬虔なプロテスタントだった彼女の、ピュアな言葉の背後には、凄まじいまでの〝聖書の荒野〟が広がっていると言う。エミリー・ディキンソンの、「シーツはまっすぐに敷きなさい」という有名な詩の一節——。

死の床を広くつくるがよい
畏れと敬いでつくるがよい
優れて公正な審判の日の始まるまで
そこで待つが良い

褥《しとね》を真っ直ぐに
枕をふくらませよ
日の出の黄色い騒音から
この場所を守れ

（中島完訳『エミリ・ディキンスン詩集』国文社、一九九五年）

幻の川の背中に乗って――『草書で書かれた、川』

「今度の戦争は、大東亜戦争だよ、ゴーチャン……」、遥けき祖母の声を、吉増さんは今も覚えている。一九三九年、東京・阿佐ヶ谷に生まれ、米軍横田基地のある福生市で少年時代を過ごした。父は戦争中、立川に隣接する昭島の三井の昭和飛行機で零戦の設計技師をしていた。自分は〝非常時の子〟だったと吉増さんは言う。父の故郷、和歌山での幼少期の疎開体験が、最初の記憶の光画のように張りついている。川の土手の道でグラマンの機銃掃射を見た日、米軍の偵察機から降ってきた銀色のテープ、そして親戚たちが集まっていた疎開先で出会った、ヒロちゃんという女性の思い出――、ヒロちゃんは疎開した農家の庭先で、強烈な真夏の日射しを浴びながら、水に濡れたような黒髪を振り乱して踊っていた。尋常ではなかったが、とても美しい人だった。昭和二〇年八月、疎開先から戻った吉増さんは、福生の国民第一小学校に入学、やがて地元のミッションスクール、啓明学園に転校することになった。

宇宙の一部分、銀河のあたりに、わたしは秘密の織物工場をもっている。
終戦後、弾丸工場はつぶれ、八王子空襲の夕焼け空を背に、一家は引越してきた。血のにおい
上空にたなびき、朝鮮半島へロッキードF80は飛んだ。

（「織物」『草書で書かれた、川』思潮社、一九七七年所収）

横田基地のゲートからまっすぐ駅に向かって、緩やかな坂道を下りた辺りに、終戦後、父が始めた織物工場があった。そこはかつての軍需工場で、戦後、その界隈は赤線地帯だった。溝口健二監督の映画のロケを覚えている。米兵と女たちの喧しい声、ガッチャン、ガッチャンと聞こえる機織り機の音、近くの青梅線の鉄路を暴走する列車の音、そして上空には横田基地から飛び立つ戦闘機の爆音が、四六時中聞こえていた。小学生時代の吉増さんの遊び場は、河岸段丘を下っていった多摩川の河原だった。基地のアメリカ、そして〃異語〃としての洗礼体験——、精霊信仰の少年ゴーチャン、多摩川の河岸段丘の風に吹かれ、幻の川の背中に乗って吉増少年は育った。後年書かれた詩篇『草書で書かれた、川』の中には、そんな少年の日の、水辺の記憶が散りばめられている。

多摩川
高麗川の
川がながれる
病院のみえるところで
野球帽かぶって
童《わらべ》は歌う
蛇籠《じゃかご》に河童《かっぱ》、猫《ねこ》じゃらし
蛇籠《じゃかご》に河童《かっぱ》、猫《ねこ》じゃらし

江戸築城のころから
怨みのつもった
多摩川
高麗川よ
少しく
小川の
浅川、秋川よ
虐殺《ぎゃくさつ》された山川草木《さんせんそうもく》の
ぎゃくさつされたさんせんそうもくの
精霊たちの
囁く声が聞こえてくる

（「老詩人」『草書で書かれた、川』所収）

虐殺された、山川草木たちの声――。東京の辺界、多摩川のほとり、川の民、山の民、渡来人たち、川を伝ってやってきて、そして歴史の支配者に消されていった異族たちの影が、精霊信仰の少年の瞳の奥深く、宿っている。

私は、インタビューでの冒頭、3・11の時の〃河の女神の囁く声〃の話を聞いて、吉増さんの初期の詩篇に漂う、暗く冷たい水の感じ、どこか文明のカタストロフィーへの予兆めいた感覚について尋ねた。吉増さんは言う、「詩の言葉が立ち上がってくる時は、何ていうか、頭が真っ白になる。もう、どうしようもないというか、どうにでもなれというか、絶望的な真っ白な気分になるのね。宗教的な感覚とも違うけど、何かが降りてきて、多摩川、高麗《こま》川……なんて言葉が自然に出てくる。その時の名状しがたいある透明感、それは間違いなく、真っ白な、創作の始まりの瞬間、空気。そして子どもの頃の記憶だとか、キリスト教体験だとかが昇華され、ピュリファイされて、詩ができあがっていくのね」

　子どもの頃、吉増さんは多摩川の上流から入った秋川渓谷に、化石の採集によく出かけたという。ある日、いつものように無心になって、河原の石ころをハンマーで叩きつけていると、割れた石のなかから、おそらく何千万年も前のウニの化石が現れた。だが喜んだのもつかのま、それは空気にさらされて、その無限の時間もろとも一瞬にして、酸化し、風化して、消え去ってしまったのだった。——多摩川、高麗川よ、河辺の幻、太古の場所、そこは、そこから飛び立っていく遥かなアメリカも含めて、詩人、吉増剛造の心の内を流れる、まさしく「詩の源郷」であったにちがいない。

多摩川
高麗川の
川の
土手を

ゆっくりと
歩いてゆく
やがて
渡船場《とせんば》から
老詩人も歩きはじめる
精霊の
もっとも美しいものの化身である
老詩人が
歩きはじめる
どこへゆくか
多摩川
高麗川
にながれこむ
小さな
俳句のような
枯川を渡る
血のにじむように

淋しい詩行を書きつづけてゆく
精霊スケッチだ
やがて
銀河系に棲む人々がいっせいに障子をあけるだろう
ボ——ッと
光る大星雲をみて
狂わないようにしようというの？
精霊の
老詩人について
ゆっくりと
歩いてゆく
雪国から
やってきたのか
一家の少女は黒髪を皮紐でたばね、竹製の櫛をつかう、水でなでつけた髪は風になびき、少女の裸体は雪山のようにそそりたっている！
多摩川
高麗川の

渡船場《とせんば》をすぎ
美しい
焔の恋人をあとにして
歌うたうように
多摩川
高麗川の
川辺を
歩いてゆく

（「老詩人」）

渡船場に佇む老詩人が風に吹かれて、川の流れを見つめている。過去から未来へ、未来から過去へ、とめどなく流れていく時間が美しい。遊行のうたびと、水辺の歩行者の姿、それは吉増じしんの姿とも重なってくる。

羽村五ノ神の「まいまいず井戸」

もうひとつ、吉増さんと取材で共に訪れた多摩川の近くで、忘れ難い印象を与えた場所がある。そこは福生市の隣駅、羽村の駅のそばに残る、五ノ神の「まいまいず井戸」という不思議な井戸の跡である。吉増さんはここをたびたび訪れて詩や文章に書き、〝gozoCiné〟と呼ばれる映像作品も作っている。直径は三〇メートル近くもあるだろうか、〝まいまいず〟、カタツムリの渦巻きのように螺旋状に砂地を掘り下げていった、その窪地の一番底に泉が湧く小さな井戸が掘られている。もう今は使われてはいないが、その昔、土地の人々や近くの奥多摩街道を行き来した旅人たちに利用されたという。周囲は高い樹々の梢に取り囲まれていて、五月の眩い木漏れ陽が射し込んでくる。吉増さんがその渦巻き状の小道を、片手に小さな精霊たちのカラカラという声を響かせながら、ゆっくりと下りていく。といっても、これには少し説明が必要だろう。吉増さんは、ふとした詩の旅に出かける時はいつも、洗濯に使う、ピンチハンガーを持ち歩いている。その洗濯バサミの先端には、南の島で拾った、民俗学者の柳田国男の『海上の道』にも出てくる宝貝や、アメリカインディアンの小さなカチーナドール、インドネシアのバリ島の精霊の仮面や、つい最近、百歳で亡くなった母親から届いたハガキなどが吊り下げられているのだ。

中心の井戸に向かって螺旋に回りながら下りていくと、深さは数メートルしかないが、次第に外界の音が遠ざかっていって、樹々の葉を揺らす風の音だけが大きく聴こえてくる。あたかも浮遊しながら降下していくような、奇妙な感覚にとらわれる。

「おそらくここに、大きな水瓶を頭にのせた女の人たちがゆっくりと、回りながら下りていったのね。そして水瓶に水を汲んで、ちょっとひと休みして、それからまた重い水瓶を頭にのせて、今度は身体の向きを変えて、回転を逆方向に上っていく。そんな身体感を味わうことができる。まあ、巨大な貝独楽《べいごま》のようなかたち、何か、宇宙からUFOが着陸して、飛び立っていった跡のようにも

gozoCiné を撮りはじめて最初に訪れたのが五ノ神の「まいまいず井戸」だった。
「井戸の底におりていく。だからもとは『螺旋歌』（河出書房新社、1990 年）です。詩の中で運動のぎりぎりのところを狙ってた。それが身体化してきてるんですよ。外から捉えようと思っても無理なの。だから、自分で「書くこと」と並行して「声」を同伴してやり始めた」（『我が詩的自伝』より）

思えるじゃない、何度もここへ来てるけど、ここは、私には、水の渦巻きの幻への道というか……。そして、この井戸の底では大海に棲む鮫の眼が見上げている、そして穴のてっぺんの、その淵からは巨大な馬が覗き込んでいる、そんなイメージが浮かんだのね」

小鳥の囀る声を聞きながら、詩人は嬉々とした表情を浮かべて、そう語った。

巨大な馬が立っていて、結界の淵をのぞき込んでいる。
雑草や小山の丘の繁みを下りて行って、結界から山は消え、
しずかになっていった。
その眼をみたことはないのだが、(薄い灰色だときいたことがある)
フカが来て見上げているようだった。
わたしたちは知らず知らずのうちに
禁じられた遊び——神遊びをするようになった。……

（「ユキ？ユキ」『オシリス、石の神』思潮社、一九八四年所収）

結界の、五ノ神神社の「まいまいず井戸」、そこは吉増さんがかつて訪れた、南島の「降り井」（ウリカー）、アイヌの人々の聖地である〃アフンルパル〃の穴にも連なる、詩の冥界への入り口とでも言ったらいいだろうか。吉増さんにいただいた『地名アイヌ語小辞典』（知里真志保、北海道出版企画セ

ンター、一九五六年）には、アフンルパルとは次のように記されている。「多く海岸または河岸の洞穴であるが、波打ち際近くの海中にあって干潮の際に現れる岩穴であることもあり、また地上に深く掘った人工の竪穴であることもある。この種の穴は各地にあり、そこを通ってあの世から死者の幽霊が出てきたり、この世の人があの世へ行ってきたりする伝説がついていて、そこへ近づくのはタブーになっている」。そこではアイヌの人々が海で獲った鯨の解体をすることもあったという。

疾走詩人――六〇年代の吉増剛造

一九六〇年代、吉増さんは前に述べたように、第一詩集『出発』、そして一九六七年に雑誌『文藝』（編集長・寺田博）に初めて発表した「疾走詩篇」、さらに一九七〇年の『黄金詩篇』と、時代を代表する前衛詩人として注目を集めていく。そのあたりの〝詩人誕生〟のいきさつについては、二〇一六年に出版された『我が詩的自伝――素手で焔をつかみとれ！』（講談社、二〇一六年）のなかで、自らくわしく述べている。田村隆一や大岡信《まこと》、飯島耕一ら先輩の詩人たち、盟友だった彫刻家の若林奮《いさむ》、アメリカのビート詩人、アレン・ギンズバーグの「Ｈｏｗｌ」（「吠える」）を翻訳した詩人・諏訪優、『三田文学』の編集長だった詩人の岡田隆彦、さらに舞踏家の土方巽《ひじかたたつみ》、写真誌『ｐｒｏｖｏｋｅ』を創刊した写真家・編集者の中平卓馬、作家の中上健次、写真家の荒木経惟《のぶよし》ら、時代の先鋭な表現者たちとの出会いと交流――。『自伝』のなかで吉増さんは、自らの詩の〝非常時性〟ということを繰り返し語っているが、そのめくるめくような疾走感は、辺境の多摩川のほとりで育った精霊の子が、音楽、ジャズのビート、舞踏、六〇年代という文化と政治の叛乱の、アナーキーな同時代の気分の果ての果てへと、まさに〝素手で焔をつかみとる〟ように身体ごとぶつかっていく感がある——。

「ああ　い触れけむ／古代天文台を夢みつつ／古代天文台を夢みつつ／現代の、孤独の／歌うたう／銀《しろがね》の、白馬よ、僕の死霊よ／言語雪降る、雪崩ついて疾駆せよ、疾駆して／実名にむかえ／ああ　空に魔子と書く／空に魔子一千行を書く／詩行一千行は手の大淫乱ににている！」（「古代天文台」『黄金詩篇』所収）

吉増さんは言う。「ある限界、必ずぎりぎりのところまで。それは詩の表現のなかに必ずある。これは旅心と言ってもいいや。芭蕉さんが『奥の細道』で言ってるような〝片雲の風にさそわれて〟、〝そぞろ神〟の旅心。ほんとに果てまで行っちゃおうという、それは創作がもたらすもの。辺境性」、道路に死なん、これ、天の命《めい》なり——。

静かな場所——新たな詩作行

一九七〇年、吉増さんは、詩人・田村隆一氏の推薦で、アメリカ・アイオワ大学の国際創作科に招かれ、半年間滞在した。そこではブラジルから留学していて、生涯の心の伴侶ともなる、妻のマリリアさんとも出会う。何もないアメリカ中西部の空漠なる大草原、車を駆ってアメリカ大陸の路上をロサンゼルスからサンタフェ、アリゾナ、テキサスへの旅、ネイティブ・アメリカンたちの悠久なる大地、赤い砂漠、精霊人形のカチーナドール。文明の狂躁を離れ、世界の「静かな場所」に降り立って、そこに聴こえてくる始原の聲に耳を澄ます。万物自然のささやき、色や匂いや風のおと。それは新たな旅の経験、新たな詩の思考の始まりでもあった。以来、インド、ブラジル、中東、アイルランドなど、世界の涯てへ、文明の縁(エッジ)へ、吉増さんは詩作の旅を続ける。母語を超え、文明言語のその先にあるもの。見たことも聞いたこともない〝異語〟の軋みのなかに、身をさらして、時には失語状態になりながら、眼で、耳で、身体で、根源の手で、未知なる言葉を、声を、うたを、探し求めていったのである。それはかつて人類と共にそこにあったもの、太古の営みの、生と死と歓喜の内にあったもの、そして追いやられ、消されていったもの、呼び覚まされるように、導かれるように、それは吉増さんという詩人にとって、宿命づけられた旅でもあった。

島尾ミホさんとの邂逅——奄美加計呂麻島への旅

八〇年代以降、吉増さんは、宮古島、沖縄、奄美——ヤポネシアの南の島々に足繁く通った。番組のインタビューでも述べているが、なかでも特別だったのが、奄美・加計呂麻島に暮らした作家の島尾敏雄、ミホさん夫妻との出会いだった。第4章でも触れたが、作家・島尾敏雄は魚雷艇の特攻隊長として加計呂麻島に赴任し、二人は、島の果ての濃密な時間のなかで運命的に結ばれたのである。吉増さんはことに、南の海の姆《はは》なる霊能者のような、ミホさんのたたずまいや言葉に、次第に深く惹かれていく。それは詩人、吉増剛造の心の奥底に宿ったポエジーと、南の島の果てから運ばれてくるミホさんの天性の、根源の聲との、巧まざる邂逅だった。そもそも二人の初めての出会いは、現代音楽家、柴田南雄《みなお》氏の合唱公演（「シアター・ピース」、『布瑠部由良由良《ふるべゆらゆら》』〈一九八二年〉）への出演だった。縄文の石笛や弥生の土笛など古代人の音や、念仏踊り、馬子唄、追分節など、辺境の民衆のなかに息づいてきた日本のうたを発掘し、自らの楽曲に取り入れてきた柴田氏は、その公演に、島尾ミホさんの〝譬えようもなく美しい奄美方言の語りと子守唄〟と、現代のジャズやロックのミュージシャンたちと〝ユニークな朗読〟のパフォーマンスを行ってきた吉増剛造氏の出演を依頼したのである。インタビューのなかで、吉増さんは、ミホさんの印象を、次のように語っている。

「最初は、ミホさんの丁寧言葉にとても驚いたのね。〝奄美においでくださいませな、とってもとってもすばらしいですよ、でも台風が参りまして、この間なんか台風様が、お通り過ぎになって、もう一度お帰りになってこられました〟なんて、台風に「様」をつけたりしてね」

「何度も、ミホさんを訪ねて奄美に行って、彼女の名作、『海辺の生と死』のなかに出てくる、死者の洗骨の話なんかをしていると、ミホさんが、〝吉増さんの驚かれた洗骨の場所はここでございます〟と言って案内してくれる。そこは山の端のちょろちょろと水の流れる、小川というより、清水のような水辺。〝ここで洗骨をいたしました〟ってね、そんな生活の何とも言えない、精霊的、神秘的な感じ。何かとても優しい、髪の毛がフワッと渦巻くような縄文の土器みたいなものに触れたこともあるんだけど、太古の女の人のなかに、そっと囁き掛けるようにすることによって、毒へビのハブをおとなしくさせるような能力があったらしい。例えば手紙のやりとりをしていると、ラブレターみたいに、〝奄美の湾の向こう側のお山にも、あたたかい雨が降っていまして、たぶんあの森のなかのハブさまたちも、さぞかし幸せなんでございましょう〟、なんて書いてくるのね、まるでお話を聞いているると、その小川も森も、湾の入り江も、大きな孔雀が羽を広げるみたいに、ふーっと風景が広がってくるような感じがした」

島尾夫妻と吉増さんとの交流は、二人が亡くなるまで続いた。二〇〇七年にミホさんがこの世を去った時、吉増さんは加計呂麻島に赴き、自らビデオカメラで撮影して、追悼の映像作品『gozo Ciné――奄美フィルム』を作成した。鹿児島から奄美航路の船に乗って加計呂麻島への旅、その最後の場面では、島尾敏雄の短編「島の果て」を吉増さん自身が朗読しながら、二人が濃密な時間を過ごした集落の、ミホさんの生家へと訪ねていく。南の島の独特の光、色、匂い、青白い、月影と、生家を取り囲んでいる薔薇垣の紅い花の鮮烈なイメージに彩られた、吉増さんの精魂のこもった作品である。その映像世界を文章で表現するのは、とても至難のわざだが、さわりを紹介してみよう。

タクシーのなかで吉増さんが島の運転手に語り掛ける。

「運転手さん、島尾ミホさんって知ってます?――はい、島尾敏雄さんの娘さんね、……ああ娘さんじゃなくて奥さんですか、ああ奥さんになるんですね、……奥さん亡くなったの? あらあら、そうですか……。タクシーがミホさんの生家に着く――。カメラは回り続け、ガジュマルの木、亜熱帯の鬱蒼とした樹々に覆われた家の庭先へ入っていく。吉増さんの朗読する声、幻想的なひとりがたり。〝……月かげで、ものなべては青白く、もののかたちは黒々と区切りがついていました……、中尉さんが部落の路地にふみこむと何とも言いようのない芳香に包まれてしまいました〟……美しい、青い生垣に浮かび上がったハイビスカスの紅い花――、カメラはその花弁の宇宙に吸い寄せられていく、……こうした心のフィルム、心の被膜、……これが月の匂い、月に溶け込んで、夜に溶け込んで、こういう匂いになるのね……、光っていうのはもしかしたら、万物宇宙の被膜かもしれないね、ねえ、……何かとても怖い思いと共に、恐怖と共に、二五年前にわたしは島尾さんとミホさんに近づいていきましたけれども、もしかしたらこの匂いだったのかもしれないね、ねえ、ねえ……、ミホさん、ありがとうございました、ミホさん、ミホさん……、ありがとうございました……」(『gozo Ciné――奄美フィルム』より)

島の果て、宇宙の階《きざはし》の、まるで黄泉《よみ》の国に降りていくように、吉増さんは語り掛ける。かそけき詩の細道を、耳を澄まし、どこまでも降りていく。生きている死者との対話、詩の冥界への旅――。そしてそれはいつしか、幻視する少年のあの永遠の河の水辺へと、ふたたび巡っていくのだ。例えば旅ゆく詩集、『螺旋歌』のなかの、「河の声から川倉へ」という詩の冒頭の一節に、ふと惹きつけられる。

「(何故濡れてるんでしょうね)――遠い歩行に耳を澄まして、水音を聞いていた。一年に二度、堤に佇むと、その河の声が聞こえるようになる。一度、二度、三度と足をはこぶ。その河に沿って歩くのは二度目なのに、白い着衣の女性の印象が浮かんだ河に、息をのむ。手がふれると手が立って来るようだ。〔略〕

(島の井に)わたしたちも、これから歩いて行く、敷石。小石に、少し足をすべらせるようにして。歌声物音がしずかにひびく処に舞い下りて行くことでしょう。(心はかあるい、乗りもの)(………、)」

『オシリス、石ノ神』――夢の中径《なかみち》

詩とはいつも、夢魔の歩行の彼方からやってくると、吉増さんは言う。ここで吉増さんの代表作のひとつで一九八四年に発表された詩篇、『オシリス、石ノ神』について触れてみたい。

それは前述した柴田南雄氏のシアターピース『布良部由良由良』への参加が、ひとつの巡り合わせともなって生まれたものだった。大阪での公演が終わった帰途、劇での興奮醒めやらず、ふと、飽《あ》くがれ出《い》でる心に誘われた吉増さんは、近鉄南大阪線に乗って、奈良の二上山へと向かう。大和と河内の境に位置する二上山は、前にも述べたように、万葉の悲劇の皇子・大津皇子や当麻曼荼羅の中将姫の伝説、そして作家・折口信夫《おりぐちしのぶ》の畢竟の傑作、『死者の書』にも描かれる霊峰である。そこは古代から石器の材料に使われたサヌカイト石の産出地でもあった。詩人の乗った電車は、藤井寺の駅を過ぎ、古墳群のいくつかの丘を見ながら、穴虫峠というところを通って、二上山駅へとさし掛かる。山越しの阿弥陀、藤原の郎女《いらつめ》の高貴なる女人の姿、やがて徐々にスピードを上げて電車は山中の隧道へ、幻のトンネルへと分け入っていく。ちなみにオシリスとは古代エジプトの神話に登場する冥界の王、その妻、妹神であるイシスは再生と誕生の女神である。吉増さんは、その幻のトンネル、〝夢の黄泉の小径〟を辿りながら、必死でペンを走らせる。

オシリス、石ノ神

穴虫峠トイウトコロヲ通ッテ、二上山マデ、歯ヲクイシバッテ考エテイタ。コフンナノダロウカ、コダカイ丘ガイクツカ、電車ハ、オオサカト、ナラノ県境ニカカッテイタ。〔略〕

歯を食いしばって考えている詩人の心に、何故かふと、B級映画で見た古代のエジプト人の老いた夫婦の姿が浮かぶ。老夫婦が話し掛ける。……ワタシドモノ子ガ、一人息子ガ放蕩息子デシテ、賭事のカタに、トウトウ、私共ガ、死ンデカラ行クハズノ、墓ヲ、売ッテシマッタノデス……。電車がスピードを上げて、山中を下り始める。〃別の境界が窓から入り込んで〃くる。詩人は大急ぎでペンを走らせる。


一人駅員ノ駅ヲ出テ右ニ折レルト、二上山ガ前ニアル。

コレハ、緑ノフタニナル山、頬ヲ染メ、ソノ柔カナマルイ山、囁イタノハエジプト人夫婦ナノカ私ナノカ判ラナイ、オシリス、トイフ、女（?）、カミガ、路傍ニ、イタ。

不思議ナコトダ、死後ノ住居マデモ、放蕩息子ニ、売リ払ワレテシマッタ、ソノフタオヤ（親）ハ、悲シンデハイナカッタ。

死後ニ、行ク処ガナクトモ、モオ、イイノデス。ソシテ、私ノナカノミチヲ岸壁ニソッテ、

歩イテ行ッタノダッタ。〔略〕

二上山駅で降りた詩人は、道端で、薄い紫のブラウスを纏った若い女と出会う。詩人は尋ねる。……アノ、フタエマブタノ、美しい山ガ、二上山ナノデスカ……、駅の踏切に降りて、石をふたつ、そっと拾う。ホームの木製のベンチに腰かけて、柔らかい、その二上山に見つめられながら、一心に詩を書き続ける。気がつくと、スピードを上げた電車がホームに滑り込んできた。慌てて車内に駆け込むと、腰かけていた木製ベンチの木が折れて、立ち上がっている。……ふたたび、古代エジプト人の老夫婦の聲が聞こえてくる。

二上山への幻想的な、詩への旅。古代と現代の聲が交錯して、どこか遠い不思議な世界へと誘われるようだ。後日談だが、吉増さんが、歯を食いしばって書き続けていた、そのトンネルは、後日訪ねてみると、どこにもなかったという。それは詩人のつかのまの幻覚だっただろうか。とてつもない夢の中径を辿って、詩は詩人の肉体に降りてくる。

モウイイノデス、私共ノ放蕩息子ガ……、
薄イムラサキノブラウスダッタ。
美しい山。
〔略〕

木ガ折レテ、立チ上ッテイタ。
ソノ周リヲ、蛇ガ廻ッテイタ。石ヲ二個、腹ニノンデ、静カニ、蛇ガ廻ッテイタ。

未来のほうへ耳を澄まして、荒野《あれの》に呼ばわる砂漠の洗礼者のように、あるいは潮垂れた四国のお遍路さんのように、またあるいは大海に幻の白鯨を追う片足の船長のように、文明の縁へ、そのほとりへ、果てなき詩の遍歴を続けてきた詩人・吉増剛造。ディキンソン、ヴァレリー、イェイツ、カフカ、北村透谷《とうこく》、萩原朔太郎、古今東西の詩人たち、民俗学者で詩人の柳田国男や折口信夫《おりぐちしのぶ》、ゴッホやクレー、芭蕉からニーチェまで、吉増さんの詩の領域は、果てしない無辺の拡がりを見せる。まるで銀河系の星雲のその渦巻きのなかへ、飛翔するのではなく、一歩一歩にじり寄っていくような歩行者の姿、彼方への旅人――。拙い私の頭のなかには、そんな途方もないイメージも湧いてくる。
二〇一六年に語られた『我が詩的自伝』の最終章のなかで吉増さんは、「言葉を枯らす、という言い方の底には、〝歌〟への希求があったということ」と、はからずも述べ、さらに、「ニーチェの『ツァラストラ』と、芭蕉さんの『奥の細道』を、同行二人のようにして読んできたらしいことに気付いていた」と語っている。〝人間は、超えられるべき何か――〟(『ツァラストラかく語りき』佐々木中訳)であった。

〝濡れた山のヴィジョン〟――長篇詩「石狩シーツ」の世界

一九七〇年代から九〇年代にかけて、そうした旅のひとつの終着点が、一九九四年の夏に訪れた北海道、石狩川の河口で書き上げた、「石狩シーツ」という作品だったろう。その年の一月、ブラジル・サンパウロでの二年間の客員教授の生活から戻った吉増さんは、石狩川河口から流域を遡って夕張の廃坑跡まで旅をする。かねてより、死者の霊を呼び寄せる、青森・下北半島の恐山のイタコさんたちの語りの津軽弁や、文字を持たないアイヌの老女の昔語り（ウエペケレ）の声などに強く惹かれてきた吉増さんだった。本人の言葉を借りれば、まるでフェデリコ・フェリーニの『甘い生活』（一九六〇年）に出てくる、サーカスのテントの原型のようなイタコさんたちの生活世界、アイヌの語り部の老女の〝小さな虹が立つような〟美しい声。ブラジルでは異言語のなかに自らを追い込んで、毒虫のように、失語し、極端なノイローゼ状態にも陥ったという吉増さんだったが、そんな精神の空洞を抱えて、詩人はふたたび北の地へ、聖なる渦巻きの穴、いわば〝心のアフンルパル〟へと向かったのである。

そもそもイシカリとは、〝イシカリノカ〟――アイヌの人々の神話では銀河という意味で、アイヌの神様が親指で彫り込んだのが石狩川だという。アイヌの人々は古来、海からさかのぼった川が天に昇って銀河になると信じてきた。だがその河口は、現在では札幌の衛星都市のはずれ、廃船や廃バス、産業廃棄物などが無造作に打ち棄てられ、都市文明の最終処分場のようになっていた。その巨大化が3・11後のフクシマだった、その地点から決死で詩篇を作っていった、と吉増さんは言う。

その河口に、数カ月の間座り込んで、銅板に文字を打刻する銅板彫刻を続ける。打ち続ける手、言語を涸らし、心を虚にして。文明のエッジに身を横たえ、天地の皺のシーツにくるまれて。やがてそんな日々のなかから、一気呵成に書き上げられていったのが、長篇詩「石狩シーツ」だった。非常時の前の静けさ、ある寂寥感をともなった絶望的な状態、空洞のような状態がなければ、創作というところに辿り着けなかったと吉増さんは話す。

「船が捨ててある、バスが捨ててある、そこへ自分も捨てに行ってたのね……。ある日、夕暮れの河を見つめていたら、サッカーボールがひとつ、河口から川をさかのぼって流れてきた。ふつうは川というのは、海に向かって流れていくものと思っているけど、アイヌの人々のなかには、川は海からさかのぼって山に昇っていくという考え方がある。僕も、文明の発祥の河というものが、海から入ってくる者たちの声でもあるということをつかまえていたので、今度、3・11の大震災が起こった時、そのことが全身を襲った。ああ、河口から巨大な竜巻となって、龍の女神が襲いかかってきたなあと思って……」

石狩シーツ、
「神窓」に、頬杖、……
白いインクの一角獣、
「濡れた山のヴィジョン」を、

〝不図《ふと》〟――想ひ浮かべて、鼻をあげた。

〝濡れた山のヴィジョン〟だった。長篇詩「石狩シーツ」の創作の契機となったのは、廃坑となった北炭夕張炭鉱（北上坑）の坑道の入り口で見た立看板の文字だったという。吉増さんが、この時撮影した写真は偶然にも多重露光写真になっていて、うっすらと雪を被った山、枯れはじめた紅葉の木々などの風景が、廃坑の坑道口の赤さびた鉄枠や、散乱した遺物と重ね写しになっていた。「第一坑道に立って、〝女坑夫もここに命を落とし、……〟という記述を読んだとき、私はとうとうここに辿り着いたと思いました」（「石狩シーツ」）。炭塵爆発で、坑道の地底奥深くに消えた女坑夫さんたちの姿、〝女坑夫〟という濡れた裸体のなまめかしい、〝非常に美しい言葉の響き〟――、ことに詩の最終局面で、……路傍のダイヤモンド、一塊の黒石をひろって、その石に語りかけた……、女坑夫さん、女坑夫さん、女坑夫さん、女坑夫さん……と、永遠《とわ》にリフレインされていくその声は、詩人の魂の最も奥底に宿る精霊の声が、河の女神と呼びかわす歌声だったのかもしれない。そして詩人は、〝裸体の蛇となって、思い出の、谷に、しずかに、下りて〟（『螺旋歌《らせんか》』）、いく……。

3・11文明の厄災――「請戸Blue Door」

「詩人は自分の見た夢に、責任をとり続けなければならない」。W・B・イエーツの言葉を引いて吉増さんはそう語った。そして詩人は「剝き出しの原野にただひとり立ち尽くして、根源の聲に耳を澄ます」と私は書いた。まさに3・11の大震災の、大津波と福島原発事故を挟んだ吉増さんの、『裸のメモ』から「怪物君・詩の傍で」と至る詩業は、崩壊し続ける世界の奈落の底から瓦礫となった言葉を摑み取って、未来へ向かって根源へ向かって投げ返すという、決死の離れ業であったと私には思える。詩集にそぐわない『裸のメモ』というタイトルは、大厄災への応答であったと吉増さん自身が語っているが（著者による詩集改題、『現代詩手帳』二〇一六年七月号）、それは震災の直前から書き続けられていたものだった。目にも見えぬような、色とりどりの細かな字で、びっしりと埋め尽くされた生々しい自筆原稿。異形の言の葉。それは書き続ける手、そのものと言ってもいい。その筆蝕は職人の、さらに言うなら古代の手つき、縄文人の手わざにも似ている。そこには日付が打刻され、長年の旅の蓄積、出会う人々や土地や風景、そして詩人の身体のなかに無尽蔵に宿った古今の先人たちの聲が、今さらのごとく甦ってくる。ひたひたと押し寄せる時代の予兆。それは、奥の細道ならぬ詩の夢の小径をさすらい続ける、稀有なる歩行者の跫音でもあった。

「、、、石を一つづつ、あるいは一つかみづつ／うみへ／投じて／わたしは占う、、、／〝吉兆〟をではない／歌のあるかなきかを。」。先に引用した『裸のメモ』の一節だが、吉増さんは3・11の大震災の直後、石巻や陸前高田、気仙沼、大船渡、八戸など東北の被災地を訪れている。さらに第一原発の事故から二年後、避難していた福島県浪江町の友人夫妻と共に、第一原発からおよそ北へ七キロ、警戒区域となっていた浪江町請戸へと入っている。そこは請戸漁港にほど近く、津波で大きな被害を出した場所だった。大津波で陸に打ち上げられ、転がっている漁船。自動車。建物の鉄骨の黒い塊。夥しい瓦礫。天災の凶暴な爪痕。吉増さんは白い防護服をつけ、その渚に座り込んで、渾身の力を込めて、「請戸 Blue Door」と名付けられた、ひとつの映像作品を撮影する。

地面に置かれた銅板に刻まれた「浪江―請戸」の血のような緋文字が大写しになる。「こうして刻む時が来ておりました……、こうして詩を書いておりました……」、自作の詩を朗読する吉増さん、だが言葉が出ない、声を呑み込む、声を呑む、言葉を振り絞る――、「うっ！　うっ！　宇っ！うけと！、あーうっ、あおそらが、あしうらを、あおそらが、ふなそこにっ、あおそらがっ、うっ！　うっ！　あおそらがっ、なみうらを、ふなそこに、あおそらがっ、うっ！　宇っ！　うちゅうが、ぬけおちて、うけとっ！　ぶるーっ、どあー……」異形なる叫び、海から上がった一角獣の咆哮。カメラは回り続ける、陸にあがった漁船。全身全霊をかけて、無窮の青空に詩人の叫び声が谺《こだま》する――。

福島第一原発の事故から丸七年の時間がたった二〇一八年五月、吉増さんとふたたび、請戸漁港を訪れた。瓦礫はすっかりきれいに片づけられ、警戒区域は解除されていたが、そこに戻ってくる住民の姿はなかった。港の改修が進められ、時おり、砂塵をまき上げて工事用のトラックが通り過ぎていく。港に近い誰もいない道路を吉増さんが歩いていく。スミレだろうか、レンギョウだろうか、春の野の草花が、小さな花を咲かせていた。浜辺の先に、間近に、廃炉作業が続く福島第一原発の排気塔が見える。野原のなかに一軒だけ、古びた鉄筋コンクリートの廃屋が残されていた。なかには、露わになったベッドの鉄枠、浴槽、古いオルガンかピアノの壊れた鍵盤、下駄箱には赤い鼻緒の女物の下駄が残っている。港の託児所か、あるいは老人介護施設だったろうか。窓枠越しに覗き込みながら、吉増さんが話す。「ああいうところにまだ、赤ちゃんを育ててたような、赤ちゃんの浴槽みたいなものと、着物みたいなものの痕跡が残っているじゃない、あの木の空間のところから秋田犬の小犬が、顔出しそうな気がするよ。（原子炉がメルトダウンして）ほんとに無防備な草花や木たちが、もろに宇宙的な亀裂の光を浴びたわけじゃない、その時、廃星の子が来て囁いた、「もうダメだぜ、お前」って言ってるような感じがしたね」。小さな野の花が風にふるえている。廃屋のまわりを歩きながら、吉増さんはさらに続けた。「だから、昔の聖書のなかのキリストが言っているような、〝野の花を見よ、奢ることなかれ〟、そういうものが通じなくなっている時代が来てるのよね、それは神の複雑な、豊かな言葉だけれども、そういう西洋文明の最終的な、究極的な亀裂が、この放射能になったわけで、それを我々は責任を取らなければならないという、途方もないとこだよなあ……、ここにこうして立っている、そのほんのごく一部分を感じて立っているのね」、言葉にならないよねと呟きながら、茫洋とした野の光のなかで、吉増さんは嚙みしめるように、そう語った。

「怪物君、詩の傍で」——小さき神々の声

そんな吉増さんが、大震災の翌年から書き続けていったのが、「怪物君、詩の傍で」と題された一大詩篇である。大津波で犠牲になった死者たちへの鎮魂、そして福島第一原発事故の、崩落し続

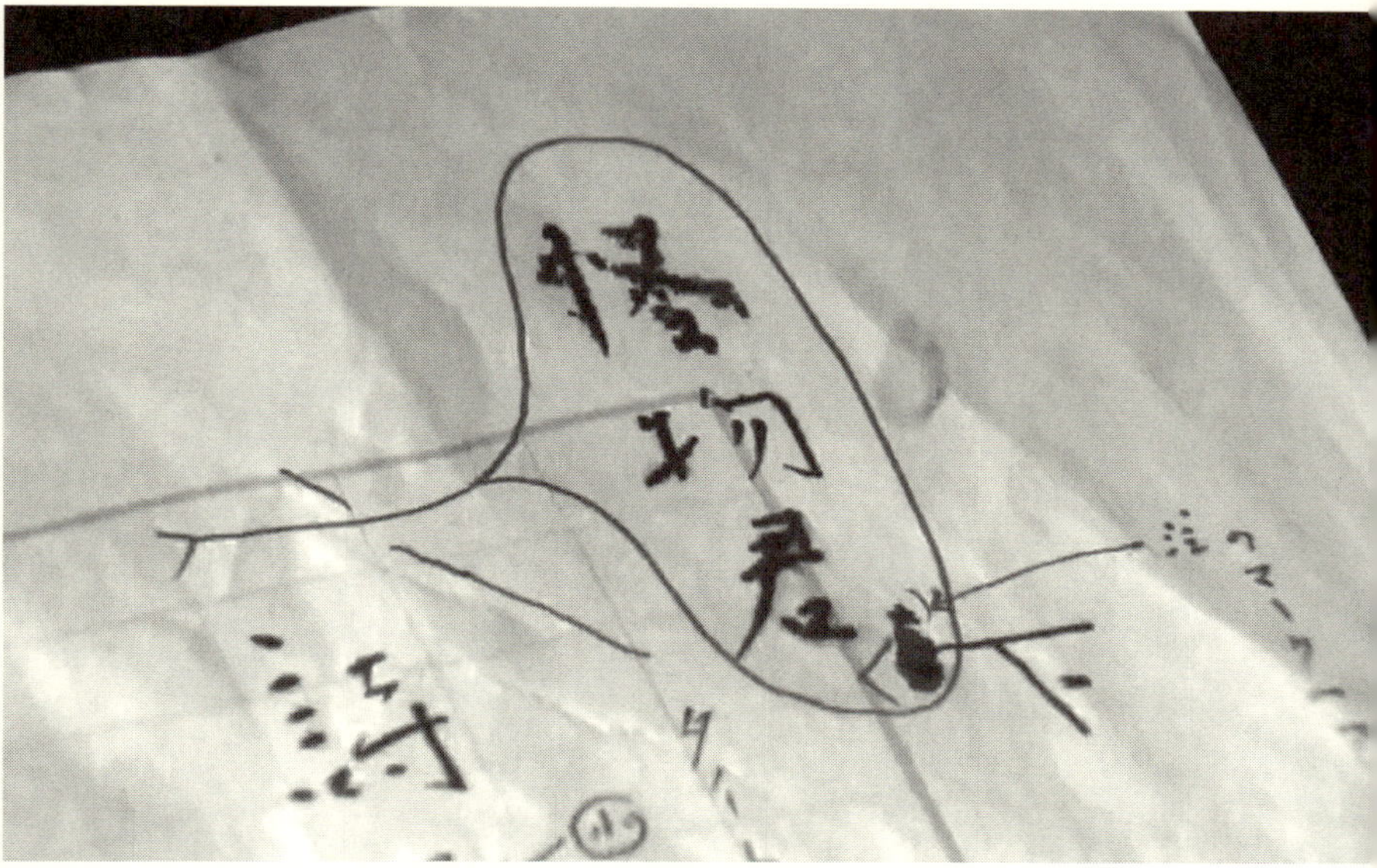

「「怪物君」を作ってるときも、僕も自分で自分を分析しながら、内的言語、オフボイスを聞きながら結界を作ってるんですよね。「結界」って、動物が匂いやなんかで創る、縄張りに近いものね、〔略〕「書く」ことのほとんど狂気ですよね。「書くこと」の狂気に近づきながらこっちも見てるからね。手と耳と目と口とで」（『我が詩的自伝』より）

ける底なしの災禍に対峙した時、もはや詩人には、「希望」や「再生」をたやすく語る言葉はなかった。ただひとえに、無防備な草花や木や人間たちのいのちのふるえ、その傍に立って、微塵に砕かれた宇宙の光のなかで、新たな〝存在の言語〟を追い求めていくことだった。那覇の沖縄県立美術館で開催された「涯テノ詩聲　詩人　吉増剛造」展に展示された、「怪物君」の自筆原稿を初めて目にした時、私はその異様——威容な姿に衝撃を受けた。原稿用紙をつなぎ合わせた、全長三〇メートルを超す壮大な巻物のような手書き原稿。刻みつけられ、貼られ、色塗られ、削られ、そして紙の縫い目、紙魚《しみ》のように、蟲がうごめくように、行列する文字。それは読み取ることも不可能に近い、通常の詩作としての限界を遥かに超えた、詩でも書でも絵画でもない、未知なる表現の世界だった。二〇一六年、「書物」として奇跡的に刊行された詩篇（『怪物君』みすず書房）を、著者自身の脚注である「裸のメモの小声」に導かれ、あらためて辿っていく時、まるで〝古畳を抛《ほう》り出す〟ように文明を破砕する、その怪物的で凶暴な声とはうらはらに、紙の底からは、どこか辺鄙な場所の小さな神々の、ささやくような呟き声が聴こえてくる。凶々しく登場する「怪物-君」とは誰か、そして「詩の傍」に在るとは——、私は、東京・佃の吉増さんの仕事場で最後のインタビューを続けていた。（「裸のメモの小声」より。——ハンキョウランニ書くこと、その責任が生じた……、……シジン（詩人）ニナリタイ、シジン（詩人）ニナリタイト、シジンニナンテナレルワケガナイト、オモイツヅケルココロノコエヲ、タシカニ、ショウガイキ、キツヅケテキテイタ。クルワナイヨゥデハ、ハタセナイトイフコゴエモ、ソノソ、バデキイテイル。）

「地中海の大詩人、ポール・ヴァレリーの詩句のなかに、〝この惑星から水が別れを告げていく時〟という、とても鮮烈な一行があってね。僕はこれをとてもよいものだと思っていて、まさに、地中海の詩人でなければ書けない鮮烈な詩の行だけれども、今度、それを思い浮かべた。それは、もちろん彼の、地中海に対する、海に対する、深い愛着であると同時に、もしかしたらいつの日か、この地中海も、この惑星から去っていくのかもしれないという、途方もない詩人的なヴィジョンだった。だから『怪物君』のなかにも、「稲妻の種族」というのを登場させて、雷の父と母が子雷に向かって、〝この遊星の命は尽きたのだ、わたしたち、稲妻の種族も、この水溜りから去っていく〟という一行を書いたのね。小さな窪み、小さな水溜りを生かそうとして、そうして子どもの雷の声を、何とかして摑まえたかった」

〝ホントーノコトモ隠セナクナッタノネ、、、、、〟と、一夜《ひとよ》、子雷《コガミナリ》が、傍に休む父雷と母雷に話し掛けた、、、、。〝ソウネ、安ラカナ静カナコノ穴《ほら》ニモ、ワタクシタチハ、イラレナクナッタノ、、、、、〟父雷は、ソウジャ、海戦のときの思い出も、一緒に運んで、この遊星の外へ、、、、、〔略〕、〝いや、この遊星の命ハ、尽きたのだ、、、、わたしたち「稲妻ノ種族」も、この水溜りから去っていく、、、、、〟

河童も棲んだ馬足跡《うまざくり》、刳り舟の影《かげ》、、、、古井戸《ウリカー》や窪《くぼ》みたちが、歌を歌う、、、、。

〃奇麗だったよ、この遊星の折り目よ、惑星の縫い目よ、さようなら、、、、〃

（「稲妻ノ墓」『怪物君』第一部）

「アリス（唖隣巣）、アイリス（愛　栗鼠）、赤馬、赤城、、、イシス（石巣）、イシ（石）、リス（栗鼠）、石狩乃香（イシカリノカ）、、、、兎（ウッ）！巨大ナ静カサ、乃、宇（ウッ）！黄泉、を、折りたゝム、、、、シ（死……）、」（『怪物君』冒頭の言葉）――大厄災の後を襲った〃巨大な静かさ〃、言葉のない世界。泡立つような深い混沌。途方もない詩篇の世界の広がりをとても言い顕すことはできない。汚辱にまみれた文明に別れを告げる精霊たちの聲、だがそれは、絶えることのない始まりを希求する、大いなる甦り、黄泉がえりのうたではなかっただろうか。〃黄泉、を、折りたゝム、、、、シ（詩……）、……ヨコタ、ヘノコ、抛り――りだーぜ！古畳ヲ……〃

瓦解してゆく言葉――世界の下で、巨大な静かさのなかで、吉増剛造という稀有なる詩人の〃耳〃は、何を聴いただろうか。詩篇「怪物君」のなかに、私が最も戦慄を覚えた一行が出てくる。それは、昭和二〇年八月、広島で被爆した、作家・詩人の原民喜が遺した一篇の詩のなかにある言葉、――原爆投下瞬間の音――だった。戦後、原民喜は、小説「夏の花」や「心願の國」、そして詩篇『原爆小景』など、閃光のような作品を残して、鉄道自殺を遂げる。

夢ノナカデ

頭ヲナグリツケラレタノデハナク
メノマヘニオチテキタ
クラヤミノナカヲ
モガキ　モガキ
ミンナ　モガキナガラ
サケンデ　ソトヘイデユク
シュポッ　ト　音ガシテ
ザザザ　ト　ヒツクリカヘリ
ヒツクリカヘツタ家ノチカク
ケムリガ紅クイロヅイテ

（原民喜「燃エガラ」『原爆小景』一九五〇年。傍点引用者）

「初めて原爆を経験した人間が、その姿かたちをとらえた言葉を、伝えてきたのが、シュポッっていう音でした。シュポッって……、原民喜はカタカナで、シュポッって言ったんだ。だから、ほんとに宇宙が抜けるような、そんな音を聴いたんだろうと。「ピカドン」なんていうものじゃなくて、初めてその下に、人間の耳があって、それを聴いたっていうことを、表現し伝えることができた、そんな途方もない言葉。被爆して、苦しみながら小説を書いて、そして鉄道自殺して亡くなっていった優れた詩人だけれども、僕は彼の最後の大事な伝えごととして、その音が聴こえるような気がして、何度か、自分の「怪物君」の詩のなかに使ったのね。黙って死んだんじゃなくて、そういう音を聴いて死んだのだと。もしかしたらしかし、そのシュポッっていう音は、原民喜が聴いた、その傍にいた、その傍にあった、野の花か野の草の言葉だったのかもしれない。それは原民喜の耳が聞いたというだけでなくて、崩れ落ちてくる、建物か木か枝か、あるいは傍を流れる水音が、そういう声を出したのかもしれない……。観念的に概念的には、宇宙が抜け落ちたなんて言い方ができるけれども、それよりもっと、もっと脇の、何も言わない草木が、静寂《しじま》から、もし声を発したんだとしたら、その声の抜けた声が、シュポッだったんでしょうね。これは今、初めて言えたことでした」

まさに詩とは、「音と言葉の間にあるもの」（ポール・ヴァレリー）だった。私は粛々と、息を呑む思いで、その話を聴き続けていた。静寂《しじま》に発した、万物の、宇宙の亀裂のような、「シュポッという音」……。言葉果つる路上へ、いのちの尊厳のその崖ての、未踏の原野へと詩人は歩み出していく。

「崩れ堕つ　天地のまなか　一輪の花の幻」（原民喜「碑銘」）

「しゅポッ　ぷら、うん、、声、呑ム、、声、呑ム、、声、、呑ム、、、、」（吉増剛造「怪物君」）

ふたたび穴居する人のように——福島双葉町、清戸《きよと》迫横穴《さくおうけつ》

福島第一原発が立地する福島県双葉町。震災から丸八年が過ぎた現在も、町内のほぼ全域が帰還困難区域、およそ六〇〇〇人の全町民の避難が続く。無人の街の通りを、カラカラと小さな精霊たちの聲を響かせながら、吉増さんが歩いて行く。まるで時間が止まったように、震災当時そのまま

清戸迫横穴の壁画。
この壁画の前で吉増さんは
「この絵を見ていた当時の人の目を見ることができました」と言った。

に壊れて傾いた家。商店の落ちた看板、道路の両脇に寄せられた瓦礫。神社の石の鳥居がひび割れ、本殿の建物が今にも倒れそうに傾いている。足をとめ、道路に面したほの明るい民家のなかを覗く。破れた障子紙、壁にかかったままの二〇一一年三月のカレンダー、家の前に倒れたままになっている一台の自転車。吉増さんがその自転車を抱き抱えるようにして起こした。

吉増さんと共に、双葉町に取材に訪れたのは、町の教育総務課文化財担当の吉野さんの案内で、事故を起こした第一原発の北西三キロの丘陵に眠る七世紀頃の遺跡、「清戸迫横穴」を見るためだった。この横穴墓には、日本最大級の装飾壁画が残っているという。丘陵の山腹の草に覆われた石段を上っていく。この辺りにはいくつかの横穴墓があって、それらは当時、この地に棲みついた一族の有力者たちの古墳ではないかという。そのひとつ、「清戸迫横穴」の彩色壁画は一九六七年、近くの小学校の造成工事の際に発見され、町が史跡として保存してきたものだった。その横穴墓の玄室《げんしつ》に入る。暗闇のなかで吉野さんが電灯のスイッチを入れると、赤茶けた奥壁に目にも鮮やかな壁画が浮かび上がった。天地は一メートル以上、幅は二メートル近くもあるだろうか、真紅のベンガラ絵の具で描かれた人間と動物たちの絵だった。狩猟の風景だろうか、壁画には馬にのった人物、弓を射る者、鹿や猪、猟犬、牛に似た動物、中央ちかくには被り物をかぶって手をかざす、高貴そうな人物が赤く塗られ大きく描かれ、反対側には両手を広げて、今まさに踊り出しそうな人間の姿がある。そして何よりも目を惹いたのは、それらの人物や動物たちの背後に、巨大な真っ赤な渦巻きが描かれているのであった。

まさに、衝撃的な映像だった。千数百年の時を超え、色褪せることなく、生き続ける古代人の息吹き、躍動する生命感。吉増さんはじっと食い入るように壁画を見つめる。

「驚くべきものだね……。町を歩いていると、時間が凍っているように思えたけれど、この壁そのものが宇宙だとしたら、その宇宙に映じた影の色の濃さみたいに、人間がうたって踊って威張って喜びを感じている。この町の洞穴の奥の奥の、へこんだところに、縄で書いた太陽のようなものが描かれている。こんなふうに穴居をしつつ、黙って、世界の奥深さを見てきた人の目に出会ったような。一三〇〇年もの間、ここにこうしていてくれた、もしかしたら、その時間だってそんなに長いものじゃなかったかもしれないね」、ふたたび穴居をする人のように、詩人は横穴の奥で呟いて、渦巻の宇宙を目を凝らして、視《み》続けていた。

＊　＊　＊

〝天外の火〟——詩人・金時鐘「渇く」

大阪、河内平野——。近鉄奈良線が郊外のベッドタウンを通り過ぎ、奈良との県境にある生駒トンネルを抜けると、奈良県生駒市である。詩人の金時鐘さんは現在、この生駒市に暮らす。東日本大震災の二年後、私はふたたび金時鐘さんのもとを訪れた。時鐘さんもまた、3・11後の世界に、大津波と福島原発事故という災禍に直面した人間の運命に、目を凝らして、詩を書き続けていた。

大阪・西成区の歳末の街路で出会った、明らかに東北訛りの、初老の原発派遣労働者のこと、そこへはまだ行ったこともないのに、なぜか大事な何かを置き忘れてきた気がしてならないという、常磐線の行き止まりになった駅の「ヒロノ」のこと、顔の見えない死者たちを遥かに弔う大津波のこと……、二〇一八年、時鐘さんはそれら、折につけ、新聞や詩誌、季刊誌に発表してきた詩篇を、『背中の地図 金時鐘詩集』（河出書房新社）と題した一冊の新詩集にまとめた。その序詞で、時鐘さんは次のように述べる。「ノアの洪水を思わせた東日本大震災の地、東北・三陸海岸は、日本列島を形づくっている本州の背中に当たるところのように私には思える。振り返っても自分では見えない、運命の符丁が張り付いているかのような背面だ」

一九二九年生まれ、今年で九十歳の高齢を迎える時鐘さん。だが、その詩魂は露とも衰えてはいなかった。福島原発事故のことを尋ねると時鐘さんは、「人間と隣り合ってはすごせない明かり、〝天外の火〟はあってはならないのです」と、強い口調で語った。大震災の死者たちへの鎮魂、そして福島原発事故への深い憤りは、紆余曲折を経た時鐘さんの長い人生の、陽炎のようにゆらめく記憶のしずもりの底に、瞼の底に焼きついた底翳の翳りのように、青い火となって燃え続けているのだった。

見やる先で
日射しもぎろつく陽炎《かげろう》になり
かげろうになり、
影もちぢんで

骨組みだけの庁舎の残骸で
かげろうになり
行き交った暮らし、人々の歌、
そこでさざめいた青い思想も
すっかり干からびた
太古の荒れ地のかげろうになり
われらの希い、われらの明日、
人知れず流した瓦礫の涙
くぐもった憤りも炎天でゆらめいて
かげろうになり、
夜空にいつか散り敷いた
思いのたけの時空の彩り
花火。
そう、そして月、
一つ一つ胸に宿った
小さい願いの星。
すべてが済んだ事のあとの

光の棘に崇られてあるもの
閃光にくらんだ底翳《そこひ》の夏をひずませているもの。
またもへめぐって夏が来て
めくるめく光の闇になり
見やる先の
闇になり。

（「陽炎《かげろう》二題②渇く」『背中の地図』所収）

渚に向かって――吉増剛造「朝の口笛」

南の島の眩い陽光が、光の粒となって、渚に降りそそいでいる。二〇一八年六月の初め、私たちは、沖縄県立美術館で開催されていた、「涯テノ詩聲　詩人　吉増剛造」展の番組の最後の撮影に追われていた。吉増さんが刊行した多くの詩集、精魂のこもった夥しい自筆原稿、自ら撮影した多重露光写真、銅板彫刻、朗読パフォーマンスの映像、さらに「裸のメモ」などの手書きの原稿に、様々な色絵の具を重ねた、まるで未来へのオブジェのような最新の『火ノ刺繡』の作品など、広い展示場に並べられた膨大な作品群は、丸一日かかって撮影してもあまりあるものだった。二〇〇四年の長篇詩『ごろごろ』の執筆以来、吉増さんはふたたび、沖縄の土地を足繁く訪れている。高良勉ら沖縄在住の若い詩人たち、そして写真家の東松照明とも交流を続けてきた。吉増さんは、それらの旅を、「春ノ詩ノ汐ノ穴」と名づけている。アイヌモシリから、うるまネシア（高良勉――琉球弧）へ日本列島の縁《へり》への旅、そして世界中の〝異語〟のなかを彷徨ってきた詩人の旅とはまさしく、言葉が意味を持ってしまうその遥か以前の、始原の聲と手を探し求めての、ロング・ジャーニーではなかったかと、私はあらためて感じ入ったのだった。

翌日、撮影の最終日、吉増さんと一緒に、新基地の建設が進められる、辺野古の海へと向かった。名護市・辺野古、大浦湾。青い海。白い浜辺に、静かに波が打ち寄せる。浜辺のアダンの樹々のあいだを通り抜け、吉増さんが渚に向かって歩いていく。対岸の辺野古のキャンプ・シュバーブ側の海域では、基地の建設のための護岸工事がすでに始まり、巨大なクレーンが乱立していた。海上は白いブイで仕切られ、警戒艇が走り回っている。波打ち際に座り込んで、小貝を拾い上げる吉増さん。枯れた赤いサンゴのかけらが打ち上げられている。詩人は、その変わりゆく海を、じっと無言で見つめ続けていた。

「これは偶成だけれどね……」、そう言って、その日の朝、吉増さんは新しく書いたという一篇の詩を私に手渡してくれた。朝、目覚めて、一気に書き上げたものだという。その一部は、番組の最後に朗読させていただいたが、私は今ここで、私が延々と書き継いできた、この『路上の映像論』という拙い本の最後に、その旅の終わりに、もう一度、紹介してみたいと思う。それは「朝の口笛」と題された、短い詩である。

朝戸《あさど》をひらき
わたくしたちは心の奥で口笛を吹く
はや、もう、言葉は、いらない
フクシマ、フタバの日輪の、(龍のような)
渦巻《うず》のまえで
オキナワ、ヘノコの浜辺で小貝をひろって
遥かな海坂《うなさか》に、太古の、(糸満の)
漁師に語りかける……
海底《うなそこ》の錆びた自転車よ、
傾いたママなのか……
神よ
銀河は休んだママの姿で、崩壊するのでしょうか……
神よ
わたくしたちは口笛を吹く
ただ
口笛を吹く

(吉増剛造「朝の口笛」二〇一八年)

参考文献

■序章

今村仁司『「大菩薩峠」を読む――峠の旅人たち』ちくま新書、一九九六年

■第1章

朝倉喬司『走れ　国定忠治――血笑、狂詩、芸能民俗紀行』現代書館、一九九六年
朝倉喬司『毒婦伝』平凡社、一九九九年
五十嵐富雄『三国峠を越えた旅人たち〔ぐんま歴史新書〕』吾妻書館、一九八三年
尾崎秀樹『修羅　明治の秋』新潮社、一九七三年
落合延孝『八州廻りと博徒〔日本史リブレット〕』山川出版社、二〇〇二年
鹿野政直『大正デモクラシーの底流――〝土俗〟的精神への回帰』NHK出版、一九七三年
柞木田龍善『中里介山伝』読売新聞社、一九七二年
桜沢一昭『中里介山の源郷』不二出版、一九八七年
高橋敏『国定忠治』岩波新書、二〇〇〇年
中里介山　筑摩書房文庫版『大菩薩峠』（一～二〇巻）ちくま文庫、一九九五―九六年
正岡容『日本浪曲史』南北社、一九六八年
松本健一『中里介山――辺境を旅するひと』風人社、一九九三年
横山重編『説経正本集』（一～三）角川書店、一九六八年
安丸良夫『日本の近代化と民衆思想』平凡社、一九九九年

■第2章
鎌田慧『原発列島を行く』集英社新書、二〇〇一年
■第3章
仲宗根幸市編『琉球列島——島うた紀行』（第一集、第二集）琉球新報社、一九九七—九八年
伊波普猷『古琉球』沖縄公論社、一九一一年
竹中労『琉球共和国——汝、花を武器とせよ！』ちくま文庫、二〇〇二年
■第4章
島尾ミホ『海辺の生と死』（中央公論社、一九八七年）
■第5章
朝倉喬司「大阪の闇をゆさぶる河内音頭のリズム」（『芸能の始原に向かって』ミュージックマガジン、一九八六年所収）
沖浦和光『「悪所」の民俗誌—色町・芝居町のトポロジー』文春新書、二〇〇六年
野間宏・沖浦和光『日本の聖と賤　近世篇』人文書院、一九八六年
■第6章
エミリ・ディキンスン『エミリ・ディキンスン詩集』中島完訳、国文社、一九九五年
金時鐘『地平線』ヂンダレ発行所、一九五五年
金時鐘『日本風土記』国文社、一九五七年
金時鐘『長篇詩集　新潟』構造社、一九七〇年
金時鐘『猪飼野詩集』東京新聞出版局、一九七八年

金時鐘『光州詩片』福武書店、一九八三年
金時鐘『「在日」のはざまで』立風書房、一九八六年
金時鐘『化石の夏』海風社、一九九八年
金時鐘『金時鐘詩集選　境界の詩――猪飼野詩集／光州詩片』藤原書店、二〇〇五年
金時鐘『失くした季節――金時鐘四時詩集』藤原書店、二〇一〇年
金時鐘『朝鮮と日本に生きる――済州島から猪飼野へ』岩波新書、二〇一五年
金時鐘『背中の地図 金時鐘詩集』河出書房新社、二〇一八年
原民喜『原民喜全詩集』岩波文庫、二〇一五年
細見和之『ディアスポラを生きる詩人 金時鐘』岩波書店、二〇一一年
吉増剛造『出発』新芸術社、一九六四年
吉増剛造『黄金詩篇』思潮社、一九七〇年
吉増剛造『草書で書かれた、川』思潮社、一九七七年
吉増剛造『オシリス、石の神』思潮社、一九八四年
吉増剛造『螺旋歌』河出書房新社、一九九〇年
吉増剛造『長篇詩　ごろごろ』毎日新聞社、二〇〇四年
吉増剛造『静かなアメリカ』書肆山田、二〇〇九年
吉増剛造『裸のメモ』書肆山田、二〇一一年
吉増剛造『我が詩的自伝――素手で焔をつかみとれ！』講談社現代新書、二〇一六年
吉増剛造『怪物君』みすず書房、二〇一六年
吉増剛造『根源乃手／根源乃（亡露ノ）手、……』響文社、二〇一六年
吉増剛造『火ノ刺繡』響文社、二〇一八年

オン・ザ・ロード・アゲイン、あるいはひとりゆく思想——あとがきにかえて

人は誰しも唯一人、人生の宿縁を背負って、旅を続ける。また時には、漂泊の思いやまず、飽くがれ出でる心に誘われ、果てもなき路上の旅に出る。「旅に病んで　夢は枯野をかけ廻る」（松尾芭蕉）——、漂泊への憧れ、旅ゆく思想は、無常の風に吹かれながら、この列島の精神文化のなかに脈々と流れている。「人も馬も　道ゆきつかれ　死ににけり　旅寝かさなるほどのかそけさ」、民俗学者の折口信夫《おりぐちしのぶ》、歌人の釈迢空《しゃくちょうくう》の遺した一首だ。さて、私はいま、この『路上の映像論』と名づけた本を書き終えるにあたって、そしてあとがきを書く段になって、いまだ何処とも知れぬ薄暗がりの路上を、あてどなく彷徨っているような気分にとらわれる。映像ドキュメンタリーの記憶から活字の世界へ、それは私にとって新たな始まりへの旅、暗中模索の試みでもあった。序章でも述べたように、私はＮＨＫを定年退職するまでの最後の一〇年間に、うたや語り物、伝承芸能の世界を入り口に、いくつかの長編ドキュメンタリーを制作してきた。中里介山《なかざとかいざん》の小説『大菩薩峠』の世界、福島原発事故、八重山・奄美の島唄、河内音頭、そして金時鐘《キムシジョン》と吉増剛造という戦後詩の二人の稀有

なる詩人の旅――、何ら脈絡のないテーマだと思われるかもしれないが、それらこの本のなかで私が追い求めていったのは、とりもなおさずひとえに、辺境に生きた人々の漂う思い、言葉にならない言葉だった。それは辺界から響くうた、といってもいい。そしてふたたび番組の旅を辿ってみる時、その路上に浮かびあってくるのは、〝越境する者たちの声〟であったことに改めて気づかされる。「在日」を生きた詩人の金時鐘さん、沖縄出身の原発技術者の名嘉幸照さん、八重山や奄美や沖縄や、福島の人々もまた、時代の試練にさらされ、国家や政治に翻弄されて、故郷を喪失したディアスポラな人生を余儀なくされてきた。だが、いま、ここに生きる――、私が出会っていったのは、そのような境遇のなかで、そのはざまで、自分たちの生まれた文化や自然、うたや芸能や言葉、自分の拠って立つ場所を新たに探し求めようとする人々の姿だった。そんな彼らの希《ねが》いにこそ、その多様性のなかにこそ、未来への真の可能性が開けてくると、私は信じてやまない。

ところで私はいま、NHKを退職以来、フリーの契約ディレクターとして、古巣だったEテレの「こころの時代」という番組を時折、担当させていただいている。この番組で私は何人かの方々にお会いしてインタビューをし、自らの生の現場から発せられる含蓄のあるお話をうかがってきた。宗教学者の山折哲雄《やまおりてつお》さんには、3・11の大震災の後、二度にわたって番組に出演していただいた。一九三一（昭和六）年生まれの山折さんは、現代社会のながい「生老病死《しょうろうびょうし》」のその果ての、老いと死の荒涼とした風景を見つめる。3・11の大震災直後には三陸海岸を歩いた。静まり返った海と山の自然、そのあいだに横たわる目をおおうばかりの惨状に、地獄の賽《さい》の河原の光景を見た。だがそこには、地蔵菩薩はおろか、カミやホトケの気配はなかったと山折さんは言う。この列島の、そのような天然自然のなかで人々に宿っていった無常観、そして古来、芸能とは宗教と一体となった〝物狂い〟の思想であったと山折さんは語る。そんな山折さんが心惹かれるのは、芭蕉、一遍、親鸞、西行と遡る、「ひとりゆく」哲学だ。「となふれば　仏もわれも　なかりけり」（一遍）、鎌倉仏教の改革者であった親鸞も一遍も、ただひとりの信仰者、一介の旅の聖《ひじり》となって、荒ぶる自然の風濤《ふうとう》に身をさらして遊行《ゆぎょう》念仏の旅を続けた。山折さんの心に浮かぶのは、そのようにただひとり、路上を歩み去っていく、その後ろ姿なのである。

『路上の映像論――うた・近代・辺境』、この本が出来上がるまでには、実に多くの人々との出会いがあったのだなと、改めて思い至る。この本が出版されるにあたって、本文中に登場いただいた方々はもちろん、福島や八重山、奄美、沖縄、大阪など、取材に協力いただだい多くの皆さんにお礼を申し述べたい。また熊野や沖縄、大菩薩峠など、私の数々の番組の旅に同行してくれた中野英世カメラマンをはじめ、ドキュメンタリー番組の現場で苦労を共にした撮影カメラマン、音声、編集、音響効果などNHKスタッフたち、世話になったプロデューサーたちにもあらためて感謝の意を伝えたい。また大阪・釜ヶ崎の取材でお会いし、「こころの時代」にも出演していただいた本田哲郎神父、福島や青森県六ヶ所村の取材に同行したルポライターの鎌田慧《さとし》さん、お二人には現場の仕事、取材ということについて多くの示唆をいただいた。そして写真家の森山大道氏、森山さんには一〇年前、「犬の記憶――写真への旅」という番組に出演していただいたが、山陰、遠野、下北半島などへ同行した、その時の路上の旅の記憶は、なにか名状しがたい懐かしさとなって今も私の心に残り続ける。今回の本では特別に、森山さんがかつて撮影した大菩薩峠の貴重な一枚の写真を、本文中に収録させていただくことになった。この場を借りて、深くお礼を申し上げたい。

最後になってしまったが、そもそもこの本が生まれたのは、現代書館で長く編集者を務めてきた村井三夫氏の勧めによるものだった。村井さんは常々私の番組を見てくれて、懇切なアドバイスをいただいた。当初私は、また来た道を引き返すようで、なかなか執筆も進まなかったが、思い定めて書き進めるうちに新しい発見もあり、いつしか自分がふたたび路上の人となったような気がしてきたのだった。そして、その村井さんの後を受け継ぎ、立派な本を仕上げてくれた編集の原島康晴氏、現代書館社長の菊地泰博氏、素晴らしいブックデザインを手がけてくれた旧知の装幀家の毛利一枝さん、また付属のCDの制作に尽力していただいたオフノートの神谷一義氏、お世話になった皆様にくれぐれもお礼を申し上げたい。終わりに、本文中にも引用させていただいたが、詩人・金時鐘さんの長篇詩『新潟』の最終章の一行で締めくくることとしよう。

地平にこもる　ひとつの　願いのために　多くの歌が鳴っている。

二〇一九年九月一八日

西世賢寿

西世賢寿（にしよ・けんじゅ）

映像ディレクター。

一九五四年、千葉県生まれ。

一九七七年NHK入局（番組制作局）。教養番組やNHKスペシャルを担当。福島放送局、広島放送局、福岡放送局を経て、ハイビジョン・衛星放送センターに。

主な番組に、NHK特集「老優たちの日々」（一九八六年）、ETV特集「作家　中上健次の世界」（一九九六年）、ハイビジョン特集「大菩薩峠―果てなき旅の物語」（二〇〇四年）、ハイビジョン特集「海鳴りのなかを―詩人・金時鐘の60年」（二〇〇七年）、ETV特集「犬の記憶―森山大道・写真への旅」（二〇〇九年）、ハイビジョン特集「アメリカ・家族の風景」（二〇一一年）など。

二〇一四年、NHKを退職、現在フリーとして活動中。

路上《ろじょう》の映像論《えいぞうろん》
——うた・近代・辺境

二〇一九年十月三十日　第一版第一刷発行

著者　西世賢寿
発行者　菊地泰博
発行所　株式会社現代書館
東京都千代田区飯田橋三―二―五
郵便番号102-0072
電話03（3221）1321
FAX03（3262）5906
振替00120-3-83725
編集　原島康晴
組版　エディマン
印刷所　平河工業社（本文）
東光印刷所（カバー）
製本所　積信堂
装幀　毛利一枝

日本音楽著作権協会（出）許諾第190930013-01号
校正協力／髙梨恵一
 ISBN978-4-7684-5867-9
定価はカバーに表示してあります。乱丁・落丁本はおとりかえいたします。
http://www.gendaishokan.co.jp/

活字で利用できない方のための
テキストデータ請求券
『路上の映像論』

路上の映像論付録 CD

辺界に響くうた【楽曲リスト】

①「横樽音頭・国定忠治」（群馬県玉村町・横樽音頭保存会）

②「木崎音頭」（群馬県太田市新田・木崎音頭保存会）

③瞽女うた「門付唄かわいがらんせ—新保広大寺」～「葛の葉子別れ」

（演奏・唄　杉本キクイ『瞽女うたII 高田瞽女篇』（抜粋）オフノート）

④石垣島の「トゥバラーマ」1（石垣島とぅばらーま大会、2003年9月、石垣島の人々）

⑤石垣島の「トゥバラーマ」2（石垣島とぅばらーま大会、2003年9月、石垣島の人々）

⑥「月ぬ美しゃ」（演奏・唄　大工哲弘『伝—風便り 唄便り』（抜粋）オフノート）

⑦「ヨイスラー節（舟のたかども）」（演奏・唄　里国隆）

⑧「皇国の母」～「製糸小唄」（演奏・唄　里国隆／録音　宮里千里）

⑨「くるだんど節（勝ちゅんどと思うたる大東亜戦争や日本の負けて）」

（演奏・唄　里国隆／録音　宮里千里）

⑩切り音頭「大楠公」（八代目岩井梅吉、2006年8月14日、千早赤阪村盆踊り録音）

⑪「河内十人斬り」（初音家太三郎、初音会CD私家版、抜粋）

⑫「俊徳丸」（初音家賢次、初音会CD私家版、抜粋）

⑬「一本刀土俵入り」

（鳴門家寿美若『八尾の清流 河内音頭 ヤンレー節』（抜粋）日本コロムビアCOCJ-33829）

制作にあたり、神谷一義氏〈オフノート〉、鷲巣功氏に
多大な協力をいただきました。記して感謝申し上げます。